三浦展
Atsushi Miura

「自由な時代」の「不安な自分」

消費社会の脱神話化

晶文社

装丁　山本誠デザイン室
カバー写真　三浦 展

はじめに　本書の構成と読み方

本書は私が近年書いた消費社会論を集めたものである。ただし、四章のユーミン論は一九九二年、特別付録は学生時代に書いたものである。

よって、本書の対象となる時代は現代だけではない。高度消費社会の到来と言われた八〇年代以降はもちろん、その前触れとしての六〇年代から七〇年代についても言及している。加えて、戦後日本の消費社会のモデルとなった五〇年代のアメリカ、さらにまたその起源と言うべき三〇年代までを射程に入れている。

消費社会を論ずるためには、単に抽象的な議論だけではまったく不十分であることは言うまでもない。具体的な流行、風俗についての論述が不可欠である。本書では八〇年代の消費を語る上で必ず言及される渋谷とパルコとユーミン（松任谷由実）を、まさに八〇年代の渋谷でマーケティング雑誌を編集していた私でしか書けない視点から書いている。

また、現代的な現象としてのケータイについて論じ、九〇年代末以降の渋谷文化を代表するファッションビルである１０９《イチマルキュー》の主要な客層であるガングロギャルの調査結果を掲載し、さらに、近年家具デザイナーとして若者に人気の高いチャールズ・アンド・レイ・イームズについても論じている。一見すると非常にきらびやかな素材を扱っていると言える。

それにしても、八〇年代にパルコ的、ユーミン的な都市的な消費文化が花開いた同じ渋谷で九〇年代末に台頭したガングロ・ヤマンバギャルは、肌を真っ黒に焼き、髪を白く染め、原色の衣服を身にまとい、まるで未開の部族のようだった。二つの渋谷はあまりに対照的だ。一体いかなる時代の変化がこうした対照的な現象を生むのか、分析家として興味は尽きない。

ファッションと時代の関係については、ストリートファッション研究家であり、私のパルコの後輩でもある成実弘至氏との対談、および「パッケージとパッサージュ」もお読みいただきたい。また、ブランドやファッションについての三つのインタビューについては、私の日頃の調査作業の一端をのぞいて頂ければと思って掲載した。

他方、ファッションや流行といった華やかな現象を論じさえすれば消費社会が語れるのかと言えば、そうではない。個別の事象から、その根底にある人々の価値観の変化、さらにそれを規定する社会構造の変化をいかに読み解くかが消費社会論の役割である。

さらに消費は、しばしば政治イデオロギーとの関連においても論じられる必要がある。イームズ論とニューヨーク万博論は特にそうした視点から書かれている。

そして、日本の戦後社会全体が「アメリカの影」の中にあるとすれば、消費もまた、と言うより、消費こそが最もアメリカの影響下にあることは言うまでもない。消費だけでなく、小説も音楽もそうである。よって、消費的な小説や音楽は最もアメリカの影響下にあると言える。小説におけるアメリカの影についてはすでに多くの著作があるが、大衆音楽におけるそれについてはあまりない。そこで書いてみたのが四章のユーミン論である。また、大阪万博とオタクを結びつけた森川嘉一郎氏との対談も、消費と政治という視点からお読みいただけるだろう。

ついでに記しておくが、私がパルコ時代に作った『WASP《ワスプ》 90年代のキーワード』（PARCO出版）は、八〇年代日本の消費社会を五〇年代アメリカのそれとの対比で論じたものである。冷戦時代のアメリカにとっては、消費とその担い手たる郊外中流核家族が核ミサイル同様の「兵器」であったと、拙著『「家族」と「幸福」の戦後史』で書いた。そうした私のアメリカ消費社会研究の原点が『WASP』である。興味のある方はお読みいただきたい。

思い起こせば、高度消費社会の時代と言われた八〇年代は、消費社会論がブームとなった時代でもあった。左翼的言説の衰退と入れ替わるように台頭してきた浅田彰の『構造と力』に端を発するニューアカデミズムおよびボードリヤールのエピゴーネンたる記号論者たちは、当時競って消費やら欲望やらを論じていた。

ところが不可解なことに、当時消費社会を論じていた学者たちで、その後もずっと消費社会を論じ続けている者は、寡聞にして皆無ではなかろうか。

消費社会論が流行で終わろうと、消費社会が終わるわけではない。それどころか、消費社会はますます巨大な怪物となって我々の生活の隅々までを支配しつつある。にもかかわらず、かつて消費社会論を展開した人たちは、なぜ今こそ消費を論じないのか。この国においては思想もまた流行であるという戦前からの命題は、今もなお正鵠を射ているようだ。

現在の社会科学におけるひとつの流行はグローバリズム問題であり、それはわれわれの具体的な身近な現実としてはまさに消費という姿をとっていると私は思う。が、少なくとも日本人の書いたグローバリズムに関する本を読んでも、消費についてはほとんど言及されていないようである。私が消費社会研究家と名乗るのは、こうした状況への批判でもある。消費社会を、断続的ではあれ、過去二五年間考え続けてきたという自負が私にはある。もちろん、私と同業のマーケッターたちもそうである。

しかしマーケティングにはおのずと限界がある。マーケティングは消費を喚起するための手段にすぎない。マーケッターたちは消費者の生活の隅々まで調査し、そこにどんな欲望があるかを知っている。だが、その欲望を規定する社会構造の変化を追究している時間はないし、新しい欲望の拡大が将来どのような影響を社会や人間に及ぼすかを考える暇もない。

他方、学者たちは社会構造の研究はするが、それが我々の日常生活や消費行動の中でどのように具体的に出現するかにはあまり関心がないし、あっても研究する暇がない。また、社会の趨勢に対して批判的な学者ほど、消費については考えようとしない傾向もまだあると思う。

私がマーケティングアナリストと消費社会研究家の二つの肩書きを使うのは、消費の最先端の具体的な現象を分析して適切な消費喚起策を考えることが生業であると同時に、それらの現象がどのような社会構造の変化に規定されているかを研究したいと思うからである。さらに言えば、消費を喚起しつつも、私は社会が消費一色になることに対しては批判的でありたいと思っているからである。

だが、こうした一見矛盾した不自由な視座を持っているからこそ、逆にマーケッター側からもアカデミズム側からも束縛されない自由な分析ができるのだとも言える。そのあたりの私の立場の特殊性については、上野千鶴子氏が『脱アイデンティティ』の最終章に書いてくれたので、興味のある方はお読みいただきたい。

また、本書を構成する最も現代的かつ重要なテーマとして「自分」がある。第一章さまよう「自分らしさ」にはその問題が集約的に論じられている。消費社会の進展が、ある時代までは「確かな自分」という観念と結びついていたのが、ある時代以降は結びつかなくなった、いやむしろ「不確かな自分」という観念の広がりを促進しているというのがその主旨である。言い換えれば、それは欲望を統御することが困難になったということであり、欲望を通じた自己形成が困難だということである。二〇年代のアメリカから本格的に始まった大量生産・大量消費社会の行き着いた果てが、この「自己の分裂」なのではないだろうか。この点については北山晴一氏や松田美佐氏との対談をお読みいただきたい。

ところで、特別付録として収録した「天皇制の心理的地盤」は、私が大学三年生の時に佐藤毅ゼミの課題として書いたものである（三章で触れるが、柏木博が天皇制的と評したパルコに入社したのも何かの因縁か?）。佐藤先生は、日本に社会心理学をもたらした南博先生が、一橋大学に就任して二年目のゼミ生であり、南先生の退官後に一橋に来られた。私はその佐藤ゼミの二期生である。佐藤ゼミでは三年生の後半に必ず「ゼミ論」と呼ばれる論文を書くことになっている。それがこの論文である。

あらためて読み返すと、もちろん若気の至りも極まれりの内容だが、しかし、現在の私の消費社会論の視座、つまり、戦後日本における中流化と家族と消費と政治とを相互に関連づける視座が大学三年の時点ですでに確立していたことに気づき、われながら呆れてしまう。逆に言えば、その後はほとんど進歩していないのであろう。思い起こせば、当時は中流社会論争のあった時代であった。そして、雅子妃や女性天皇問題と同時に、格差問題が議論されている現代からこの論文を読むと、まさに時代がひとめぐりしたと感じる。

さらに私事にわたるが、実は私は、高校時代、進学先を決める際、一橋の社会学部には南博という名物教授がおり、かつてのゼミ生にはフォークシンガーの山本コータローがいて、彼の卒論が吉田拓郎論だったという噂を知り、こういう面白いゼミに入ってみたいと思い、一橋を受験した。南先生に直接指導を仰ぐ機会はなかったが、南先生の直系であると自負している。

思えば、南先生が一九四九年に書かれた『社会心理学』と五七年の『体系社会心理学』は両方とも『下流社会』と同じ光文社から出ている。これも何かの縁だろう。しかも、私の父も大学時代に心理学を学んでいたので、二冊とも亡き父の蔵書にあった。茶色く日焼けしたその二冊は、今、私の本棚にある。

最後になったが、本書のための対談を快諾していただいた北山晴一、成実弘至、森川嘉一郎、対談・講演の再録を許可いただいた松田美佐、ＮＴＴアドの久米敦子、国際交流基金公開セミナー「Ｒａｐｔ！」関係者、同セミナーでモデレーターをされた北田暁大、各章を書く機会を与えていただいた上野千鶴子、ＮＴＴドコモ・モバイル社会研究所の萩原徹太郎の各氏、およびインタビューに応じてくれたガングロギャルを含む女性たち、その他お名前を書き切れませんが、すべてのみなさんに感謝します。

著　者

目次

1 さまよう「自分らしさ」

◎消費とアイデンティティ

大きな物語の喪失と消費の変質

明治以来、日本の国民は、近代化、富国強兵という「大きな物語」を共有していた。戦後は、国家主義的なアイデンティティは否定されたが、新たに高度経済成長、中流化という「大きな物語」が登場した。そこでは、戦前のムラと軍隊という共同体が企業という「生産共同体」として再編され、かつその従業員は「消費共同体」としての家族を形成し、二つの共同体が相互に補完しあいながら、社会を発展させる推進力となった。そこで国民は、その両輪の上に乗り、両輪を動かし、二つの共同体への所属感情を持つことによって、自らのアイデンティティを獲得した。つまり、仕事と消費が戦後日本人のアイデンティティになったのである。

また、高度経済成長期においては、「大きな物語」と消費とが密接に結びつけられていただけでなく、消費自体が「マイホーム」「ホワイトカラー」「三種の神器」などの物語を次々と生みだすことで、「大きな物語」を補強した。「消費は美徳」「大きいことはいいことだ」という言葉に象徴されるように、より多く消費をすることが国民、会社人、さらには家庭人としてのアイデンティティ形成にもつながるという効果があった（三浦展『「家族」と「幸福」の戦後史』）。

しかしその両輪が今、どちらも溶解している。高度成長はとうに終わり、バブルははじけ、大手企業が相次ぎ倒産した。家族は、離婚の増加、晩婚化などによって、明らかにかつての「理想型」とは変質している。よって、われわれは高度成長期のように「大きな物語」に支えられながら自らのアイデンティティを持つことはできない（だからこそ「最後の絆」として愛国心と愛郷心と歴史教育の復権が声高に叫ばれる）。消費がアイデンティティに結びつくということもない。今や、消費者は自ら物語を創出しなければならなくなったのである。

こうした傾向はすでに一九七〇年代以降次第に広まってきたものである。だからこそ、七〇年代後半から八〇年代にかけて、パルコや西武百貨店の広告やマーケティングが注目されたのである。それは、それまでの国家や会社、あるいは家族という共同体の物語を捨てて、個人が自分で自分の物語を紡ぎ出す時代を先導することで消費者の支持を集めたからである。

実際当時のパルコは、消費者は「創費者」へ変わったと宣言していた。つまり、現代の先端的な消費者は、消費することの意味を企業の発信するがままに信じるだけの「弱い消費者」から、その意味を鋭敏に感じ取り、取捨選択し、翻ってその意味を自分で創出し、自由に編集できる「高感度」で「創造的」な「強い消費者」に変わったと主張したのである（アクロス編集室『超大衆の時代』）。さらにパルコや西武百貨店の広告は、「女の時代」「じぶん新発見」「裸を見るな、裸になれ」といったコピーが象徴するように、消費することの意味と個人として生きる意味（自分らしさ）とを結びつけ、さらにそれを社会的な潮流と合流させることを企図したものであった。私自身、八〇年代はパルコでマーケティングや広報を担当していたので断言できるが、ビジネスとしてパルコが社会的に注目されたのは八〇年代であったが、パルコの思想の根底にあるものはきわめて六〇年代的な価値観である。それは個人の自由な生き方を制約する既存の社会体制《エスタブリッシュメント》を否定し、自由な個人の感性の力や主体性を信じようとする思想であった。

物語不在の時代から生まれたマニュアル志向

言うまでもなく「自分らしさ」もまたひとつの「小さな物語」である。しかし現実にはその「自分らしさ」という物語を十全に生きることのできる消費者ばかりではない。いや、そうではない消費者のほうが多いのは当然だ。すると、そういう消費者たちのために消費をすることの意味（物語）を手とり足とり教えるマニュアルが生まれることになる。

こうして八〇年代、「もてる男の子、女の子」という物語を軸にした「ポパイ」「ＪＪ」といった若者向け雑誌が全盛期を迎え、中でも「ホットドッグプレス」はデートやセックスの仕方を事細かに教授するマニュアル雑誌として人気を集めた。ただ情報を羅列して、読者がそこから自分の気に入った情報を自分で検索しなければならない「ぴあ」のような雑誌とは異なり、マニュアル雑誌は読者に、ファッションはこれで決まり！　セックスはこうしよう！　と教えてくれた。

こうしたマニュアル的な雑誌作りは九〇年代になるとさらに加速化し、「東京ウォーカー」のように、映画もラーメン屋も花見もディズニーランドも誌面に載せて、今週は何を見て、何をしろと教える雑誌が膨大な発行部数を誇るようになった。また、女性ファッション誌は、月曜日から金曜日まで、少ない衣服をどのように着回せばいいかを具体的に写真入りで提案したり、体型や頭の大きさや肌の色の違いに合わせてどんなコーディネートをすればいいかを教えたりするようになっていった。

ファッションなどは所詮いつでもマニュアル的なものではないかという人もいるかもしれないが、しかし、たとえば六〇年代のジーンズやミニスカートは、単なる流行を超えて、若者、女性の自由、解放という、それはまたそれでひとつの「大きな物語」を担っていた。それに対して、現代のファッションにはそんな「大きな物語」は存在しない。むしろ今のファッションは、太った自分や背の低い自分や色の黒い自分といった、無数の個別の「小さな自分」の「小さな物語」（＝自分らしさ）のための道具としてしか存在していないようにすら見える。

マニュアル志向から生まれた「自分探し志向」

しかし、こうしたマニュアル化傾向が極限まで進んでくると、当然の事ながら、マニュアル通りに生きる自分と、それに満足できない自分との間に分裂が生じ、「本当の自分」「本当の自分らしさ」への希求をますます強めるという循環構造が生まれ、「自分探し」ブームが拡大することになる。本来「小さな物語」であった自分が、異様に大きなものとして肥大化してしまったのだ。

自分らしさが見失われるということは、自分を構成する欲求が見失われるということだ。その意味で自分探しとは自分のほしいもの探しである。そうした時代の気分を最も端的に表現した広告コピーが「ほしいものが、ほしいわ」（糸井重里、西武百貨店、一九八八年）であった。つまり、自分がほしいものが見つかったときのときめきはほしいのだが、では自分がほしいものは何かというと具体的にわからない、それが知りたい、それがほしい、そういう「欲望を欲望する」消費者が増えたということである。言い換えれば、自分が何者かでありたいと思いつつ、それが何かがわからない。どういう自分が本当の自分なのか、どういう自分になりたいのか、それがわからない人間が増えたのである。だから「ほしいものが、ほしいわ」とは「自分らしさがほしい」「自分がほしい」とかなりの程度で同義であったと言える。

これはまさにいわゆる近代的自我の問題であって、近代以前の社会であれば、自分が何者であるかは社会があらかじめ決定しており、本人はそれに疑いをあまり持たなかったし、そもそも持ってはならないとされた。個人を取り囲む社会は基本的には小さな地域社会に限定されており、よって個人の不在は固定的で安定していた（というか個人はなかった）。人はその小宇宙の中で固定された役割を演じればそれでよかったし、そうするしかなかった。

しかし近代化の時代においては、自分が何者になるかは個人の自由な選択の対象となり、自分の生き方を自分で決め、自分の信念に従って自分の力で生きることがよしとされる（リースマンの言う「内部志向」inner-direction）。そして、近代化の結果として社会が豊かになると、内部志向的な自己制御は不要になり、むしろ人々は他者の目を気にするようになる。そして、あまり目立ちすぎない微妙な差異を自分らしさ（personality）として表明するようになるのである（「他人志向」other-direction）（注1）。

「自分らしさの神話」

こうして、自分探しをする消費者は、自由であるが故につねに不安な状態に置かれることになる。そしてその不安な心理状態はおおむね三つの消費行動を生み出すと考えられる。いずれも八〇年代以降拡大してきた行動であると言える。

第一は「消費中毒」である。不安であるが故にますます物の消費を通して自分探しを行う方向である。

消費者の自分探し志向に気づいた企業は、九〇年代以降、自分探しを広告・マーケティングのテーマにするようになった。が、大量生産品と自分らしさとは本来相容れない。しかし多品種少量生産の技術が進むことによって、消費者一人ひとりの趣味、嗜好、体質などに対応することがある程度可能になったのも事実だ。こうして、広告や雑誌記事の中に「自分らしく」「私らしく」という言葉があふれだした。今や、衣服や化粧品はもちろん、クルマも家電もマンションも旅行もクレジットカードも転職情報サイトも、自分らしさ、私らしさを最大の価値として訴求している。

企業にとっては、消費者に美しさでもなく、女らしさでもない、自分らしさしか提案できないというのは一種の敗北である。しかし消費者が求めるものが、特定の美しさや女らしさではなく、あくまで自分らしさだというなら、企業としては、その自分らしさをお手伝いしますよとしか言いようがない。

こうして、消費者自身の自分らしさ志向と企業による自分らしさ訴求との共犯関係によって、ますます「自分らしさの神話」が増殖していった。

消費の対象だけでなく、仕事も結婚も自分らしくなければならないと信じられるようになった。若者のフリーター、無業者の増加が問題になっているが、そのひとつの大きな理由は、今の若者が仕事を通じて自分らしさを感じたいと思っているという点だ。逆に言えば、たとえお金がたくさんもらえても、自分らしさを疎外する仕事は我慢ができないという価値観の若者が増えている。晩婚化が進んだ一つの理由も、若者が自分らしい結婚をしたい、自分らしい相手に巡り会いたいと思っているからだ。しかしそんな相手はそうそう簡単に現れない。よって結婚が遅れるのである。

こうした自分らしさ志向の土台に特段立派な思想があるわけではない。彼らは根拠なく、いつのまにか自分らしさ志向を持ったのだ。では何が彼らを自分らしさ主義者にしたのか。おそらく彼らを自分らしさ主義者にしたのもまた消費社会なのだ。

つまり、自分専用の部屋、自分専用のステレオ、自分専用のテレビ、自分専用の電話、自分に似合う（といわれる）服等々、そうした自分専用の「私物」の所有経験こそが、彼らの自分らしさ主義の土台になっているのである。

逆に言えば、彼らから携帯電話や腕時計やスニーカーやリュック等々の私物をすべて奪ってしまえば、おそらく彼らは彼らがこだわる自分という存在のあまりの軽さにたじろぎ、ひどい不安に陥るに違いない。物がなければ、自分らしさの根拠などどこにもない。まず自分らしさがあって物を選ぶのではなく、物を選ぶことで自分らしさが実感されるのだ。かつては共同体における役割が自分らしさを支えたように、今は否応もなく物が自分らしさを支えているのである。

実際携帯電話を忘れると不安になる者が多いことは各種調査から明らかにされている（注2）。携帯電話の場合単に物として私物であるだけでなく、そこに記録された友人の電話番号や通信記録などによって自分の分身となっているため、持っていないとパニックに陥るのである。人をこれほどパニックに陥れる物がほかにあるだろうか？　考えてみると、どうも女性にとっての化粧ポーチがそうらしい。化粧は女性にとってはまさに自分づくり（make!）に必須だからであろう。

永遠志向と自己改造志向

不安な消費者が取る消費行動の二番目は「永遠志向」である。具体的には海外高級ブランド志向がそれに当たる。海外高級ブランドは、消費者の自分らしさに近づくのではなく、消費者がブランドらしさのほうに近づくべきだという態度を保持している。自分らしさなどという「ぬ

る い」次元を超えた絶対的なものとしてブランドは君臨する。不安な現代人は、高級ブランドが生み出す永遠性という強力な物語に惹かれるのである。最近の京都ブームなどもこの一種かもしれない。

高級ブランドや京都ほど正統的ではないが、リバイバルブームやレトロブームも「永遠志向」に近い。その対象はグリコ、「平凡パンチ」、ビートルズなどさまざまだ。大衆文化は本来フローの文化であり、ある一時期に売れても、いずれ消滅し、次の文化に取って代わられるものだと思われてきた。しかし、大衆文化も時間とともに蓄積されて資源になるということをリバイバルブームは証明している。つまり、新しい物（語）を作らなくても、古い物（語）だけで消費者が十分満足する時代になったのだ。これを私はかねてから「大衆文化のストック化」と呼んでいる（三浦展『「豊かな社会」のゆくえ』）。資産が一〇〇〇万円しかなければ、どんどん働いて稼がなければならないが、資産が一〇億円あれば、その運用益だけで暮らせるので、がつがつ働く必要はない。それと同じで、文化もフローしかなければ、次々と新しい流行風俗、ヒット商品を作り出さなければならないが、ストックがあれば、それを使い回すだけでよくなる。企業から見れば、まったくの新製品より、消費者の認知度も好感度も高いかつてのブランドを利用した製品のほうが安心して市場に投入でき、売上も確実に読めるという効果もある。古い物語の使い回しで十分なのである。

不安な消費者の第三の行動は「自己改造志向」である。それは、高級ブランドであれ何であれ、物を消費するだけでは所詮自分らしさやアイデンティティは実現できないことに気づき、逆に自分自身を変えようという態度であり、内面的な自己改造と外面的な自己改造の二つの方向がある。内面的な自己改造として代表的なものは、さまざまな自己啓発や稽古事を行う「学習志向」である。外面的な自己改造としては、茶髪、ピアスから、タトゥー、整形までの「肉体改造志向」がある。肉体改造志向には、より一般的なものとしてフィットネス、筋力トレーニング、ヨガ、さらにサプリメントなども含まれよう。

東電ＯＬコンプレックス

上記の三つは消費と関連した行動の類型なので、人間の類型ではない。よって一個人の中には、これら三つの志向性がそれぞれ異なる比重で併存することも考えられる。またこの行動類型は消費行動以外の志向性をカバーしていない。

たとえば、今や男性だけでなく総合職女性などにも拡大してきた仕事中毒は、消費ではないが、自己実現志向の現れであると同時に、一種の自己不安解消行為であり、先述した内面的な自己改造としての自己啓発志向、学習志向の延長線上にあると言える。つまりは「仕事によって変わる私」志向である。仕事によって変わる私という言説は、七〇年代以降着々と拡大してきたものであり、その土台として「とらばーゆ」などの転職情報誌が重要な役割を果たしたことは言うまでもない。

だが女性の場合、仕事による自己実現が、女性としての自己否定につながる場合がしばしばありうる。つまり不安解消行為がさらなる不安を生み出すのである。

そこで、失われた女性性を代償する必要が生じ、一時期話題になった「東電ＯＬ」のように、一流大学卒、一流企業社員でありながら、むしろそうであるがゆえに売春という形で自分が女であることを確認しなければならないという事態が生じてしまう（注３）。

売春は極端としても、現代の働く女性は、仕事を通じて自己実現をしながら、他方では仕事だけでは満たされない自分を、先述した中毒的消費、ブランド消費、化粧、癒し、セックス等々、さまざまな方法によって埋め合わせなければならない。いや、たとえ仕事だけで満たされていたとしても、仕事だけで満たされたと感じてはいけないのだ！　現代の働く女性は、男性並みに仕事ができる自分（生産する自分）と、美しくセクシーな自分（消費する自分）という二つの顔を持ち合わせなければならないのである。

特に近年は、第二次ベビーブーム世代が三〇代となって「負け犬」女性が激増しているために、ますますその「二つの顔」志向が強まっている。高学歴化した第二次ベビーブーム女性は、多くが企業の中で総合職として男性並みに働き、すでに係長、課長になって一〇〇〇万円近い年収を稼いでいる者すら珍しくない。しかし、肉体、容姿の衰えはどうにも隠しきれない。

そこで女性たちは、さまざまな方法で自分の中の欠落感を埋め合わせようとする。企業はその欠落感に訴求して、「仕事も、消費も、セックスも」といったメッセージをますます発する。そして、そのメッセージを受信した女性たちは、仕事も消費もセックスもできる美しい自分という自己像を肥大化させていく。言い換えれば、消費も仕事になるのである（注4）。

こう考えると、最近の高学歴女性タレントブームを代表する菊川怜らがお堅い東大生のイメージとは対極的なセクシーさをあえて売り物にする心理は「東電ＯＬコンプレックス」とも言うべきものだと思われる。彼女たちが代表する現代の女性たちは、まさに「仕事も、消費も、セックスも」する女性というイメージを生きたい（生きざるを得ない）のである。

「複数の自分」と「ぷちナショナリズム」

このように本当の自分らしさを求める自分と、それに対応して多様な自分らしさを提案する企業は明らかに共犯関係にある。消費者は企業が発する自分らしさ情報を受信し、自分にフィードバックする。すると消費者の中には、今ある自分らしさへの疑念がつねに生じるようになり、さらに本当の自分らしさを探し出すというように、自分探しの循環運動が拡大してしまうのだ。しかし、この共犯的循環運動は、唯一の確かな自分らしさの獲得に向かって収束はしない。むしろ最終的に消費者は、複数の自分らしさを受け入れるという態度を取るようになっていく。どうやっても、本当の全面的な自分らしさは獲得できない。それを追求しすぎれば自分を宗教や国家などの「絶対」らしきものにゆだねる危険がある。それはだめだ。とすれば、実現できるのは自分らしさのほんの一部でもよい、それは本当の全面的な自分らしさではないということは承知の上で、部分的な自分らしさにまた別の部分的な自分らしさを重ねて描きつづけ、たとえそれら同士が相互に矛盾しても、その重層的な仮面の姿を本当の自分とみなすしかない（重層的な非決定！）。重層的な仮面は、少なくとも嘘の自分ではない。こうして、ここに「複数の自分」という現代独特の自己意識が生まれることになるのである（注5）。

企業にとって、自分らしさ神話の戦略は消費者を簡単に踊らせる手法というわけではない。およそ共犯関係というものがすべてそうであるように、共犯者同士はつねに相手を疑い、相手から裏切られる。同様に、「複数の自分」を持つ消費者は、企業にとってはますますとらえがたいものに「進化」してしまっていると言える。

実際、「複数の自分」を持つ消費者の増殖は、不可解な現象を生み出す。音楽CDが典型的だが、一部のCDが数百万枚のメガヒットとなる反面、数百枚単位で売れるマニアックなCDも確実に存在するが、他方では、数万枚の定番的なヒットがなくなるという事態である。これは「複数の自分」という視点を導入しないと理解できない現象である。

かりに一〇〇万人の消費者がいたとしよう。そして彼らがそれぞれ一貫した一つの自分を持っていたとしよう。彼らの二五％が同じ志向性を持っているとすれば、二五万枚のセールスが期待できる。

ところが彼らがそれぞれ四つの自分に分裂していたとしよう。すると一〇〇万人でありながら「自分」の数は四〇〇万ある。四〇〇万の「自分」が二五％支持すれば一〇〇万枚のセールスが可能になる。つまり一〇〇万人全員が同じCDを買うということが起こる。これがメガヒットのからくりだ。

つまり、現代の消費者（特に若者）は「複数の自分」を持ち、そのうち一つを必ず「みんなと同じ自分」、つまり「同調する自分」として持っている。同時に彼らは「人とは違う自分」、つまり「差別化する自分」を持っている。「同調する自分」に訴求すればメガヒットが生まれ、「差別化する自分」に訴求すればセールスは極小化する（注6）。逆に、「ひとつの自分」の時代のような中くらいのヒットが生まれにくくなるのである。

ところで「複数の自分」による最大のメガヒットは何だろうか。宇多田ヒカルでもなければ、B'zでもない。それは「ぷちナショナリズム」であろう（注7）。古いナショナリズムは、唯一絶対の自分への信念を国家に収束させるものだ。最上位に国家があり、それがムラ、イエ、個人へと波及し、個人のアイデンティティを規定する。いわば同心円的なナショナリズムである。そこには強制があり、上からの同調圧力がある。

対して、「複数の自分」たちの中心には国家はない。しかし彼らの中には必ずどこかに国家がある、だからこそワールドカップのような特別なイベントに際して、ぷちナショナリズムは一気に発現する。そこには強制はないが、横からの同調圧力があるのかもしれない。日本のチームがワールドカップに出る、応援して当然でしょ、という素朴で柔らかな、しかし確実な圧力があるように見える。

その程度の「薄い」ナショナリズムに危険はないとも言える。しかし「薄い」からこそ危険だとも言える。「複数の自分」たちは、衷心から国家を崇拝することはない。しかし同様に国家に抵抗する力も弱い。ある一時に国家をメガヒットさせることはある（注8）。

食べることが面倒くさい

ここまでは消費の物語の喪失と「自分探し」という観点から、消費者が「複数の自分」という新しい自我を持った存在に変質してきたことを見てきたが、次に少し視点を変えて、特に若者の食、性、ファッションの各分野について、私が最近考えていることを述べてみる。

私は以前、ある生活研究シンクタンクの研究員のコメントを新聞で読んで「へえ」と驚いたことがある。同研究員が高校生の食生活を調査したとき、高校教員の意見として「食べることを楽しいと感じない、面倒と思う子が増えてきた」という声が目立ったというのである（「東京新聞」二〇〇三年一月一二日）。しかし、この話を知り合いの食品メーカーの人にすると、食べるのが面倒くさいという感覚があることは食品業界では数年ほど前から常識だと言われてしまい、また驚いたのである。

だが、よく考えてみると、今の若者はきっと食べることに関心がないのだろうなと思ったことは私にもあった。私は若者の行動を観察するのが仕事の一つだが、その私が近年関心を持って調査してきたのが、いわゆる「歩き食べ」だ。電車の中でも歩きながらでも、ところかまわず物を飲み食いする、あの行儀の悪い行動である。なぜ若者は（最近は若者だけではないが）歩き食べするのか。いろいろ理由はあるだろうが、きっと食べるのが面倒くさいのだろうなと思ったのである。事実私が二〇〇五年に行った一八～三七歳の女性対象の調査でも、食べるのが面倒くさいと思ったことがある者が二四％いた（注9）。

食べることが好きで、おいしい物が食べたいと思えば、それなりの店に行って、それなりのお金を払って、それなりの物を、それなりの流儀に則って食べるだろう。それをしないで歩きながら食べるのは、そもそも食べることに関心がないと考えられるのだ。極端にいえば、現代の若者は、できれば食べないで済ませたいのである。が、どうしても腹はへるので仕方なく食べる。だから、楽しい必要はないし、歩きながらでも十分だというわけである。

食欲が不快に感じられる

ではなぜそれほど食への関心が薄れたのか。ダイエット情報が行き渡り、やせたい人が増えているからという理由もありうる。が、そもそも食べ物が溢れすぎているために、かえって食欲が減退しているのではないだろうか。

欲求の基本的な源泉は不足である。人は足りないものはほしいと感じる。ありあまっているものはあまりほしいと感じない。ここで食べておかないと今度はいつ食べられるかわからないと思えば、多少まずい物でもよろこんで食べる。ところが現代の生活は、コンビニにもファミレスにもファストフード店にもデパ地下にも、そして駅のプラットフォームにすら、いつでもどこでも食べ物が溢れている。いつでも手に入ると思えば食べる気が薄れるのは当然だ。食べ物が多様に大量に目の前に存在し、それを自由に選択できるにもかかわらず、むしろそれだからこそ、かえって食べることが面倒になっているのだ。

それはちょうどわれわれが、情報社会の中で、過剰な情報の洪水を処理することができずに、ただ流れている情報をぼんやりと眺めるしかできないでいる状況とよく似ている。ほしいとも言わないのに、つまらない情報が大げさな演出を施されて二四時間垂れ流されている。いや、ものすごい圧力で放出されている。ピンク色の巨大な「だが！」とか「しかし！」といった文字が踊る画面をわれわれは否応もなく見せつけられる。そういう情報環境の中で、われわれは情報がほしいという気持ちをむしろ阻喪されるだろう。食についても、それと同じ状況が起きているのだ。冷静に考えれば異常なほど大量の食欲刺激がなされている。こういう中で、正常な食欲を維持し、正常な食生活を営むことは難しいであろう。「ほしいものが、ほしいわ」の時代の、欲望を欲望するという感覚が消失しつつあると言えるだろう。

欲求の統合ができない

私があるとき若者に行ったインタビュー（注10）でも、一体自分がいつ何を食べたいと思うか予測がつかないので、あらかじめ食品を買いだめできないという意見があった。スーパーに行って安いものを買いだめしても、結局食べきれないという。食べきる前にほかのものがほしくなるからだ。だから買いだめせず、何か食べたくなったら、たとえ夜中の二時でもコンビニかドン・キホーテに駆け込むほうが無駄がないらしい。若者は（若者だけはないが）、腹がへったと内発的に感じて物を食べるのではなく、偏在する食物情報によって刺激されて、その刺激がいつか突然欲求となって現れるということである。

もちろん、その欲望刺激システムは食に限らず消費資本主義の大前提であるから、今更それを指摘するほどのことではない。しかしそのシステムがいまあまりにも肥大化していることは改めて指摘しておいてよい（ユビキタス社会ならなおさらだ！）。テレビや雑誌ばかりみている人間の食欲は、あきらかに制御不能なレベルに達している。若者の食欲は明らかにメディアを通じてつくられた人工的なものであり、その意味で刺激（広告）に対する反応（消費）でしかない。彼らはいつでもどこでも食欲を刺激され、その刺激に反応していつでもどこでも食べる。だからいつもある程度空腹が満たされている。だから本当に腹ぺこになったことはあまりない。逆に、本当の満腹感も味わったことがないのである。

しかしこうなると、食欲を満たすことは幸福感にはつながらず、むしろ食欲は、食べても食べても決して満たされることのないもの、むしろ、いつ何時自分に襲いかかってくるかもしれない不快なもの、不気味なものとして意識されるようになる可能性がある。それが、若者が食べることを面倒くさいと思うようになった理由ではあるまいか。そして若者は、いつ何がほしくなるかわからない自分というものをもてあますようになった。自分がわからなくなったのだ。

それは先述した「ほしいものが、ほしいわ」という感覚とは、似ているようで少し異なる。「ほしいものが、ほしいわ」の時代においては、そう思っている自分を疑っていない。何かをほしいと思っている自分を、自分は好きだと思っているし、ほしいものが見つかったときの自分は幸せだと思っている。

それに対して、突然自分に襲いかかってくるかもしれない欲求をもてあましている現代の若者は、その欲求をもった自分をわかるとか好きだとか幸せだとか思いにくくなっているのではないだろうか。

自分がわかる、あるいは自分がある、という感覚は、自分が何がほしいか、何がしたいか、何になりたいか等々の欲求を自分で統合しているという感覚であろう。

欲求が統合されていれば、自分は音楽が好きだから、音楽関係の仕事がしたいというように、自分を見つめることで自分の人生を計画することもできる。それはアイデンティティを確立したという感覚だとも言える。

対して、自分がわからないということは、自分の欲求を自分で統合できないでいるということである。統合するには、あまりに自分の欲求には脈絡がなく、不意に現れすぎる。それが本当に自分の欲求なのかすら不明である。自分をわかるということが困難になっているのだ。

もはや自分は統合されたひとつの「自分《アイデンティティ》」ではない。唯一のたしかな自分があるのではなく、自分でも知らないいくつもの自分があると感じられるのだ。まさに「複数の自分」である。そして、この「複数の自分」こそが、自分をわからなくさせる源泉であり、自分に不快を感じさせるのである。

青少年研究会が一九九二年と二〇〇二年に行った調査でも、この一〇年で、「自分らしさがある」と「自分を好きである」の関連は強まったが、「場面によって出てくる自分は違う」と「自分らしさ」は関連が弱まり、「自分が嫌いである」との関連は強まったという（浅野智彦「多元的自己の記憶と時間意識」）。つまり「複数の自分」をもてあます、あるいは不快に思う若者が増えたのではないかと推測されるのである。

私なりに世代論的に考えても、この変化は納得できる。同調査の対象者は一六〜二九歳であり、九二年のそれは一九六三〜七六年生まれ、マーケティング的に言えば新人類世代を半数含む（注11）。彼らは高度成長期に育っており、親は昭和ヒトケタ世代で自身が高度成長の中心的担い手である。よって新人類世代までは、唯一のたしかな自分の追求が正しいことであるとまだ信じられていた。だからこそ、八〇年代以降、複数の自分を増殖させる消費社会の潮流の中で、新人類世代はマニュアル文化と自分探しブームの担い手になった。自分探しに「はまった」者の一部は自己啓発か新宗教に没入した。新人類世代はオウム世代でもあるのだ。

こういう新人類世代の中で、特に軽やかに複数の自分を肯定できたのは、消費志向の強いタイプの人たちである。「私はこれも好きだが、あれも好き。それは理屈じゃなくて感覚の問題」という感覚が「複数の自分」を肯定する感覚である。彼らのバイブル『なんとなく、クリスタル』を書いた田中康夫が「ルイ・ヴィトンも岩波文庫も、それを所有することのブランド価値は等価だ」と看破したのは偶然ではない。そして吉本隆明はコム・デ・ギャルソンを着て「アンアン」に登場する。そうした重層的な非決定の状況の中で、クリスタル世代としての新人類世代は消費社会の中の「複数の自分」を祝福できたのである。

対して二〇〇二年の調査対象者は一九七三〜八六年生まれである。彼らは大半が団塊世代以降の子供であり（注12）、言い換えれば両親共に戦後世代の子供である。よって親の価値観はあらかじめ相対主義的傾向を強めており、子供は親に反発することもあまりなく成長してきた。つまり、唯一絶対のものなどないのだから、自分も、自分の生き方も唯一絶対であるはずはなく、自分が好きなようにやればよいという価値観で育ってきた。だから彼らは自分らしさを所与の自然権として肯定する（注13）。しかし、だからこそ彼らは自分らしさの実現が何らかの束縛からの解放という価値であるとは昔ほど感じていないとも考えられるし、逆に、自分らしくすればよいという寛容を、自分らしくあらねばならぬという命令と感じ、それを不快に感じたとしてもおかしくない。

もちろん、こうした若者の自分らしさ志向の変化には、経済、雇用、就職などの情勢の変化も反映していると考えられるが、紙幅の都合でこれ以上詳述できない。

性欲の減退と消費の低迷

俗説の域を出ないが、若者の性欲の減衰も近年しばしば指摘されている（注14）。その理由としては、仕事上のストレス、コミュニケーション能力の低下、過剰な清潔志向などと並んで、性情報の氾濫も挙げられている。たしかに、食欲と同様に性欲も、アダルトビデオやインターネットなどにより、二四時間、いつでもどこでも昂進されるものになっている。すると性欲も、満たしても満たしても決して満たしきることのできないもの、いつ何時自分に襲いかかってくるかも知れない不快なものとして意識されるかもしれない。

マーケティング業界では、若者の性欲の減退が消費の低迷の一因であるという説もある。しかしそれは物語の喪失という観点から見てもあながち珍説とは言いがたい。少なくとも一九八〇年代は、アッシー、メッシー（女性にとって運転手であり、食事のおごり役の男性という意味）という流行語に象徴されるように、男性が女性を誘うには、自動車での送迎と高価な食事が必須だった。クリスマスイブともなれば、ＢＭＷで迎えに行き、フランス料理を食べ、カフェバーでカクテルを飲み、半年前から予約を入れたベイエリアのホテルに向かい、ティファニーの三連リングをプレゼントして、そしてようやく事に至ることができると言われた（今こう書いていても、ほんまかいなと思ってしまうが）。一回のセックスに至るまでに相当な金額の消費が必要だったのだ。

ところが現在の若者は、たとえば渋谷の駅前で待ち合わせるとラブホテルに即行するという。どうせ最後の目的はセックスなのだから、最初から行けばいいと考えるらしい。そこには事に至るまでのプロセスがないので、消費が生まれないというのである（この説は実際に某広告代理店の人が私に話した説であり、私も納得している）。

事に至るまでのプロセスをパスしてしまう彼らの行動からは二つのことが言える。ひとつは、彼らが自分の欲求の充足を先延ばしして我慢することができないということ。第二は、彼らには役割演技をする意識が希薄だということだ。セックスという目的のために、かっこいい男や、かわいい女を演じるなんてことは、まだるっこしくてできないのである。

セックスそれ自体は本来消費行為ではない。しかし、ベイエリアのホテルやティファニーの三連リングがないと成立しないセックスは消費的である。他方、会ったその場で意気投合して行うセックスは消費的ではないだろう。だが、人間は動物とは異なり、記号と物語を生きる存在である。存在の意味に飢えるのが人間だ。とすれば、野良犬のようにその場の意気投合のみで行うセックスより、消費的なセックスのほうが人間的だと言える。もちろんフランス料理やベイエリアのホテルを介在させないと成立しないセックスは奇妙である。が、それは一定の物語（シナリオ）を踏まえてクリスマスイブの男女という役割を演じ、恋愛にまつわる記号を交換しているという意味ではきわめて人間的であり、文化的である。対して現代の若者のセックスが意気投合型なのは、彼らがその種の物語を信じていないということであり、そもそも物語が存在していないということであろう。考えてみれば、コンビニで、おにぎりやお菓子の隣にアダルト雑誌が置かれているという状況も、隠された秘め事としての性の物語性を希薄化させているると言えるであろう。

記号消費の対象の逆転

次にファッションについて考えてみよう。

私はマーケティング調査で若者にインタビューするとき、ほとんどの場合、よく行く店、好きなブランドをたずねるが、最近の若者は店やブランドの名前が出てこないことが多い。私が八〇年代にパルコで行っていたインタビューの経験では、当時の若者は驚くほど自分の持ち物、衣服について、それをどこでいくらで買ったかを覚えていた（注15）。それに対して最近の若者は、服をどこで買ったかを尋ねても「そこらへん」としか答えない。一面では消費中毒に見える現代の若者は、他方では消費に対して無頓着であり、「無意識」なのである。

なぜか。いくつかの理由が考えられるが、先述した食欲や性欲との関連で言えば、物が溢れすぎているために物欲が減退しているように思われるのだ。物が不足していれば、それをどこで手に入れられるかは貴重な情報になる。実際に手に入れれば、それをどこでどうやっていくらで入手したかを忘れることはない。山に住む農民が松茸のとれる場所を誰にも知らせないのと同じだ。新人類世代が若かった頃はブランド物がそうだった。パルコにすらルイ・ヴィトンの店はなかったのだ。

しかし今はたいていの物が日本中で手に入る。鳥取でも青森でも、ロードサイドショップには最新のファッションが揃っている。まさに「そこらへん《ユビキタス》」で「無意識」に手に入れることができるようになったのである。どんな田舎でも、というより田舎だからこそ、巨大なショッピングセンターがあり、そこにはナイキやアディダスのトレーナーやスニーカーが溢れかえっている（三浦展『ファスト風土化する日本』）。その数は同じショッピングセンターにあるキャベツやジャガイモの数よりも多いようにすら見える。

とすれば、そこでナイキやアディダスを買うことは、もはやブランド消費でも記号消費でもなく、キャベツやジャガイモを買うことと同じような消費、つまり半ば生理的欲求を満たすだけの消費になっている可能性がある。あるいはティッシュペーパーを買う感覚に近いと言ったほうが正確だろうか。いずれにしろ、ブランドの記号的価値に金を払う消費とは性格が異なる。ましてユニクロや一〇〇円ショップとなれば、何を買おうと、記号消費的な欲望よりも、生理的な欲求を満たす感覚に近いと言える。

もはやナイキもアディダスも、それを買う者のアイデンティティとは無関係だ。ユニクロ、GAP、コムサは言うに及ばず、ナイキもアディダスもリーバイスも、ファッション独特の記号消費の対象ではなく、基礎的食糧と同じ生理的欲求充足のための手段に近づいているのだ。昨日食べたキャベツやジャガイモのブランド名をいちいち覚えている人はいない、食べたジャガイモがその人のアイデンティティにはならないのと同じである。

いや、むしろ今日では、基礎的な食糧のほうが、「有機農法」「〇〇県の農家〇〇さんの作った〇〇」といった表示によってブランド化し、記号化している。あるいは選択的消費の対象になっている。それに対して、ナイキやアディダスは、少なくともスーパーで売っているような一般向け普及品は、いわゆるブランド性や記号性を希薄化させている。だから、キャベツやジャガイモが記号消費であり、ナイキやアディダスが生理的欲求充足の手段であるという、奇妙な逆転が起きつつあるとも言えるであろう。

もちろん、そもそも食欲も性欲も生理的欲求だ。しかし文明化の過程でこれらは文化的記号となり、階級や趣味などを表現するようになった。だが過剰な大量消費社会の発展と氾濫する記号消費の果てに、現代の若者の食や性は、今や記号性を拒否し、ただ腹が減れば食べ、セックスしたいときにするというように、単なる生理的欲求の充足に後戻りしているようにも見える。

「女性らしさの神話」の溶解と「フツーでいい」私

もうひとつファッションについて、性意識との関係で述べておきたい。

現在、若い女性のファッションはかなりの割合で非常に中性的である。いや、中性を通り越して「無性的」ですらある。ジェンダーアイデンティティは相当崩壊していると言える。

少なくとも二〇世紀半ばまでの支配階級、中産階級のファッションはしばしば男らしさ、女らしさを過度に強調するものであった。そしてそうしたファッションが大衆的な欲望になり得たのは、大衆の中に中産階級への上昇という物語が存在していたからである。

しかし一九六〇年代以降、女性たちは「女らしさの神話」からの解放を訴えるようになった。バブル時代のボディコンのような「反動」もあったが、基本的には過去三〇年間「女らしい」ファッションは次第に衰退してきたと言える。特に近年、急激に女性のファッションの男性化が進んだ。女性らしさを強調するタイトなスカートやハイヒールは特殊な業界の女性以外はほとんどはかなくなり、近年はだぼっとしたジーパンの上にスカートをはくという奇妙な着こなしが流行している。これは考えてみれば、男性性と女性性のあいだで微妙にゆらぐ心理を表すファッションだと言える。

実際にそうした無性的なファッションをしている女性（一八～二一歳）にインタビューしてみると興味深いことがわかる（注16）。まずファッションのポリシーは「楽」という意見が最も多く大体三割くらいいる。次に「自分らしい」「きまりすぎない」がそれぞれ一、二割いる。「個性的」という回答は皆無であり、人と違うこともあまり求められていない。ファッション以外でも自分らしくありたいかという質問には七割がイエスと回答しているが、自分らしさとは何かを尋ねると、積極的な長所を挙げる者は少なく、むしろ「まわりを気にしない」「思うままにできる」「マイペースなところ」という回答が多い。

ほとんどの女性は男性の目をあまり強く意識していない。その理由は、「どうでもいい。その人がよければいい」「男の目を気にしているのはイヤ」「気にしすぎると自分ではなくなる」「気にしてたけど、そんなにこだわる必要もない、自分じゃなくなっちゃう、つくっちゃうから」などであり、女性らしさがしばしば自分らしさを否定すると感じていることがわかる。また人生観を聞くと、ほとんど全員が「楽しく生きる」「マイペースで生きる」「自分らしく生きる」「自分のやりたいことをやる、やりたくないことはやらない」「なるようになる」「あせらずのんびり生きる」と答える。

こういう回答を見ていると、彼女たちにとっての「自分らしさ」とは、明確に定義のできる、他人との違った個性ではなく、単に「楽であること」や「マイペース」の同義語なのではないかとすら思えてくる。「女らしさ」「若者らしさ」「高校生らしさ」といった既成の役割を演技することを苦痛として拒否し、その苦痛から解放された楽な状態を「自分らしさ」と言い換えているのではないかという気がするのだ。もちろん、既成の「らしさ」が「学校化」した社会の中で大きな抑圧になっている可能性はあり、その意味で「自分らしさ」志向は正しい。他方、すでに信じるに足る「女らしさ」「若者らしさ」などが崩壊しているため、「自分らしさ」しか信じようがないという状況があると言うこともできる。

そういえば、若者にインタビューしていてよく耳にするもうひとつの言葉に「フツーでいいです」という言葉がある。自分らしさ、自分に似合うことをこれだけ強く求める反面、じゃあ、どんなものがいいのかと聞くと「フツーでいい」と答えるのである。

また、自分の嗜好を表す言葉を聞くと、「個性的」「先進的」「人と違う」といった言葉はまず挙がってこない。むしろそれらは嫌いな言葉ですらある。好きな言葉は「さりげない」「目立ちすぎない」「シンプル」といった言葉である。

そう考えると、現代の若者の求める自分らしさ志向はずいぶん屈折している。それは、一九六〇年代から七〇年代の若者文化において求められたような、既存の体制からの個人の解放、アイデンティティの確立としての自分らしさではないし、八〇年代における、消費を通じた自己表現としての自分らしさでもない。

いや、正確に言えば、そもそも、既存の体制からの解放とアイデンティティの確立を求めた若者の多くが、古くさい共同体や役割に束縛されないオルタナティブな生き方を求めたときによりどころにしたものが消費だったのであり、若者は消費を通じて、たとえ擬似的にであれ、自己を確認し、自己を表現し、アイデンティティを確立したかのようにふるまうことができたのである。思えばそういう時代はまだある意味で幸福であった。

ところが皮肉なことに、今では高度に発達した消費社会のなかで、どんな個性も自分らしさも物語も商品化され、広告化され、カタログ化されて、シリアルナンバーをふられて大量に陳列されている。もはやわれわれは物を消費することでは自分のアイデンティティを語れなくなりつつあるのである（注17）。

（注1）　リースマン／加藤秀俊訳『孤独な群衆』（みすず書房、一九六一年）　内部志向は、典型的には独立宣言後のアメリカの理想を体現した、自助精神に満ちた生き方であるが、しばしば硬直的であり、独善性と排他性に陥りやすい。他方、他者志向は、一九四〇年代以降の消費社会化したアメリカの中から次第に生まれてきた生き方であり、柔和で協調的であるという特徴を持つ。どちら

が良いという問題ではなく、あくまで類型である。日本人は、一九八〇年代以降の消費社会化の進展の中で、特に若者を中心として内部志向型から他者志向型へと人間類型に変化が見られたと言える。そうした変化を踏まえた社会論として山崎正和の『柔らかい個人主義の誕生　消費社会の美学』（中央公論社、一九八四年）がある。また、一九七〇年代以降の小此木啓吾の一連の「モラトリアム人間」論もアイデンティティ論として貴重である。

（注2）　たとえば家族問題研究所「情報化と若者のコミュニケーションに関する調査研究」。

（注3）　もちろん実際の東電ＯＬ事件の背景はより複合的であろうが、ここでは、多くの有職女性が共感したと思われる「東電ＯＬ」という記号について叙述している。実際、佐野眞一の『東電ＯＬ殺人事件』には著者の予想を超えて多くの女性読者からの反響があり、佐野はその反響を取材して『東電ＯＬ症候群』を書いている。

（注4）　他方、裕福な専業主婦という地位を獲得できた女性、雑誌で言えば「ＶＥＲＹ」の世界に生きる女性にとっては、小倉千加子が看破したように、労働が消費になる（小倉千加子『結婚の条件』）。主婦とは言っても家事と育児だけではつまらない、とはいえ生活に必要な収入は夫が稼いでくる、だから自分たちはお金にならない仕事をしよう、というわけで、フラワーコーディネート教室やら紅茶教室やらを開くが、当然儲けは出ない。でも、それでいいのだ。ＶＥＲＹ主婦にとっては、働くことも消費だからである。また講談社の女性誌「ＦＲＡＵ」は最近「マンションを買えば、愛だけで男が選べる」という特集を組み、「金も名声も知性も、すべて私は持っている。だから男は美しいだけでいい」というジャンヌ・モローの言葉を引用している（二〇〇五年四月一二日号）。まさに「仕事も消費もセッ

クスも」という働く現代女性の欲望を表現した特集である。ただし「美しさ」は自分にではなく、男に求めているところがより現代的である。なお現代女性の自分らしさの中身については、三浦展『団塊世代を総括する』参照。

（注5）「複数の自分」という考え方については、辻大介「若者のコミュニケーションの変容と新しいメディア」参照。

（注6）もちろん、差別化する自分というスタイルに同調するスタイルも現実にはある。

（注7）「ぷちナショナリズム」は香山リカの造語である（香山リカ『ぷちナショナリズム症候群』中公新書ラクレ、二〇〇二年）。

（注8）本稿を校正していた二〇〇五年九月、自民党が衆院選でまさにメガヒット的圧勝をした。

（注9）カルチャースタディーズ研究所＋㈱読売広告社「女性階層化調査」（三浦展『下流社会』）。

（注10）ある民間企業からの委託で私が行ったグループインタビュー。二〇代の男女合計一〇名対象。職業は学生とフリーター。二〇〇三年実施。

（注11）新人類世代の定義については、三浦展『新人類、親になる！』『マイホームレス・チャイルド』『これからの一〇年 団塊ジュニア一四〇〇万人がコア市場になる！』を参照。

（注12）団塊世代の子どもについては、三浦展『マイホームレス・チャイルド』『これからの一〇年団塊ジュニア一四〇〇万人がコア市場になる！』『仕事をしなければ、自分はみつからない。』『団塊世代を総括する』を参照。

（注13）土井隆義は「現代の若者たちが実際に感じている個性とは、他者との比較のなかで自らの独自性に気づき、その人間関係のなかで培っていくものではない。あたかも実体のように自己の深淵に

発見され、大切に研磨されるべきダイヤの原石のようなものとして感じられている。その原石こそが『本当の自分』というわけである」と述べている（土井隆義『非行少年の消滅』）。本論でも述べたように、若者は仕事も結婚も自分らしくなければならないと信じている。しかし、仕事や相手との関係性のなかで次第に自分らしさを形作ろうとはせず、あらかじめ自分に備わっている（と信じられている）自分らしさに合う仕事や相手を求めるのである。

（注14） たとえば「アエラ」二〇〇四年五月三一一〇日号、「SPA!」二〇〇四年四月二七日号。

（注15） 一九八〇年代の若者のファッションの考現学的調査記録としては、アクロス編集室『東京の若者』（PARCO出版、一九八九年）を参照。

（注16） 東京の街頭でのデプス・インタビュー調査。二〇〇三年七月（対象者九名）と二〇〇四年四月（対象者一三名）に実施。詳細は三浦展『かまやつ女の時代』。

（注17） 二〇〇四年一一月にカルチャースタディーズ研究所が行った「昭和四世代欲求比較調査」によれば、「あなたが生活全般で大事にしていることは何ですか」という問いに対して、団塊ジュニアは階層意識が高い者ほど「個性・自分らしさ」が低く、好きな商品名や企業名が挙がりにくいという傾向が見られた。しかし、団塊世代の特に男性では階層意識が高いほど「個性・自分らしさ」が多く、好きな商品名、企業名もたくさん挙がった。つまり団塊世代は自分らしさと消費が結びつきやすい世代であり、逆に団塊ジュニアはそれが結びつきにくい世代であるという解釈が成り立つ（三浦展『下流社会』）。

▼参考文献

アクロス編集室『超大衆の時代』（ＰＡＲＣＯ出版、一九八五年）

浅野智彦「多元的自己の記憶と時間意識」（『都市的ライフスタイルの浸透と青年文化の変容に関する社会学的分析　平成一三・一四・一五年度科学研究費補助金研究成果報告書』二〇〇四年に所収）

小倉千加子『結婚の条件』（朝日新聞社、二〇〇四年）

土井隆義『非行少年の消滅』（信山社出版、二〇〇三年）

三浦展『「豊かな社会」のゆくえ』（日本能率協会マネジメントセンター、一九九二年）

三浦展『新人類、親になる！』（小学館、一九九七年）

三浦展『「家族」と「幸福」の戦後史　郊外の夢と現実』（講談社、一九九九年）

三浦展『マイホームレス・チャイルド』（クラブハウス、二〇〇一年）

三浦展『これからの一〇年 団塊ジュニア一四〇〇万人がコア市場になる！』（中経出版、二〇〇二年）

三浦展『ファスト風土化する日本』（洋泉社新書、二〇〇四年）

三浦展『仕事をしなければ、自分はみつからない。』（晶文社、二〇〇五年）

三浦展『かまやつ女の時代——女性格差社会の到来』（牧野出版、二〇〇五年）

三浦展『団塊世代を総括する』（牧野出版、二〇〇五年）

三浦展『下流社会』（光文社、二〇〇五年）

辻大介「若者のコミュニケーションの変容と新しいメディア」（橋元良明・船津衛編『子ども・青少年とコミュニケーション』北樹出版、一九九九年に所収）

対談

欲望と自己探求

北山晴一×三浦展

人が欲しがるものを欲しがる

三浦　最近、男だから男らしく、女だから女らしくとか言うのは変だという時代になってきている感じがあります。ひいては自分のよりどころを見出しづらくなった面もある。

北山　そうも言えるけど、よく大学の中を見ると、必ずしもそうでなくて、むしろある時期よりも今のほうが保守的な部分もありますよ。

部活では男女の役割分担がいまだに通用するんです。男子の部員の試合がある日には、女子がお弁当作ったりする。ところが、女子の試合がある日には、やっぱり女子が作ってます（笑）。そういうことをやらざるを得ないシステムになってるのね。なぜかと言うと、やらない子が浮いてしまう。それからライバル関係もできる。

三浦　誰に対するライバル？

北山　やっぱりある男をめぐってのライバルですね。でも、男は、ダシかも。そいつが好きじゃなくっても、だれだれちゃんがやってるのに、わたしがやらないのは、とかね。

三浦　みんなが欲しがっているもので争うわけですね。自分が好きじゃなくても。まぁ、立教大学はギャル系が多いからね。

北山　不思議なのは、普通だったらAという男が好きで、周りにライバルがいて、弁当を作ろうってものだけど、好きでもないのに、だれだれちゃんが作って私が作らないわけにいかないという状態。いわゆるマッチョシステムが通っちゃう。それを崩すことは非常に難しい。

三浦　ややこしい状況ですね。

北山　ファッションなんかもそうだけど、なんでおしゃれをするのかっていうと、女の子がおしゃれするのは男に対しておしゃれする、という図式がありますね。それはあるんですが、だいたいが男は、口実。同性に対する関係の中でおしゃれをする、というほうが真実に近い。

三浦　昔から？

北山　おそらく、消費社会の中でですね。

欲望の三角形という構図があります。モノと自分との間に働く欲望のメカニズムは、一対一の関係、つまり主体と客体の間の関係だけ見ていたのじゃつかめないし、理解できない。欲望には、必ず第三者、媒介者がある。媒介者を介することではじめて欲望のダイナミズムが生まれる。

三浦　さっきのお弁当と同じですね。人が欲しがるものを欲しがる（笑）。

北山　そうです。自分が何かを欲しいと思うのは、その対象に対して別の人が欲しいと思う構造が見えてることで、自分も欲しくなる。これは近代的な欲望の典型で、ルネ・ジラールという哲学者が言ってることです。つねに媒介者の介在なしに我々は対象を欲望することができない、と。

そんなことはない、自分は自分の考えで選んでいる、欲していると思うでしょう。でもそれは人マネという形で自分が欲望していることに、近代の個人主義者である我々の自尊心が傷つけられるためにそう思い込んでいるにすぎない、ジラールはそういう言い方をするわけです。つねに我々は他者の欲望をコピーする形でしか対象を欲望できない。しかし、我々はそれを認めたがらない。認めたがらないのが近代人の特徴なんだ、と言うわけです。ある意味ずるいですよね。それはあなたの自尊心がそういうことを言わせているのである、と返されちゃうと、その先に行けません。その点ちょっとあやしいし、しゃくなんだけど、でも実際のいろいろな事象を分析するときに思い合わせて考えると、かなり当たってるわけです。こうした構造がなければ広告なんてものはありえない。広告が成り立つ構図って、欲望の三角形そのものですから。

三浦　その認めたくないけど、認めざるを得ないような葛藤が自分の中に起きてきているというのが、今の消費者のある状況かと思います。

そこで、自分というテーマになってくるんですが、「下流社会」で引用した女性調査をクラスター分析すると、いちばん多いクラスターはやはりそういう人です。読売広告社はトレンド達観女って名づけたけど、まぁ、とても達観はできていない（笑）。達観までは行ってないけどまさに、媒介者を経た欲望を、若いころから持ってきたんです。そして二七〜三〇歳過ぎてからだんだん欲望が持てなくなってくる。欲望を持つことを欲望しなくなるというか……でもちゃんと物は買ってます。一番手には買わないのね。二番手ぐらいで買ってる。まぁ、マーケティング的にはフォロワーってことになります。単なるフォロワーとは違いますが……。

北山　流行現象のメカニズムっていうのは単純に上から降りてくる、という考え方があるけど、そうじゃない。最も情報を持っている人というのは、二番手とか三番手とかに買うんですよ。最初には買わない。もちろん後のほうでも買わない。そうした時間的な流れの中で自分の立場をどこに位置づけるかっていうことが非常に大事なわけです。それを心得ている。

三浦　まさにそうですね。情報を持ってるから待つんですね。誰かおっちょこちょいに試させておいて良いとわかったら買う（笑）。

北山　最初に買うと、怖いし、恥ずかしいしね。ベストセラーなんかもそうだけどね。みんなが買ってるときに買うのは嫌。すぐには買わず、ちょっと見てから買う。なるほどって感じで買うのがいちばん安心。自分の自尊心を傷つけられない形でふるまおうとすると、そうなるんじゃないかと思いますね。

社会改良とファッション

北山　ヨーロッパの場合は、十九世紀半ばを大衆消費社会と言うけれど、いまからみれは旧式な伝達手段しかなかったのに、あのころの情報の伝わるスピードは、なかなかすごい。フランス製の、イラストをつけたファッション雑誌が一八四〇年代から英語やイタリア語に翻訳されて、イタリア、シチリアやロンドンで発売され、五〇年代にはブエノスアイレスとか南米、ニューヨーク、西海岸はちょっと遅いけど、世界各都市でそういう雑誌が出回るわけです。雑誌本体は場合によっては地元の雑誌なの。イギリスだったらイギリス生まれの雑誌なんだけど、イラストはパリで作られてる。パリの雑誌が各国語に翻訳された形でもって、それぞれの地元版みたいなのが出てるケースもあった。

私はそういうものを発案した男の人生を、昔、何年もかけて調べたことがあった。すごく面白い。ファッション版の読売新聞社みたいな感じで、出版コングロマリットをつくっちゃったわけです。なぜそんなことを言うかといえば、こういう雑誌の誕生と流通の実際を調べていくと、情報がどういうふうに作られ流れていったかということがじつによくわかってくる。ファッションそのものの出発点＝オリジンになってるのは上流階級なんだけど、上流といっても若干マージナルな階層に属する人たちなんです。トップじゃなくてその次になる人。今でいうアーティストとかミュージシャン、俳優女優さん、あるいは常道を外れてしまった紳士淑女のような感じで、いわゆる正統的な上流階級じゃない人たちがファッションの先導役になっている。それを見て、上流階級の人たちが採用し、社会全体に広まっていきます。

三浦　ファッションは、情報化社会において成立するということですか？

北山　そう。両者一体です。意識化されて成立するもので、無意識的には成立しない。そして自然発生的に生まれたのではなくて、ファッションはかなり早い時期から組織化されてきた。一八四〇年にはすでに組織化の動きが始まっていた。

三浦　組織化というと？

北山　業界団体があって、その中で流行を作っていくわけです。そのときに非常に大きな役割を果たしたのが、男性服の場合だと既製服。大量にトレンドが決まったものを出すことによって、流行の流れを作った。それ以前は非常に困っていた。シーズンが始まるまで何が流行るかわからない、困った、困った……でもその後がたいへん、トレンドがはっきりした時点で昼夜徹して仕事をしても間に合わないくらい仕事が殺到してくる、と業界人たちは嘆いていた。しかし、ある程度作りためておいて、つまり既製服を作っておいた、それをいろいろな店が一挙に売り出すことによって、トレンドを作るということを早い時期にやっています。女性服の場合はシリーズものを作る感じで、既製服を大量に作るという流れにはならなかった。ファッションの個性化の側面は女性服に請け負わせてしまった。

男性の場合と女性の場合はファッションの組織のされ方が全然違う。両方の特徴をうまく組み合わせることによって展開していくのが、近代のファッションシステム。しかし、いずれにしてもファッションは組織化されていた、というのが私の考えです。だから、自分たちが品物を選ぶのは趣味とか個性とかにしたがって選ぶんだという、いわゆる個人主義の思い上がりに基づいたような考え方っていうのは歴史的にも間違えているんです。そんなふうに言われると、さらにそれを否定したいっていう気持ちが出てくるのも、近代の個人主義特有のものですが……。

三浦　軍服が既製服の大量生産のきっかけになったんでしょう？

北山　軍服っていうのはそんなでもない。それよりも、新しいものを着ることができる喜びですよね。

三浦　男性も女性も？

北山　うん、男性も女性もだよね。十九世紀の初めぐらいまで、普通の人は古着しか着られなかったわけです。職能分離ということで、生地を作る人と縫製職人は職能が違うから、生地屋さんで服を仕立てることができない。それから仕立て屋さんが自分のお店に一定以上の生地を置いてはいけないことになっていた。なぜかというと、両方にギルド（職業団体）があって境界が決められていて、王様の勅許状がないと仕事ができない状況があったわけです。ギルドが壊れてようやく生地屋さんが仕立て屋さんを雇ったり、仕立て屋さんが生地を大量に買い入れてやっていく、そういうことで初めて既製服が可能になった。そうでなければ既製服はありえなかった。それが十九世紀初めの状況だった。その後、状況が大転換していくわけですがね。

軍服はたしかに既製服マーケットとして無視できなかった。私がファッション研究をやるきっかけになったのは、当時一八三〇年代に男性服業界で業界紙を編集していた元仕立て職人のコンパンという男に出会ったこと。さっき話に出た雑誌を出してた男ね、この男がじつに才覚のある人物で、既製服云々よりも先に、服をつくるシステムをもっと合理的に教授できないものかと考え、幾何学を応用した仕立て術入門書を書いて発売する。それから自分の家のアトリエを開放して夜間講座を開いたり、世界で初めて型紙つきの雑誌を作って売ったり。雑誌には縮尺で型紙をつけるわけだけれども、それを拡大して、実物大にできますよって、拡大機みたいなものをいっしょにくっつけて売ったりしていたわけです。その仕立てシステムがわかりやすくて非常に評判になった。今までみたいに、弟子が親方に頭を下げて技術を教わらなくてもすむよ、というのがコンパンのキャッチコピーだった。そして陸軍省に「私の型紙システムを採用したらどうですか?」って売り込みに行って、採用されるわけです。そういう意味では、軍服製造も既製服産業発展のきっかけのひとつだったといえるかも。

三浦 なるほど。

北山 とはいっても軍服はむしろ副産物で、それ以前に社会全体として新しい服を着ることへの願望、着られることの喜びへの期待感が大きかった。それが、どれだけ社会に良い影響を及ぼしたか。新しい服を着るためには体が清潔じゃなきゃいけない。一年に一回しか洗わないんじゃなくて、もっと頻繁に洗わなきゃいけないとか、みんな思い込むようになるわけね。

三浦　高度成長期の団地みたいなものだったんですね。

北山　そうそう。生活改善になるわけ。衣服、それも新しい服を着る、着られるという事実を通してライフスタイルそのものが組織し直されるわけです。身体に対する配慮とか、都市衛生に対する配慮、いろいろなものへの配慮が少しずつ社会に浸透していく。そういうふうに役立つんだということを、当時の社会改良主義者たちは臆面もなく発言している。

それによって、既製服はさらに売れるし、都市はきれいになるし、みんなお風呂にきちんと入るようになる。自分の生活に満足し、自分を大事にする人が増えてくると治安もよくなる。それで暴動が減るというわけです。酒を飲み過ぎるやつも減る。これは私が勝手に想像して言ってるんじゃなくて、当時の社会批評家たちがそういうことを大まじめに言っていました。

三浦　社会改良主義者ですか。

北山　社会を改良したいんだけれども、社会主義が嫌だっていう輩はいっぱいいます。社会主義とは違う形でもって、世の中を変えられるんだという。これが経済成長主義の根本を支え、近代消費社会を支えてきたイデオロギー。

三浦　消費資本主義の原点。戦後の家電と団地ですね。

北山　ナポレオン三世はそれをうまく利用した。彼は若いときサン＝シモン主義者だったから社会改良主義者なんです。正統派のサン＝シモン主義者たちは社会主義者ですから、自分たちの共同体を作って社会からはずれた形で生活していたけれども、彼の場合は社会そのものをサン＝シモン主義で染めよう、社会そのものを変えてしまおうという形になった。じっさい社会改造をいろいろなレベルでやりましたね。

三浦　団塊世代でヒッピーやったり、デモやったりしていた輩が七〇年のサブカルチャー作って、その中にファッションがあったというのと近いかもしれませんね。社会を消費とかファッションで改良していこうという。

北山　世の中を変える最良の方法は、革命でも暴動でもない。消費だ、というわけ。

三浦　そうですよね。

北山　ごはんにしても死なないために食べるのではなくて、おいしいものを食べるということが、いかに人々の満足度を向上させて、いかに社会秩序の発展に役立つか。酒についてはむしろたくさん飲ますのではなくて、良いものを飲もうよって。そういう方向に持っていく。ぶどう酒などはある時期大量生産されるんだけども、頂点まで行くと大量生産のぶどう酒じゃなくて、ちゃんとしたものになってくるわけです。それからひとりで飲むのをやめましょうって。カウンターでひとりで飲むんじゃなくて、家族団欒とかレストランとか、みんなでテーブルを囲んで飲みましょうってなるわけ、世の中が。

個室化する社会と肥大化する自尊心

三浦　翻って、それらを現代日本にあてはめるとどうなりますか？

北山　新潟の柏崎で女の子が監禁されたの、何年でしたっけ。

三浦　二〇〇〇年頃に発見されて、九年監禁されていたから九〇年ころでしょうか。

北山　最近女の子を監禁するたぐいの映画がたくさんケーブルテレビで流れてます。でも、あれは二〇〇〇年くらいに作られたんじゃないのかな。ああした現象はマスコミが取り上げるから最近たくさん見られるのか、それとも新しく頻発しているのか。そういうの調べたことないですか？

三浦　監禁できる部屋があるとか、監禁しても親が無関心であるとか。女子高生コンクリート詰め殺人もそうですよね。あれが八九年ころ。

北山　やっぱり社会状況が、そういうことをしやすくしたんでしょうね。昔もあったけど話題にならなかったという類のものじゃないと思う。確実にある時期からそういうものが増えている。

三浦　自分の部屋で何をしてもいいという感覚は最近ですよね。昔は家自体が私有物じゃなかったですから。代々家のものであるとか借り物であるとか。子どもが自分の部屋を持って完全にそれが自分の世界と意識するようになったのは結構最近でしょう。

北山　以前、私の学生が、独立した形式の子ども部屋がどういう形で成立したか、その経緯を修士論文で調べました。子ども部屋の誕生というテーマで非常に面白かった。老人部屋が子ども部屋になるケースが多かったというのです。じいさんばあさんが亡くなって、そこが子ども部屋に変わるという。

　昔は子ども部屋があっても通り道にあるとかね、独立してなかった。離れになっていなかった。ところがそれが離れ的なものになった。以前は親が子ども部屋に平気で入れたわけだけど、離れだと親でも入れなくなっちゃった。そこの違いがまた大きい。

三浦　今は個室と言うでしょ？　あの言葉はそんなに古くないですよね。昔、僕らは個室を与えられたっていう概念はないんですよ。あれは勉強部屋なんです。個室というのは、八〇年代ごろじゃないかなぁ。個室持ってますか？って聞き方が七〇年代ごろから始まって……。

北山　マンションシステムが一般化してからだと思うんだよね。それに合った形で家具もつくられる。そんな具合に、いろいろな産業レベルでの動きと連動しながら子ども部屋の空間が出来上がっていく。

三浦　そうですね、部屋の中でひとそろいというかね。何かするためにどこかへ行かなきゃならないということはない。

北山　以前、電話はだいたい玄関口、あるいはみんなが食事するような場所においてあったけどそうじゃなくなった。携帯電話もあるし。

　携帯でカメラ機能つきというのがあって、一挙に普及したじゃない？　去年だったか、「日本顔学会」の大会でそういう話をしたことがあるんだけど、カメラつき携帯で何を撮ってるか調べたことありますか。

三浦　自分を撮っているんじゃないですか？

北山　そう思ってたんだけど、違うんだね。自分を撮ってもそれほど流用性がないんだということがちょっとわかった。自分の顔ってメールでなかなか送りにくいんだね。あれはまず、送れる相手というのがものすごく限られてる。

ひとつに田舎から都会に来た人が親に送るケースが多い。それから恋人同士で送り合う。あとは、なかなか考えられない。

携帯では、そもそも顔自体があんまり撮られていない。撮ってるもので非常に多かったのは自分のために撮っているもの。携帯の待受画面のためとかね。

撮ってる対象として多かったのは、圧倒的に赤ん坊。それからペット。自分の顔とか人の顔を撮ってる人は非常に少なかった。人の顔っていうのは非常に送りにくい。

三浦　それはまあそうですね（笑）。

北山　あと何を撮ってるかというと時刻表とかね。街を歩いて面白そうなものがあったら撮ってるとかですね。拾ってくる代わりに撮るという。性器というのもあったけど、これは一人だけ。

とにかく人の体、人の顔はほとんど撮ってない。携帯電話のコミュニケーションは、やっぱり顔の見えない形でのコミュニケーションなんです。

三浦　個室が完成していき、携帯でコミュニケーションできる個室部屋みたいな社会になっていって、自尊心が拡大するような状況に陥っている…。

北山　いろいろな手段が発達することによってコミュニケーションが便利になったと言われるけれど中身は何もないと感じますね。客観的な情報は伝わるかもしれませんが、自分の生き方とか感情っていう深い情報は、ほとんど伝わらない。自分の世界だけしかない。相手がいるけど自分だけ。そういう状況になってきてるんじゃないでしょうか。そういう世界しか知らない人がどんどん大きくなってくるわけだから、自尊心が肥大した形でのコミュニケーションになるわけです。閉じられた世界同士が隣り合うというか、ぶつかって傷つけ合う。生身のコミュニケーションであれば、ぶつかることで壁が崩れ繋がりができるきっかけにもなっていた。でもそうじゃなくって、いまは激突してしまう。あるいは激突する前に自分が傷ついて退いてしまう。

ただし、生身のコンタクトを求めるベクトルがなくなるかというと、それはたぶんなくせない。生身のコンタクトを求めたくても求められないような状況になると、それがシンドローム（症候群）として出てくるでしょう。どういう形かはわからないですが、必ず我々は生身のコンタクトを求めざるを得ないだろうという希望的な観測を持ってます。それがない世界だったら、社会として成り立たない。

三浦　ＮＰＯだ、ボランティアだっていうのも、生なコンタクトの良いほうの表れ方なんでしょう。でもこれは階層論的には上流の人が向かうのでは？　もっと打ちひしがれた人はＮＰＯにもボランティアにも向かわなくないですか？

北山　学生でニートの研究をしてる人がいます。その学生が言っていたけど、自分自身がニート的なところがあると。それを研究対象にすることで、自分を客観視するきっかけになった。この人の場合は、例外的に幸せなケースかもしれないけど、ニート的な人々が増えるなかで、こういう人が少しでもいるということは非常によいことだと思う。

ＮＰＯ、ボランティアって、まぁ、団塊の世代がもうじき定年になってしまうんで、その受け皿としてよく話題にされるけど、そう簡単にはいかないだろうって感じがします。それを金儲けの対象にする人もいっぱいいるだろうけどもね（笑）。あんまり楽観的には思えない。おそらくバブルのときに、どれだけお金を貯めて、きちんとそれを運用したかということが響いてくるんじゃないかと思うんです。バブル以前の場合にはやっぱりストックの部分が平均化されていました。日本の社会の場合は戦後すぐから、おそらく七〇年代の経済成長、八〇年代の初めぐらいまで、あの頃がポストモダンの社会じゃなかったかと思うね。

三浦　戦後からですか?

北山　そう。平等主義的な社会は戦後だったと思う。で、それが階層化されてくる。八〇年代の後半からモダンをやり直している。そのきっかけがバブルなんだよね。

三浦　逆なのね。ポストモダンが先。

北山　そうだよ、日本の場合は。日本の戦後社会は非常に人工的だから。財閥解体にしろ何にしろ、農地改革にしても、すべて財産の基礎みたいなものを解体する方向に持っていったわけでしょ。それは階層社会を壊すっていう動きの中で行われたわけだから、それが日本の経済成長をある意味では支えてきたわけよね。それから社会全体を自分たちのものとして計画していくという原動力になっていった。でもバブルがそれを壊してしまった。バブル後は弱肉強食的な階層社会になっていく。階層化を加速させたのはバブルなんです。

あの時にどれだけお金を貯められたか。たくさん土地を売って、たくさんお金を儲けた人もいるんだけど、威勢よく使ったり騙されたりして全然なくなっちゃったっていう人もいる。一方で確実に金を貯め込んだ人がかなりいるはず。その人たちのお金が確実に、日本における海外ブランドのお客さんになった。その人たちの財力がいつまでもつのか、これからますます増えちゃうのか、これはわからない。おそらくかなりインテリジェントな人たちだと思うんですよ。ヨーロッパの上流階級がそうであるように、お金もそこそこ持ってるし、特に文化的な資本をため込んでるから頭が良い。昔は金持ちの息子がダメ息子って言われてたけれど、今は金持ちの息子はそれなりに社会生活上の品格みたいなものが持てるようになってきている。きちんと教育投資を小さいときから受けてるから頭もいいし、品もいい。これは明らかにヨーロッパの上流階級ですよ。ちょっとやそっとじゃくずせないような階層社会が出来上がりつつあるんじゃないかと思いますね。

三浦　某新聞社でも最近の新入社員が優秀すぎてだ

めだと言っている。新聞記者がそんなことでいいのか、庶民の気持ちがわかるのか問題だと。

北山　それって、三浦式「下流社会」の反応じゃない？　大学でも国立と私立でね、役割分担がおきかねない。頭の良い金持ちが国立大学行って比較的安い授業料で教育を受ける、頭がそこそこで金もあまりない人が私立大学に行かざるをえない、したがってますます金がたまらないという状況が加速されるんじゃないか。

三浦　でも上流でない人に自尊心がないのかというと、そこはそこであるでしょう。おそらく自尊心はみんな平等に持っている。育ちや学歴や収入や会社の名前をあまり持ってないからこそ、何かで代替しようとする。それが文化的な方向に行って面白くなる可能性もある。没コミュニケーション的な状況もあるだろうけど。

北山　人数的にどのように分布しているかは、まだ読めないだろうね。まだ動いているところがあるからね。

それで、いわゆる社会問題化するような人たちっていうのはどういうレベルの人たちなのか。いわゆる自分探し的なことをやる人たちというのは「下流社会」なのか、それともすべての階層に散らばっているのか、そうしたこともまだ読み切れない。なんの話かというと、女性の摂食障害、あれは典型的な自分探し症候群なんです。

三浦　僕の調査では、拒食・過食の経験って下流のほうに多いです。上流でもいますけど、下流ほどはっきりとした傾向はないですね。

北山　逆から考えて、拒食・過食自体を「下流社会」の定義にするとどうですか。例えば、その人がたまたま上流社会っていうか、恵まれた社会階層に位置づけられていても、拒食・過食になっているってことは「隠れ下流社会」みたいなね。そういう言い方もできるわけだよね。そういうことですか。

三浦　もちろん個別具体的にはそうです。でも全体的にはやはり若い人ほど、そして下流の人ほど、食への欲求が低い。一カ月間、チョコしか食べてないような人がいます。「拒食・過食の経験がありますか？」に「ある」という回答率も高い。自己申告ですからどの程度のものかわかりませんが。

北山　食事について言うと、やせていても自分自身は十分太ってるんだと、そういう考え方なのね。食べることにエネルギーを費やすとか、食べることに感心を持つことに反感があるわけ。食べなくても自分は体調が良いんだという見方をするわけ。それでどんどんやせてしまう。

それから母親との関係がほとんどのケースで非常に悪い。ヨーロッパやアメリカだと、割と恵まれた階級に摂食障害が多いんです。原因は圧倒的に子ども時代のトラウマ。それが母親との関係の中で表れてくると言われています。

問題は、圧倒的に女性に表れるということ。あらゆるケースが自分探しなんですね、何らかの理想とする自分に近づきたい。それと合わせて見ると現実はすべてマイナスイメージになってしまうわけ。

三浦　まあ家族の関係にしても下流ほど悪いのははっきり出ています。

北山　自分探しをするってこと自体、三浦さん的に言えば「下流社会」のシンボルだと考えられるわけだよね。でもそれはかなりの層に拡がってる感じがします。

三浦　もちろんそうです。

北山　日本社会の中で「下流社会」がどこまで拡がっているのか、マイノリティなのかマジョリティなのか。七〇年代くらいから階層化が行われてきて、今、取り返しがつかなくなりつつあるわけです。客観的調査もとても重要だけれど、階層意識っていうのは自分で感覚的に位置づけてるものだから、客観的に分析できるものでもない。主観的レベルでの自己の社会的位置づけに対する調査は、主観的であるだけに集めにくい。日本はそういう、主観的な部分とか、個人の親密な領域に関するデータ収集をほとんどやってこなかった。でもそれを積み重ねていくことは非常に重要なんです。それをやっていかないと、社会の経営とか運営というときにどうしようもない。主体的に自分たちがどうやって生きているか、また生きて行きたいのかを、私なりの言い方でいえば、社会の欲望の行方みたいなものを測定しておかないと、長期的な社会のプロジェクトつまり社会のデザインが描けない。

フランスの暴動と日本の未来

北山　エイズの発生以来、とくに一九九〇年前後に欧州各国で性行動に関する調査が行われました。エイズ予防を表看板にして予算がつけられましたから……。その結果が集約されて、いまいろいろな形で公刊されている。それによると、単に性行動が自由になったとか乱れたとかということを短絡的に言うのではなく、具体的にどういうものになっているのかということを詳細に記している。例えば男と女で、性行動が違ってる。どういうふうに違っているのか、しかも、そこをコミュニケーション論の観点から調べてある。たとえば性に関すること、身体に関すること、自分に関することについて、誰とどれぐらい話しているかをきちんと調べている。家庭内でそういうことが話されているとかいないとかについても調べている。これは非常に重要なことなのに、日本はそれをやっていない。だから若い人たちが実際にどういうことを考えているのか断片的にしかつかめない。今よく言われる少子化だって解決つきません。ぜひやらなきゃいけないと思いますが、たぶん、できないだろうと思いますね。日本ではこういうことを行う調査機関そのものが信用されていないから。

三浦　それがあったから、フランスの出生率は回復した？

北山　そんな短絡的なことは言えないけれど、でも、そうしたことをやれるか、やれないかということ自体がある種の国家、社会運営に携わる者の意識のあり方、あるいは社会の有り様を示してるようには思える。

三浦　ところでフランスの暴動みたいなことが日本でもそのうち表れますかね？

北山　日本ではないでしょう。日本の社会問題のほとんどは、貧困でなくて豊かになったことで起きてることですから。ヨーロッパの社会問題は、貧困が原因です。ヨーロッパの場合、失業すると住むところがなくなる。親のところには住めない。子どもと親が明らかに分かれているし、親にそれだけの余裕がない。そもそも圧倒的に借家システムが中心だから、家賃が払えなくなるとホームレスになる。あるいは共同で非常に狭いところに非合法すれすれの形で住むことになる。だから貧困をひしひしと感じるわけですね。失業自体が屈辱的なものだけど、それプラスしばしば人種差別も加わるから、さらに屈辱的なわけです。

それからもうひとつ、フランスの暴動はマッチョの暴動なのね。圧倒的に男の暴動なんです。郊外のベッドタウンの高層住宅団地が軒並みスラム化してるわけだけれども、そこはいま警察さえ入りにくくなっている。もともとあの辺はゲットー化されていて外部の人間が安心して入れないような状況に加えて、男性支配が完璧に貫徹した地域が出来上がっている。たとえ話ではなく、日が暮れて外を出歩いている女の子たちはレイプされても当然という状況がある。二〇〇二年に日本のコンクリート詰め殺人に似たことが起きて、十六歳くらいの女の子が輪姦されてドラム缶に入れられて火をつけられて殺されるという事件がありました。なのに、加害者の母親を含め「女のほうが挑発したんだ」というのが地域の反応だった。被害者の妹と仲間たちが「もう我慢できない。ゲットーの中は二重のゲットーだ」といって、小さなグループを作って全国を歩く行動を取った。「(移民系住民の住む)シテはフランス社会の中でゲットー化されている。しかし、そのゲットーの中で女性は二重にゲットー化されている。その状況を壊していかないとダメだ」って。この運動は、世界的にも大変な共感を生んだ。

女の子たちはそこから出たいわけです。彼女たちはゲットーを出れば、かなり仕事があります。学校で男の子たちは勉強しないけど、女の子たちは勉強している。一刻も早くシテ（ゲットー）社会から出たいから勉強している。男の子たちはそれさえしない。それでいて家庭内では男の子が第一、女の子は二の次。完璧にそういう社会。でも、であるだけに、女の子よりも男の子のほうが欲求不満を募らせている。それで暴動になるわけ。女の子たちにとっては二重の屈辱だと思いますよ。自分たちの生きづらさみたいなものが忘れられてしまいますからね。一方では、シテ全体で見れば、フランス社会の中で、白人社会から自分たちは抑圧されているっていう感覚が共有されていることも事実なんです。でも、まあ、車を燃やしてるのは圧倒的に欲求不満の未成年の男たち。あれは高級住宅街の車だけじゃなくて、自分たちが住んでる住宅地の車を燃やしている（笑）。だから仲間うちの車もかなり燃やされてる。道路に並んでる車に見境なく火をつけるんだからね、誰も得しない。欲求不満の一時的な解消にすぎない。だからこそすごく深刻なんです。解決策、出口がまったく見えないからああした形になってしまう。社会全体の中での階層化っていうか階級化の実態ですよね。

三浦　いやぁ、大変だなぁ。

北山　そういう状況がヨーロッパ各地にあります。ちょっと何かあれば暴動になりますよ。だからヨーロッパ各国では、フランスのことをすぐにはコメントしない。いつ自分のところで起きても不思議のない状況だからコメントできないわけです。日本のマスコミは平気でコメントしますけどね。日本では何も起こらないから。

三浦　十年後はわからないな。巨大なイオンＳＣすら売れなくなって退店するという時代が十年後に来るかもしれないですからね。そうなると本当に地域社会が崩壊するでしょう。すでに地方都市の中には住民がパチンコしかすることない地域がある。

北山　先日長野県の小諸に行ったけど、「かつての観光地」の風情でした。遠くないところに小布施《おぶせ》という町があって、小布施のほうは街おこしに成功して若い人がいっぱい来ている。でも小諸は懐古園だけ。街にいくつか、昔栄えた日本風の家屋が並んでいるんだけど、ぽつんぽつんとですね。昼間散歩していい街だなと思って、夕方五時すぎに行ったら風が吹いてて、店はみんな閉まってる。寂しい。横っちょに商店街があるけどシャッター商店街。そんな街が増えているんでしょう。

小布施は面白い町になったけれど、あそこでは「街おこしをしたい人が集まっておしゃべりできたのが最大の成果だった」なんて言ってるらしい。出来上がったものはどうでもよくなっちゃった。初めは街おこしを目指していたかもしれないけど、普段あまりつきあわない人ともつきあうようになった、そのことが何よりの成果、最大の喜びだって言うの。

三浦　それは重要なことですね。街おこしは副産物だった、ということ。

北山　コミュニケーションってありきたりの言葉だけれど、それがどうやってできるかっていうことがある。まぁ、学生なんかも楽しそうにやっているけどもね（笑）。やっぱり男の子はそんなに元気がないよね。

三浦　女の子のほうがまだ元気ですよね？

北山　男の子のほうがちゃんと仕事があって、女の子のほうがなかなかっていう状況なんだけどね。それでも女の子のほうがまだ元気。ま、それも日本社会の中で、男女平等が進んでない分だけ、女の子ががんばってるっていうこともあるかもね。

（二〇〇五年一一月、立教大学研究室にて）

■**北山晴一**（きたやま・せいいち）
一九四四年生まれ。立教大学文学部／大学院文学研究科／大学院二一世紀社会デザイン研究科教授。フランス文学から、ファッション・モード論、ジェンダー論、身体社会学、消費社会論、社会組織理論まで幅広い領域で研究教育活動を行う。著書に『衣服は肉体になにを与えたか』（朝日新聞社）、『官能論』（講談社）ほか。

インタビュー

ブランドについて

20代総合職女性

三浦　一九七六年生まれですか？
はい、そうです。
三浦　生まれたのはどこですか？
仙台です。両親とも東京の人間なんですけど、父が転勤になって、私も弟も仙台生まれです。
三浦　こっちの家は埼玉？
最初上尾市に住んでました。その後さいたま市に転居しました。
三浦　マスコミ学科専攻だけど。
さんざん受けてさんざん落とされました（笑）。
三浦　お父さんはそういう関係なんですか？
いいえ、父は住宅メーカーの建材部門にいて、全く関係ないんです。おじいちゃんが大工の棟梁で、父方はだいたいそういう系に進んでいます。
三浦　中学校は埼玉なんですか？
はい、上尾市立の学校です。
三浦　じゃあ、高校に行って、周りの子が持ってたんで、レノマを買ってもらうところからブランド人生が始まるとすると……もう一〇年前か。小学校は最初から埼玉で入学したんですか？
いえ、二年生からです。八四年ですね。駅前のマンションに住んでいたんですけど、そこに住んでる人って、親が都内のそこそこ大きめの会社に勤めている家族で、もともとは田舎の人が多いんです。実家が群馬だったりとか。そうすると結構閉鎖的で、嫌な思いをしましたね。高校に入った時なんかは、うちは両親が東京出身なんで、娘を東京の高校に出すのに全然抵抗がなかったんですね。でも周りは、あら、東京の学校に行ってからスカートが短くなったわよ、とか（笑）。
三浦　高校は九二年か。その頃上尾ではスカート短くなかったんだ。
そうです。私の学校は私が入った年にいろいろリニューアルして、制服もトッド・オルダムっていうデザイナーさんの、ちょっと前まで表参道のＶＩＶＲＥにブティックが入っていたりするブランドだったんですね。それがちょっと可愛いんですよ。でも、地元の高校は普通のブレザーじゃないですか。最初の頃は結構マンションの人から言われましたよ。
三浦　しかしメゲずに（笑）。でも地元の高校生じゃレノマも持っていなかったわけですか？　東京の子は持っていたよね。
とにかく、その世界から抜け出したくて……地元じゃ絶対持っていなかったですよ。高校では浦和の子が多くて……でも私立高校だとだいたい同じくらいの収入の家庭の子がくるじゃないですか。だからだと思うんですけどね。今思えば。
三浦　で、みんなヴィトンを持っていたと。普通のサラリーマンの家庭の人が多いんですか？
そうですね。英語コースだったせいもあると思うんですけど、ご両親が旅行関係だったりとか、小さいころ海外に行っていたとか、外国人の子もいましたし、そういう環境でお父さんに旅行ついでに買ってきてもらってたんだと思います。

三浦　じゃあ、お父さんは海外出張にちょくちょく行くみたいな感じで。

そういう子が多かったですね。でも、うちは韓国でオリンピックをやった時にオリンピックスタジアムの壁材をチェックしに行ったくらいで(笑)、全然。

三浦　でも、お父さんも最近は結構買ってくれるんでしょ？

そうですね。誕生日とか……。買ってきてって言ったりもしますし。

三浦　じゃあ、最初はとにかく周りの子がみんな持っているから。

欲しい欲しい、って。

三浦　それはやっぱりヴィトンがいいと思ったの？　それとも単に周りが持っているから？

やっぱり周りが持っているからですね。その頃『プチセブン』とか『セブンティーン』とかの雑誌を見ていたんですけど、学校の子が載ってたりとか。

当時は神田うのちゃんが一番人気のモデルで、私物公開とかいうとバンバン出てるわけじゃないですか。それで、あー、あたしも欲しいって思って。

三浦　今でも神田うのの影響はありますか？

いや、今は全然。

三浦　あの子今いくつだろう。

私のひとつ年上ですね。

三浦　で、高一の冬にはバーバリーのマフラー。バーバリーのマフラーって、今はどこでも売ってるけど、当時はどこで買ったの？

それは買ってきてもらったので、どこで買ったのかわからないですけど。ひょっとしたら御徒町の多慶屋（ディスカウントショップ）かもしれないです(笑)。

三浦　じゃあ、高校時代はその二つと……あとはグッチの時計？

そうですね、誕生日にもらったのかな。

三浦　グッチの時計にもいろいろありますけど。

あ、すごい安いやつですよ。フェイスが細長くて、ゴールドで全然時間がわからないっていう(笑)。でもそれが良かったんですよ。

三浦　それまでは時計は何をしていたの？

ベネトンかなんかを。

三浦　じゃあ一応それが三点セットっていう感じで、最低それは持っていうのがその高校の……。

そうですね。いいものはだいたいカバン、でもカバンは学校のがあるので、時計とお財布。お財布が一番目立つんですよ。学校の中でも移動授業の時とか持って歩くので。学食に行ったりするのにお財布を持っていきますから。

三浦　女の子ってお財布持って歩くんだよね。ポケットないからね。

だから目立つんですよ、何を持っているか(笑)。

三浦　時計はなんでもいいの？　百万円でも。

百万円の子はいないかな、でもロレックス持っている子はいました。五〇人弱のクラスに二人ぐらい。

三浦　そんなに！　やっぱり多いんだね。で、大学は現役で。大学もいろいろ受けたんですか？

八校くらい受けたんですけど、東洋大学しか受からなかったんです（笑）。外の四大を敢えて受けようっていうのはクラスに三、四人くらいで、友達もみんな付属の短大に行きました。

三浦　短大行く子が一番多いの？

はい。

三浦　そういう子はヴィトンのバッグで通学するんだ。まあ、短大だったらヴィトンのバッグは当たり前だもんなあ。

そうですね。

三浦　なんで社会学部にしたんですか？

マスコミ学専攻に惹かれて。マスコミ学専攻って一年生からゼミがあって、私はゼミに入りたかったんですよ。なんかそういうことがしてみたくって。学校案内を読んだら、一年生からとにかくたくさん文献を読ませます、みたいなことが書いてあって。

三浦　そのマスコミ志向の血はどこから流れているの？

なんかすごい一生の仕事をしたかったんです。私の中ではＯＬさんていうのは途中で辞めるっていうイメージがあって、一生できる職業って何だろうなって思った時に、マスコミが……。公務員も考えたんですけど、なんか魅力がなかったんですね。マスコミのほうが女の人たちもすごいパワフルじゃないですか。

三浦　そこには何かイメージがあるの、例えば小宮悦子とかさ。

安藤優子のイメージでした。

三浦　なるほど、いい話ですね。それで、社会人になった今はどれくらいブランドを買っているの？

今ですか、化粧品はほとんどシャネルとかディオールとかサンローランのブランド品ですけど、それは、大学四年の時と会社に入って一年目くらいにぐわーっと買ったんで、今はそんなにわーっと買いたくなりません。新しいのが出たら、気に入ったら買おうっていう感じで、お化粧品を買うのは落ち着いてきたんですよ。

三浦　もう自分の定番みたいなものができたってこと？

そうですね。あとは見て、あ、これ似合うだろうな、これは似合わないだろうなっていうのが結構わかるようになってきました。ただ海外旅行とかに行くと、昔は大物のバッグとか買えなかったじゃないですか。だから今はバッグとか指輪を買ったりとか。

三浦　ブランド品を買うために旅行していたの？

そうです、そうです。

三浦　いつからそうなったの、何を契機として？

内定した会社が倒産したんですよ（笑）。内定がすっとんだ。大学四年の九月一〇日。

三浦　ひぇー、じゃあヤケ消費なわけ？

自分ではそのつもりはなかったんですけど。でも周りの友達よりも学校に行ったりとか、会社の人にマーケティング習ったりとかやってきたのに、なんで私だけこんな目に遭うのよ、とか思って、一人でがーっと泣いたりとかしてたんですよ。一通りがーっと泣いて、あー馬鹿みたいとか。それが何となくすっきりして、じゃあもう旅行に行こーっとか。買い物して海で遊んでご飯食べて、四日ぐらいですけど。

三浦　「ＪＪ」の別刷りみたいのを持って？

そうそうそう（笑）。デューティーフリーとかひととおり全部回って。

三浦　いくら使ってきたの？

でも一〇万くらいですかね、その時は。まだアルバイトも就職活動でひかえていたのでそんなにお金がなくって。その後帰ってきてからバイトを増やして。池袋西口の「松屋」って牛丼屋さん、時給が一〇〇〇円なんですよ。

三浦　牛丼屋でバイトして、ブランドを買いに行ったわけだ。

そう。で、卒業旅行に行こうと思って。ローマとかイギリスとパリをぐるっと回って。それが三年前です。その時も買い物しまくって、帰ってきてから今度は一人でニューヨークに一週間行って、その時はメトロポリタン美術館にすごく行きたくて、そんなに買い物はしなかったですけど、でもニューヨークならティファニーの本店に行かなきゃって、てくてく歩いて。

三浦　買い物旅行だけっていうのはその倒産後からなの？

からですね。

三浦　今もしてるの？

今もしてますね、年一回ですけど。

三浦　東洋大の女の子はどこで遊ぶの？

池袋（笑）。本当なんですよ。白山と朝霞の間なんですよ、池袋って。私は高校生の時からそこで遊んでるわけじゃないですか。

三浦　就職で着ていったスーツはどこの？

カルヴァン・クラインのスーツ。チャコールグレーかな。私たちの時はグレーが流行りの年だったんです。

三浦　ブランドを買うとどういう気持ちになるの？　やっぱり倒産した後にブランド品を買ったら気持ち良かった？

気持ち良かったですよ（笑）。なんだろう。でもそれは自分のお金で買ったもので、自分で買えるんだな、って思ったんですよ。それまでは親からもらったりとかだったんで。

三浦　松屋でバイトしてブランドはないだろ？っていうふうには思わない？

思わなかった（笑）。とにかく自分のお金で卒業旅行に行きたかったんです、親に借金しないで。

三浦　そうか。でもイタリア人はさ、松屋でバイトしてグッチは買わないだろ、フランス人もさ。そういうふうに引いて見ると変なことしてるじゃん、日本人ってさ。そんなことは別に考えなかった？

うん。親のお金で買うよりは松屋でもいいじゃない、って思いました。いや、変だとは思いますよ。でも今はそういうものかもしれない、日本人は、っていうか自分にとっては。

三浦　それで就職してから心置きなく自分のお金でブランド買うと。

そうですね。でも何十万みたいには買わないです。韓国に行ったときも一五、六万くらい使った。ブランドだけで。シャネルは好きじゃないんですけど、グッチとか。カバン買ったり。

三浦　カバンはいくつあるの？

そんなに多くないですよ。五個もないんじゃないですか。少ないです。

三浦　一個一個が高いの？　そんなことない？

うーん、八〜九万くらいですかね。海外で買ったら。日本じゃ買わないです。同じなら安く買いたいから。でも質屋では絶対買わないです。それは嫌なんですよ。ちゃんと正規店で買いたい。海外旅行に行ってついでに買えるんだったら、どっちがついでかわからないけど、いいじゃないですか。

三浦　日本じゃお店を見に行ったりしないの？

そんなにしないかな。デパートとかでちらっと見るくらいですかね。

三浦　時計はエルメス？

壊れちゃったんです。洗濯しちゃって。ジーンズのポケットに入れていて。しかもユニクロのジーンズ（笑）。

三浦　呪いだな（笑）。

まだ動くんですけど分解修理しようと思って。親戚の時計屋さんに送りたいんですけど、仕事が忙しくて、会社の机にその壊れたエルメスが置きっ放しです。

三浦　一番好きなのはグッチなんだっけ？

なんかグッチが好きかもしれない。

三浦　今持ってるような感じのやつ？　黒いほうじゃなくて。

そうですね。黒やグレーよりは茶系が好きなんです。

三浦　モノグラム系とか？

でも今みんなモノグラムですよね。ちょっと人と違うのが買いたいんですよ。ヴィトンもモノグラムじゃなくてタイガーとか。そこはわけのわからないこだわりがあって。

三浦　今欲しいものって何ですか？

ブランド物とかじゃなくてもいいですよね？　今、彼氏が欲しい（笑）。

三浦　好きになるのはどういうタイプなの？

偏屈な人（笑）。ものすごくいい人っているじゃないですか。苦手なんですよ。で、ちょっと偏屈なところがある人が好きですね。

三浦　もっとこんな格好してこんな化粧してブランド物を持ってちゃらちゃら歩いたらモテるかな、とか思いますか？

思います。ローラちゃんとかいるじゃないですか、「恋のから騒ぎ」に出てた。今、「JJ」にちょくちょく出てますよね、読者モデルで。なんか髪をこうやって内巻きにしたりとか。でも自分がやったら、たぶん気持ち悪いと思うんですよ。自分もそうだし、人から見ても気持ち悪いと思うんですよ（笑）。なんか違うだろお前、みたいな。

三浦　でもブランド物を買っちゃうでしょ。そういうものがいっそう似合う

ような格好じゃない。ユニクロ着てバーキン持つよりは。

　そうですよね。でもあの女王様チックな格好はちょっと似合わないかも。

三浦　キャリアウーマンっていう言葉には語弊があるけど、そういう志向？

　働く女が好きなのかな。

三浦　働く女がすぐ買いたがるコーチとかあるじゃん。

　コーチは基本的には好きなんですけど、なんか手が伸びないんですよ。

三浦　素人っぽ過ぎるのかな。

　あと、ちょっと安いですよね。どうせ買うなら高いほうがいいです。

三浦　やっぱり努力して買いたいんだ？　貯金はおいくらぐらい？

　あ、そんなにないですよ。一〇〇万くらいしかないです。でもそれは手を付けないお金で、手を付けていいお金は、二〇万くらいしかないです。積み立てをして貯めといて、海外に行ったりとかそれで買ったりとか。

三浦　どんどん自分にとって上の物を目指していくわけ？　私もこれが似合う女になったか、みたいな。

　あんまりそういう意識はないですけど。

三浦　これが買える私って偉いじゃん、みたいな。

　うん、そうかな。エルメスの時計もシルバーだし、エルメスの中ではそんなに高いほうじゃなくて、それを自分の腕にした時に、なんかこうピカピカしてないからいいかな、って感じです。

三浦　その時計はいくらぐらいですか？

　お身内価格だったので、一〇万くらいで譲ってくれたんです。本当は二五万です。

三浦　だいたい今は二〇万くらいしないと買ったっていう気がしない？

　そんなことはないですよ（笑）。

三浦　一般向けに五万くらいで適当に買えるものっていっぱいあるじゃない。そういうものをほいほい買わないで、もっと目標感があるほうがいいわけね。

　うん。あんまりいいと思わないんですよね。みんな持ってるからかな？

三浦　なんか自分のキャリアとか、三年勤めて来たしとか、そういうのを実感したいわけ？

　おお、これが買えたー、パチパチって感じかな。買うときはこれを買うぞとか、これを買ったらワンステップアップだ、とかそういうのはあんまり意識していないですけど、でもちょっとここで思い切れる自分が気持ちいいかもしれないですね。

三浦　女の子は目標があっていいな（笑）。

　でも、そんなことしてもしょうがないじゃんって、思いますよ。それだけだったらすごい自分って馬鹿じゃない？って思うんですけど、一応仕事をまあ、たぶん労働時間は周りでは一番みたいな（笑）。

三浦　それは労働の対価なんですか？働けば働くほど欲しくなるの？

　もう、直の労働の対価じゃなくて、労働していくと、仕事が好きなのでどんどんのめり込んじゃうんですね。そうするとギスギスしてくるんですよ。自分の生活も荒れてくるし、人に対して強いことを言えちゃったりするじゃないですか。私だってやってるんだからもっとこれをやって、とか。私はこれぐらいできるのに何でできないの？って思ったりとか。自分の横柄な部分が全面に出てくるんですね。一カ月毎日残業、終電とかだったりすると……。そうすると、ある時がくっと、そういう自分にもう嫌だと思って……。そのバランスを取ってる感じかな。その時に海外旅行に行こうとか、自分の中でこっちに振れちゃったものをグイっと普通に戻してあげたいみたいな気がして旅行の計画を立てたりするんですよ。

三浦　じゃあ、ブランド物っていうのは働くっていう行為と最も対極にあるわけ？

そうですね、そうなのかな。対極にあるけど、でも例えばビジネスシーンでちゃらちゃらした安い時計をしているよりは、エルメスの時計をしているほうがちゃんとした感じ。名刺を出す時も、女子高生の時って名刺を作って持ってて、それを可愛いキティちゃんの入れ物とかに入れてたんですけど、そういうのよりヴィトンの名刺ケースのほうがちゃんとしてるじゃないですか(笑)。それは違う面もあるんだけど、仕事の場の自分にも還元してる、というのはありますよね。

三浦　なんかゲームのパワーアップみたいだね。

うん、そうですね。

三浦　いわゆるファッション好き、というわけじゃないんだよね？

そうですね、そんなに。でもマーク・ジェイコブスがすごく好きで、それは買います。すごく高くて、Tシャツ一枚が一万五、六千円。それもホイホイ買えるようになったー、みたいな(笑)。

三浦　一万五、六千円のTシャツ？

会社に来ていくと、なんかおじいちゃんの下着みたい、三〇〇円？　とか言われてボロクソです。ＭＩＵＭＩＵのサンダルを履いていった時も、トイレのサンダルみたいね、とか言われて(笑)。

三浦　で、占いは好きと。

大好き。

三浦　いつから好きなの

大学生からですね。すごい馬鹿だと思うんですけど、本屋さんの女性誌のコーナーで占いを毎月全部見てたんです。そうするといい占いと悪い占いと半々なんです。で、あーよかった、と思って。

三浦　何運を一番見るの？

全体と恋愛運。金運はあんまり見ません。やっぱり恋愛。

三浦　最近の勝ち運メイクとかあるじゃない。ああいうのはどう？

気にしますよ(笑)。お嫁さんにしたいのはオレンジで恋愛はピンクとか。でも先生によってもちょっと違うんですけど。で、今年はグリーンがいいとか。これは風水なんで星座は関係ないです。一応、みんなに共通していて、結婚に持ち込みたい人と合コンでモテたい人では微妙に違うんですよ。

状況ごとに。

三浦　普通のOLだと合コンのためにブランド物買ったりするかな？　風水メイクとか効き目あるの？

全然ないです（笑）。

三浦　でもやっちゃうの？

うん、気休めかな？

三浦　もっと眉をこうしろ、とか書いてあるの？

そう、あんまり眉山が立たないようにとか、チークとかも丸く入れるとか。

三浦　全然風水じゃないじゃん（笑）。可愛いメイクというよりも、風水とかモテ顔とか言ったほうが、ってことでしょ。

あと、読者がこのシャネルのアイシャドウに変えたら急にモテモテに、とか（爆笑）、あ、アタシこれ持ってるー、とか（笑）。

三浦　それってこの財布にすると金が貯まるみたいなもんじゃん（笑）。

（二〇〇一年　秋）

私立女子高生3名

三浦　まずは持っているブランドを教えてください。例えばグッチやヴィトンみたいなブランドは何か持ってますか？
◇持ってる。カバンはヴィトンを持ってます。ヴィトンっていろいろ種類があるじゃないですか。モノグラムとかヴェルニとか。ショルダーの肩にかけるやつは普通のモノグラムで、手に持つやつはヴェルニ。財布がヴィトンです。アクセサリーはティファニー。鎖みたいなやつ。
三浦　ネックレスね。
◇あとプラダの化粧ポーチ。黒いやつ。
◇バッグはヴィトンとディオール。ヴィトンが肩に掛ける大きいやつとディオールが手に持つ四角いやつ。結構大きい。デニムの。ディオールの化粧ポーチ。ヴィトンとプラダの財布。ディオールのネックレスとティファニーの指輪。自分で買いました（笑）。ディオールのピアス。
三浦　ディオールが好きなんだ？
◇好きです。
◇カバンがヴィトンのスピーディっていうの？　ボストンバッグの小さい版。ヴィトンの財布。化粧ポーチがディオール。ディオールのネックレス。
三浦　好きなブランドっていうと、日ごろ着ているものを含めて、何かありますか？
◇アルバローザ。チョー着てたもんね。
三浦　アルバは別格なの？
◇うん。カワイイ。
三浦　高いんでしょ。それは池袋や新宿やいろんなところで買えるの？
◇そんなあるわけじゃないよね。主に丸井。新宿の。渋谷はなくなったんでしょ、たぶん。
三浦　それは買ってもらったの？
◇親に買ってもらいました。
◇ヴィトンのバッグとディオールのネックレスは自分で買った、バイトで。

モスバーガー。去年の五月からやってて、四カ月かな。
三浦　それで買えちゃうんだ。結構ハードにやったの？
◇週四ぐらいでやった。
三浦　週四で五カ月か。それはそれぐらいかかるよね。ヴィトンのスピーディはいくらぐらいするの？
◇いくらだっけ？　六万か。
三浦　よっぽど欲しかったんだね。ディオールのネックレスは一緒に買ったの？
◇可愛かったから。それは安かった。たぶん同じくらいの時期に買いました。
三浦　ネックレスはいくらしたの？
◇一万ちょっと。
三浦　お店はどこで買ったの？　ヴィトンは。
◇本店の、新宿三越にある。ディオールは大黒屋みたいなところ。キムラヤみたいなところ。
三浦　お父さんはどんな職業ですか？
◇サラリーマンです。
◇自営業。
◇うちはサラリーマン。
三浦　どうやってオネダリするの？
◇勉強頑張ってるから買って、みたいな（笑）。
三浦　お父さんは、はいよって買ってくれるの？
◇はい。で、そういうのをお母さんが止める、みたいな。
三浦　お父さんはすぐ買ってあげちゃおうとするわけ？
◇それでお母さんがダメって。
三浦　お母さんは買ってもらってないんだ？
◇お母さんも買ってるんですけど、私が買おうとするとダメって言います。なんでこんな年から持つんだって。
◇ああ、それ言うよね。
三浦　それは言うよね。中一のクリスマスに最初に買ってもらったってことは、最初にブランドが欲しいなと思ったのはいつなの？
◇（友人に向かって）中二の時にプラダのバッグが流行ったじゃん。リュック。それが欲しいと思った。
三浦　中学に入ってからぐらいですか、ブランドを欲しいと思ったのは。
◇そうですね。
三浦　あなたは最初はいつですか？
◇中二の誕生日。プラダの財布。
三浦　プラダの財布はいくらぐらい？
◇二万くらいだよね。
三浦　値段を知って頼んでるんですか？　お父さんは、ホイホイって買ってくれたの？
◇ううん、お母さん。
三浦　お母さんはもしかしてブランド好き？
◇お母さんが好き。
◇すごいよね。
三浦　お母さんは山のように持ってるの？
◇すっごい持ってるよ。チョー持ってる。
◇なんかあんまり若い人が好きなようなのは持ってない。
三浦　みんなは中学から？　ああ、中学で始めて知り合ったの。で、腐れ縁で（笑）。まわりの子は全般的に中二くらいでヴィトンのお財布を持ってる？
◇持ってる子は中一から持ってる。
◇でも中学ってプラダの人多くない？
三浦　高校はヴィトンで中学はプラダ？
◇最初はプラダから、みたいな。安いし。
三浦　正規で買うと今いくらぐらいするの？
◇四万ぐらい。
三浦　何割ぐらいが持ってるの？
◇結構持ってる。
◇だよね。
◇でも学年で半分くらい。タイプが違う人がいるから。
三浦　他の人は自分の好きなのを持ってるの？
◇キャラクターとか。
三浦　タイプっていうのはどう違うんですか、制服着てるんだから派手も地味もあんまりないと思うんだけど。
◇なんか漫画が好き、みたいな。
三浦　そういう人はキャラクターのを持ってるんだ。
◇小銭入れとかね。
◇なんかわけわかんないよね。
◇バーバリーとかも時々いる。
◇でもバーバリー身に付けてる人カッコいい人がいないっていうか（笑）。
◇いや、カッコ悪いとかじゃなくて、財布の種類。
◇私たちの友達ではあんまりいないよね。
三浦　みんなはファッションに関心が高いほうなの？　その半分の人たちより。
◇比べたらね。
三浦　ファッションより漫画が好きな人はキャラクターの財布を持って、どっちでもないような人がバーバリーになるわけ？
◇アニエスベーとか。
三浦　マフラーとかは女子高生はみんなバーバリーにするじゃない。それはするの？
◇します。
三浦　バーバリーは、制服じゃないんでしょ？
◇やっぱ可愛い。制服の時が一番似合うかな。
◇私服にはあまりできないよね。
三浦　私服のときは何をするの？
◇アルバとか。
三浦　今もルーズソックスでしたっけ？　ルーズソックスはなかなかなくなりませんね。
◇なくならないよね、たぶん。
◇うん。
◇ダメ。
三浦　学校はしていってもいいの？
三浦　バーバリーはいいの？
◇はい。
三浦　地味だからかな？　時計とかは？
◇時計してない、最近。
◇しないよね。携帯があるから。
三浦　でも時計でブランド物とかは持ってないの？　遊びに行く時用とか。
◇ない。時計しないよね。
◇携帯があるからね。

三浦　よく入学祝いに時計を買ってくれたりしない？
◇入学祝いもらってないと思う。
三浦　携帯はいつから持ってるの？
◇ピッチだよね、最初は。中一だっけ？
◇メールやったよね。
三浦　さて、ではこれから欲しいブランド物って？　今すぐじゃなくていいんだけど。
◇ブルガリのB-Zero1。時計も欲しい。
三浦　それは今すぐ？
◇結構今すぐ欲しいです。
三浦　いくらぐらい？
◇時計高いよね。
◇結構高いよね。
◇ピンキリじゃん？
◇安くても、十何万であったけどあんまり良くなかった。
◇今はヴィトンとかいいけど、大学とかになったらエルメスとか持ちたいですね。ケリーバッグだっけ？　あれを持たせてくれないんですよ。貸してくれなくて、親が。
三浦　それは高校生だから、お母さんも大事にしてるから？
◇高いから。乱暴に扱われたら、って。
三浦　触ろうとするとどうなるの？
◇なんかもう見えないところに隠してある（笑）。
三浦　お母さんはいつそういうのを使ってるの？
◇保護者会の時とか。バーキンだったかな？　黒の大きいのと小さいの。大きいのがゴールドで、小さいのが黒。
三浦　それは大変ですね。バーキンなら触らせないかもしれないね。それが欲しいんだ。じゃ、大学には行かなきゃね。進学希望ですか？
◇はい。
三浦　バーキンを買うために。
◇はい（笑）。
三浦　じゃあ入学祝いか何か。
◇はい、ねだってみます（笑）。
三浦　あなたは何か欲しいものがありますか？
◇ブルガリの指輪（笑）。
三浦　言っとくけど、それは似合わないと思うよ（笑）。
◇でも、高校卒業したらシャネルのバッグとかが欲しい。全部、カワイイから。
三浦　シャネルはまだ似合わない？
◇どうだろ？　高くてまだ買えないから。
三浦　それは大学に入学したら買ってくれるのかな？
◇絶対買ってくれない。自分でちゃんと買う。
三浦　シャネルで狙ってるのはある？
◇特にない。
三浦　とりあえず五〇万くらい？
◇いや、そんなに高くない。
三浦　一応大学に行って、バイトすると。
◇はい。モスバーガーより時給のいいところで（笑）。
三浦　モスバーガーで五カ月だから一五カ月ぐらい必要かな？　それは長いよね。なんでそんなに欲しいの？
◇なんでだろ。
◇結構エバれるっていうのもあるよね。

◇カッコいい。
三浦　ヴィトンを肩に掛けて歩いているとエバれるの？
◇いや。
◇ちょと気分的に。
◇そうそう。大人っぽくなったみたいな気がする。
三浦　今お化粧してるよね？　それは学校を出てからしたんですか？
◇え、微妙に。
◇学校でちょっとだけして、外でちょっと。
三浦　休みの日はもっとバシッとするわけ？
◇うん。
三浦　バシッとお化粧して新宿歩いていても補導されないの？
◇されないよね。
三浦　大人になった気分で歩いてると悪いオジさんに声を掛けられたりするんじゃない？
◇するよね。
◇（笑）。
三浦　制服のほうが声を掛けられるんじゃないの？
◇うん、時々。私服のほうが多いよね。
三浦　やっぱり大人っぽく見られるからですか？
◇うん。
三浦　制服だと茶髪のアンちゃんみたいのが声を掛けてくるけど、ちゃんとヴィトン持ってると……。
◇制服で声をかけられたことはあんまりない。
◇オジさんとかだよね。
三浦　オジさん？　オジさんは昼間あんまりいないじゃん（笑）。
◇夕方だもんね。
三浦　夕方ふらふらしてるんだ。アルバローザにルイ・ヴィトンで新宿を歩いているといい気分なんだ。
◇あんまり考えないよね。ただ、何着るかっていえばアルバ着て。
◇やっぱり可愛い、ヴィトンとか。合うよね。
三浦　年上になってくると、いっそうブランドが似合うような感じがする？
◇うーん、でもわかんないよね。
三浦　だってさ、小学生がシャネル持っていても変でしょ。やっぱり年相応っていうのがあるじゃない。シャネルはカッコいい人なら五〜六〇歳でもいいよね。そういう理想の女性像っていうか、こんな女の人がカッコいいなとか、そういうイメージってある？
◇なんか服はすごい普通の、シンプルな服でも、ブランド物一個着けるだけでなんか変わるから、カッコよくなるから、そういうふうになりたい。
三浦　町で普通に女性を見てそう思うの？
◇原宿とか歩いてる人とか見ると。
三浦　ブランド物を持ってると持ってないとで違う感じがするんだ。どういうふうに違うの。カッコいい？　色っぽい？
◇カッコいいっていうか、センスがいい、って感じ？
三浦　ブランド物持っててもセンス悪い人っていない？
◇それは使い方だけど。
三浦　格好はシンプルなほうがいいん

だ？

◇シンプルで、それに一個何か高いものを着けるみたいのが。

三浦　それがいいんだ。お母さんはそんな感じなの？

◇うちのママどんな感じだっけ？

◇家にいるところしか見たことないからわからない。

◇洋服とか別に関心ないみたい。

三浦　服もブランド物欲しい？

◇はい。シャネルはまだないけど、今のあたしの中ではアルバが一番高級な服っていう感じです。

三浦　大学生になったらこんなの着てみたいとか。

◇大学生では傘をフェンディにしたい。今普通のビニール傘だから（笑）。

三浦　どんなブランド物を持ってる人がカッコよくていい、みたいなのはありますか？

◇さりげなく持ってる人（笑）。

三浦　さりげなく？

◇あんまいっぱいブランドで堅めたりしたくない。あ、でもしたいかも（笑）。なんかお洒落に見えるように。いかにも自慢げに着けてるみたいじゃなくて、さりげなく。

三浦　泉ピン子みたいのはダメ？

◇（笑）なんか。

◇気付いたらブランド着てるんだよね。

◇似合うようになりたい。あんま下品にならないっていうか、綺麗っぽく、上品に。

三浦　そういう女性になりたいっていうのはいつから思ってるんですか？

◇今思った（笑）。

三浦　ボケが上手いなー、コノヤロ（笑）。あなたは？　あなたもブルガリだっけ。この二人は好きなものが近いんだね。やっぱりシンプルでさりげなく、一個だけブランドだ、みたいな？

◇いや、普通に。やっぱり同じ感じかな？

三浦　普通に白のポロシャツにただのジーンズなんだけど指輪がブルガリだとカッコいいゾみたいな？　カッコいいよね、それは確かに。

◇カッコいいよ。

三浦　そういうのがカッコいいゾっていうイメージはどこから生まれてきたんでしょう？

◇友達？

◇雑誌とか。

三浦　雑誌は何を読んでるんですか？

◇なんだろ、「ポップティーン」？　ブランドはあんまり出てないけど。ブランドの本はあんまり買わない。立ち読み（笑）。ブランドの欲しいものがあったら本屋に行っていくらぐらいで売ってるのかな、って見る。

三浦　あ、情報を見に行くわけ？　自分で買うのは「ポップティーン」。

◇はい。

三浦　あなたは？

◇「ViVi」とか「Ray」、あと「ポップティーン」とかも。

三浦　「ViVi」や「Ray」は何歳くらいから読んでるの？

◇高校生になってから。

三浦　あなたは？

◇「Cawaii」と「egg」と今

月初めて「ViVi」買った。
三浦　どうして?
◇最近大人系に興味出てきて（笑）。
三浦　「ViVi」は人気あるみたいだね。シンプルでさりげなく、でもちょっとブランド、みたいなオネエさんがいっぱい出てくるの?
◇うん。
三浦　それで大学に行くわね、一応。結婚は何歳ぐらいでしたいと思ってるの?
◇二二（笑）。
三浦　いい人がいれば大学出たら即?それで専業主婦。お母さんもそう?
◇そう。
三浦　あなたは?
◇二四くらいかな。二年間は働きたい。OLをやってみたいです。
三浦　どんな会社に?　やっぱり輸入?
◇なんだろ、食べ物かな。お菓子とか。
三浦　食べ物好きなんですね。
◇はい。
三浦　あなたは仕事面ではこんなのをやりたい、っていうのはあるの?
◇私は仕事はしたくない（笑）。ペットショップで働きたい、仕事じゃないけど。
三浦　動物好きなんだ。好きでやるんで、お金のために働きたくないってことね?　あなたは?
◇働ければ働きたい。美容部員?
三浦　あなたは二年くらい働いて、二四歳で結婚して専業主婦がいいと思ってるんだよね。
◇はい。
三浦　最近ニュースとか見ると、景気が悪いじゃん。旦那さんになる人は大丈夫かな?
◇（笑）。でも、うーん。大丈夫なのかな。でも親は「あなたが結婚する人は絶対お金持ちじゃないと付いていけない」みたいなことを言う。
◇言うよね。
三浦　結婚しても子供ができてもやっぱりブランドは買いたい?　そんなにホイホイ買えないかもしれないよね。
◇でも、最初のほうは二人で共働きみたいので頑張って、旦那さんが出世して。徐々にお金持ちになっていくみたいな、そんな感じが。やっぱり苦労も少しは味わいたいです、二人で（笑）。
三浦　ほう、細かいな（笑）。やっぱり結婚したら、親とは別に住むわけね。
◇マンションに住んで、最初はあんま豪華なものとか食べれなくて（笑）、それで、そういう苦労を味わって、最後は幸せになる（笑）。そういうのを思い描いている。
三浦　作文書いてるみたいだね。でもそれはいいよね。旦那さんに買ってと言っても買えない時期も経験しようと。
◇旦那さんは無理して買ってくれようとするんですけど、私がいいよって断るの（爆笑）。
三浦　なんでそんなに自分の人生をドラマにするの（笑）。旦那さんは買ってあげるよ、って言うわけ?　でも、将来に投資するために貯金しようって?
◇はい。

三浦　それで一生懸命働いて、出世頭になって、あの時、欲しいと言ってくれなくて有難う、とか。

◇ちょっと化けの皮をはがしていって。

三浦　その三倍くらい高いのを買ってもらうんだ。ナルホド（笑）。でもさ、自分が中二から買ってもらってるんだから、自分に中二の娘ができたら買ってあげなきゃいけないよね。

◇でも、うちのお母さんも自分くらいの年のときに買ってもらってたと思うんですよ。わかんないですけど……。でも自分ももし子供が生まれて、私ぐらいの年になったら、持たせないかもしれない、わかんないけど。

三浦　まあ、不公平（笑）。

◇でも旦那さんも買うんですよ、子供に。今の自分の家族みたいな感じの家庭。

◇ちょっと思い描き過ぎじゃない。

三浦　そうだよ、思い描き過ぎだよ（笑）。まあ、要するに自分がやってきたようなことを繰り返せればいいな、ってこと？

◇はい。

三浦　あなたはお父さん社長だから、旦那さんも社長がいい？

◇社長の息子とか（笑）。

◇いい考えだね。

三浦　二代目社長になるということね。看板屋に出入りする鉄骨屋とか。

◇じゃなくて。社長じゃなくてもいいけど、やっぱお金を持ってる人。

三浦　あなたは隣の彼女みたいに偽善的なことは言わないんだ（笑）、いつでもブランド欲しいんですね？

◇でもお母さんには、食べさしてもらってるんだから申し訳ないと思うんじゃない？　とか言われた。

三浦　だってお母さんもいっぱい持ってるんでしょ？

◇今はそうだけど、昔は一応お父さんが働いていているから、勝手に買うのはなんかちょっと……。

三浦　お母さんも勝手には買ってなかったんだ。

◇今は内緒で買ってる（笑）。

三浦　今は社長だからいいんでしょ。若くて苦労して働いていたころは、お母さんも勝手には買わなかったよ、って言ってるんでしょ。

◇うん、でも別に、やっぱお金持ちが。お母さんからもお金持ちと結婚しろって言われたから。

三浦　お前だったら金持ちじゃないとダメだからってこと？

◇そうじゃなくて、それで家を助けてくれって（笑）。

三浦　じゃあ、あなたのお父さんの会社を立て直すような。

◇立て直さなくていいけど、楽な生活が。

三浦　でも旦那さんがお金のあるしっかりした人で、私たちの会社を助けてよと。

◇愛が無くても別にいいから、って言われた（爆笑）。

三浦　お父さんとお母さんは愛が無いのかね。

◇なんか取り合えずは別にお金があれば、愛なんてそのうち生まれてくるはずだから、ってお母さんが言ってました（笑）。

三浦　一六にして深い人生観（笑）。やっぱりお金持ちがいいですか？

◇お金持ちがいい。

三浦　あなたの家はそんなにお金持ちじゃないのね？

◇うん。

三浦　お父さんより金持ちがいいな、と。身長が高いとかカッコいいとか出世しそうとか、そういう条件はないの、男性に？

◇今のところお金持ちと結婚することしかわからない。

三浦　お金持ちだったら五五歳でもいいの？　再婚です、とか。

◇すぐ死ぬんだったらいいけど（爆笑）。やっぱ、最高一〇歳離れてるぐらいかな。

三浦　彼氏にする人に、どこの高校がいいとか、そういうブランドはあるんですか？

◇海城（高校）がいいんだよね。

◇海城お勧めです（笑）。

三浦　君は？

◇え、高校生はあんまり好きじゃない。

◇私も高校生はヤダ。大人がいい。

三浦　大学生がいい？

◇学校行ってなくてもあんま気にしない。

三浦　でも自分は行くんでしょ？

◇今は若いから。

◇でも大人になったら慶応とか行ってお金持ちと。

◇（笑）

三浦　今彼氏いるの？

◇今日別れました（笑）。

三浦　何でまた今日？　突きつけられたの？

◇……っていうか、違うんですよ。別にフラれたとかじゃないよね。

◇うん。

◇認めたくないよ。

三浦　もうお前とはつきあわないって言われたの？

◇全然つきあってるとかじゃなかったの。全然合わなかったし。

三浦　その気はなかったのに相手からつきあわないって言われたの？

◇いや、お互いつきあってないっていうか、つきあってるって言わないよね、あれは。友達って感じだったよね。

◇相手がね、自分勝手だったよね。

三浦　お互いつきあってるつもりはなかったのに？

◇うわべっていうか、肩書きみたいな感じになってて。

◇うわべだけつきあってて、一応つきあってるって言葉を残しておけばいいって感じだったんだよね。

◇うん。

三浦　それで彼氏が。

◇一回別れたんだよね、私が言って別れたんだけど、戻って、でもそれからずっと冷めた状態でダラダラきて、それからきっちりしたほうがいいからって今日来て。

三浦　何言ってんの、この人って感じだったの？

◇キレた。

◇（笑）それが海城の人。

三浦　あ、それが。でもお勧めなんだ。

◇いい人がたくさんいるから。
三浦　大学だったらどこがいいの。
◇慶応。
◇慶応っていいよねえ。
◇慶応ボーイって響きがいいよね。
◇いいよね。早大じゃなくて慶応なんだよね。
◇慶応はお金持ってそう。
三浦　慶應の医者なら一番いいよね。
◇うん（力強く）。
◇うん。
三浦　医者ってやっぱりいい？
◇いいね。
◇うん、いいね。
◇金あるよね。
三浦　美容整形医がいいんじゃない？
◇でも普通のお医者さんでもいい。
三浦　早稲田はだめなの？
◇早稲田はあまりお金持ちじゃないから。
三浦　そんなことないよ。まあ慶應の幼稚舎からずっと上がってるような人はもちろんお金持ちだけど。
◇そういう人がいい。
◇いいね。
◇ずっと早稲田、慶応っていう人。
三浦　じゃあ運がよければそういう人にプロポーズされるべく、女を磨こうとしてるわけだな。
◇そうだよね。
◇花嫁修業。
三浦　女を磨こうって気持ちはあるの？
◇あるね。
◇今から取り組んで。
三浦　どうしてるの？
◇何もしてない。
◇痩せる？
◇そこから入って、ファッションとかね。

（二〇〇一年　秋）

コラム

無印良品

スティグマ社会への批評
印のない自分への想い

　無印良品は西友が一九八〇年一二月に、国内外のメーカーと提携して食料品を中心に開発した商品であり、メーカーではなく小売業が主導で開発した、いわゆる「ＰＢ商品」（Private Brand プライベートブランド商品）の代表的商品である。

　当初は食品中心の三一アイテムだけであったが、その後、食品以外の文具、家具、衣料、雑貨などにもアイテムを拡大し、八三年六月には東京・表参道に無印良品だけの専門店「無印良品青山」を開店。八三年初頭段階では七〇〇以上のアイテムを発売するまで成長。同年一〇月には早くも大阪・アメリカ村に二号店を開店した。

　二〇〇五年には年商一一七六億円、国内直営店一四一店舗、商品供給店一四四店舗、イギリスの一五店舗をはじめフランス、香港、台湾、スウェーデンなどにも店舗を持ち、国際的に広がりを見せている。

　ほかの量販店でも無印良品と同様のＰＢ商品を開発したが、なぜか売れたのは無印だけであった。

　無印良品のコンセプトは「わけあって安い」。「わけ」とは、無駄なデザインをしない、色を付けない、機能を付けない、そして無駄な「印」をつけない「ノーブランド商品」だということである。そういう「付加価値」がないぶん、同じ品質でも安くできるのである。

　「ノーブランド」も一種のブランドではないかという批判もあったが、それは揚げ足取りであろう。少なくとも、無印良品の服を着て街を歩いていても、誰もそれが無印良品であるとは気づかない。その意味では、無印良品はまったくブランドではない。

　しかし、無印良品が多くの無印ふうを生み出したとすれば、それはいわゆるブランド物と同じ波及効果を持ったことにはなろう。では、無印が広めた思想とは何だろうか？　それはひとことで言えば、消費社会への批評だ。無印良品は消費社会が生んだ商品でありながら、消費社会への冷ややかな批評を内包した商品なのだ。

批評の対象となったのは、もちろんまずブランド意識。一九八〇年代は、クリスタル族、女子大生ブーム、Ｈａｎａｋｏ族、そしてバブル、というように、華やかで派手で明るく脳天気な消費が主流であり、バブル崩壊後も海外高級ブランドの成長が続いている。

しかし一方で、かなり多くの人々は、上から下までブランド物でかためるようなスタイルはかっこわるいと考えていたのであり、むしろ一九七〇年代以降現在に至るまで、「シンプル」「ナチュラル」「さりげなく」がファッションや化粧の、ひいては生き方のキーワードであったこともたしかであり、仮にブランド物を身につけていても、決してブランドに飲み込まれず、「自分らしさ」をさりげなく打ち出す。そういう少なからぬ消費者の価値観に無印良品はマッチした。無印と同時期に登場したアニエス・ベーが現在まで人気を保っていることも、そうした価値観の根強さを示している。

第二の批評の対象は浪費社会。無印良品は食品をきれいに整形しない。文房具は茶色の紙を使う。服は生成《きな》りを中心にする。包装はすべて簡易である。個別の商品名はなく、ただ「お茶」とか「ノート」とか「トレーナー」といった名前が書いてあるだけ。その徹底ぶりが、オイルショック後の省エネ、省資源の時代における消費者の浪費を生理的に拒む心理にフィットした。金ぴか時代のバブル期においてすら無印良品が支持され続けたのは、日常の基本的な生活の部分では、無駄のない合理的でシンプルな生活を指向する人々が確実に存在していたことの証左であろう。

第三の批評の対象は差別化消費であろう。無印良品は、よけいなものをそぎ落とすことによって、差別化消費社会の中に生きる生活者に、一種のオアシスのような価値をもったとも言える。声高に自己主張しない、ブランドやデザインを見せびらかさない、押しつけがましさがない、そういう無印良品の特徴は、過剰なまでの広告社会＝欲望喚起社会＝自己主張社会＝差別化社会に生きているわれわれにとって、大袈裟に言えば、自分を取り戻すための――「癒し」的な――商品だったといえるかもしれない。

なぜなら、われわれ人間は、本来ひとりひとり「印」のない個人として生まれてくるのだが、生まれた瞬間に、人種、家柄、出身地等々によって烙印（stigmaスティグマ）を押されるのであり、まして現代社会の中では、学歴はもちろん、身につける物や遊び方、買い物をする場所や住む場所等々によっても、つまりは消費によっても非常に細分化された形で烙印を押されるのである。

だからわれわれは、自分自身のありのままの個性や実績によってではなく、まずその所属する集団と所有し消費する物によって、自分が何者であるかを証明しなければならないのであり、特に高度な消費社会においては、消費する物や消費の仕方がその差別化のための最も有効な手段となり得る。いわゆるブランドは、そうした烙印の一種であり、他者との差別化のために必須である。無印良品は、そういう果てしのない差別化を繰り返す高度消費社会への批評があると言ってよい。

▼参考文献

三浦展・佐久間りか・亀岡誠・東山久美「アクロス商品学大特集」（『アクロス』一九八三年二月号、ＰＡＲＣＯ出版）

2

階層化と世界の縮小

◎ケータイとコミュニケーション

新しい「村」の新しい「農民」

携帯電話やインターネットは、一体われわれのコミュニケーションの世界を広げたのだろうか、それとも狭めたのだろうか。

もちろん、いつでも世界中の情報を手に入れることができるようになったのだから、世界は明らかに広がった。

しかし誰もが世界中の情報を閲覧しているわけではない。モバイル・コミュニケーション研究会の調査によれば、携帯電話をかける相手のほぼ一〇〇%近くが家族や友人など顔見知りの相手だという。携帯メールも似たようなものであろう。

たしかに電車の中には本も新聞も読まずひたすらメールを送受信している者ばかりだ。彼らは「週刊女性自身」の車内吊り広告すら見ない。その代わり、友人の太郎と花子が別れたとかくっついたとかいったことばかりをやり取りしている。それは自分だけの週刊誌を作っているようなものだ。だからわたしはこれを「週刊自分自身」現象と呼ぶ。とすれば携帯はわれわれのコミュニケーション世界を狭めたのかもしれないのだ。

そういえば最近は、女性のみならず男性もひとりで行動することが減り、三人組などのグループで行動するケースが増えているように聞く。同じような服装をして、いつも一緒に行動する。大学の学食で一人で食べることもできないらしい。携帯で連絡を取り合って学食で待ち合わせて一緒に食べるのだという。

実際、コミュニケーション世界という、やや抽象的な空間の中ではなく、具体的な物理的空間の中でも「世界の縮小」は起きつつある。

『下流社会』でも紹介したカルチャースタディーズ研究所の調査結果を見ると、一都三県に住む二〇〇三年時点で二七〜三三歳の男女（首都圏在住団塊ジュニア）のうち八三％が、将来も同じ地域に住むと回答したのである。

一都三県別だと九〇％が今住んでいる都県内に住むと回答した。春日部の人は大宮には引っ越さない、厚木の人は横浜に引っ越さないという数字である。近年人口が都心回帰していると言われるが、それはもともと人口の少ない中央区などを分母に考えるから、団塊ジュニアの人口増加が顕著に見えるだけで、団塊ジュニア全体を分母で考えれば、ほとんどが今住んでいる沿線、地域に固定していくのである。

住む場所が固定化し、付き合う人間も固定化しているとすれば、これはマクルーハンの言うグローバル・ヴィレッジの時代というよりは、昔ながらの村に逆戻りではないか。携帯やインターネットに依存し、いつも同じメンバーとだけ会っている若者は、狭い村社会に住む農民とさして変わらない、いわば「新しい農民」なのではないかとすら思えるのだ。

階層意識の低い団塊ジュニア男性はオタク的

私が二〇〇四年一一月に行った「昭和4世代欲求比較調査」では、階層意識の低い団塊ジュニア男性ほどインターネット依存度が高いという傾向が出た。「あなたの生活水準は次のどれにあてはまると思いますか」とたずね、「上」「中の上」「中の中」「中の下」「下」の五つから一つを選択させたところ、団塊ジュニア男性は「下」だけでも一〇%、「中の下」が三八%、合計で四八%が相対的に「下」であると回答したのである（注：以下では「上」と「中の上」を合わせて「上」、「中の中」を「中」、「中の下」と「下」を合わせて「下」とする）。この階層意識の低さは他の世代や女性と比較しても顕著である（表1）。

ここで特に興味深いのは階層意識別の趣味や幸福感である。旅行、スキー、サイクリングなど活動的な趣味は高階層ほど多い。他方、低階層ほどテレビゲーム、AV機器、パソコン・インターネットなど、ややひきこもり的・オタク的な趣味が多いのである（表2）。今やパソコンは一〇万円以下でも買えるし、接続料は親が払うとすれば、パソコン所有についてはデジタルディバイドはないのだ。むしろパソコン、インターネットは最も安価な娯楽となっており、

表1　世代別男女別の階層意識　(各世代とも男女各100人)(単位=%)

	上	中	下
団塊ジュニア男性	12	40	48
団塊ジュニア女性	17	52	31
新人類男性	16	48	36
新人類女性	13	52	35
団塊男性	14	48	37
団塊女性	13	58	29
昭和ヒトケタ男性	9	56	34
昭和ヒトケタ女性	14	67	18

表2　団塊ジュニア男性　階層意識別趣味　主なもの　(n=100)(単位=%)

	上	中	下
旅行・レジャー	58.3	47.5	29.2
スキー	33.3	17.5	12.5
サイクリング	25.0	5.0	2.1
音楽・コンサート鑑賞	8.3	10.2	20.8
ＡＶ機器	8.3	15.0	22.9
パソコン・インターネット	75.0	85.0	95.8
テレビゲーム	16.7	45.0	43.8
スポーツ観戦	16.7	35.0	41.7

表3　団塊ジュニア男性　階層意識別　幸せを感じるときはどんなときか　主なもの(n=100)(単位=%)

	上	中	下
おいしいものを食べたとき	83.3	55.0	56.3
家族でいるとき	58.3	37.5	20.8
仲のよい友達といるとき	41.7	17.5	29.2
子供といるとき	33.3	20.0	6.3
妻と二人でいるとき	33.3	30.0	4.2
体をめいっぱい動かしたとき	41.7	27.5	10.4
ゆっくり休んでいるとき	58.3	55.0	66.7
ひとりでいるとき	8.3	17.5	27.1

表4　団塊ジュニア男性　階層意識別　生活全般で大事にしていること　主なもの(n=100)(単位=%)

	上	中	下
ゆとり	66.7	37.5	43.8
仲間・人間関係	50.0	42.5	31.3
創造性	33.3	17.5	16.7
活動的・アクティブ	33.3	10.0	16.7
個性・自分らしさ	25.0	25.0	41.7
自立・自己実現	16.7	20.0	29.2

資料：カルチャースタディーズ研究所+㈱イー・ファルコン「昭和4世代欲求比較調査」2004

それゆえに低階層の男性ほど好むものになっているようなのである。

「あなたが幸せを感じるときはどんな時ですか」という質問では、高階層は「おいしいものを食べたとき」「家族でいるとき」「仲のよい友達といるとき」などが多いが、低階層になると「ひとりでいるとき」「ゆっくり休んでいるとき」が多く、「体をめいっぱい動かしたとき」が少ないなど、やはりひきこもり的で非活動的な特徴がある（表3）。

さらに「あなたが生活全般で大事にしていることは何ですか」を選択肢から選んでもらったところ、高階層ほど「ゆとり」「仲間・人間関係」「活動的・アクティブ」「創造性」が多く、低階層ほど「個性・自分らしさ」が多い（表4）。

ここで面白いのは、団塊世代の男性では高階層ほど「個性・自分らしさ」志向が顕著である点だ。団塊ジュニアと団塊世代は階層意識別の価値観が逆なのだ。

ここからは、過去三〇年間、団塊世代が若い頃から始まったと言える個性志向、自分らしさ志向の風潮が社会全体に広がったとき、その風潮を真に受けて、勉強や仕事より自分の好きなことをするのがいいのだと考えるようになったのは若い世代の低階層だったという仮説が導かれる。あるいは、自分らしさ志向が強いために定職に就けず、結果、低所得となり、低階層となったのかもしれない（他方、就職に失敗したために、自分らしさしか頼るものがなくなったという見方もある）。

このように、団塊ジュニア以降の若い世代で広がっていると言われるオタク志向、ひきこもり志向は、低階層ほど強い。低階層の若者ほど、パソコン、インターネット、テレビゲーム、音楽、映像を趣味とし、おそらくはケータイへの依存度も高く、ひとりでいる状態を好み、その状態に埋没しているようなのである。

こうしたメディア依存度の高さは、裏を返せば、おそらくコミュニケーション能力の低さと比例している。対人関係能力が低いからメディアの世界に逃避し、逃避するからますます対人関係能力が低下し、結果、職業能力も低下し、所得が低下し、低階層に落ちていくのである。

私のようなSOHOにとってインターネットは革命的な技術である。それは生産手段を個人が持つことだからだ。誰もがインターネットさえあれば、効率的に情報を作り、お金を稼げる。

しかし他方で、インターネットや携帯電話が、低階層の若者のなぐさみにしかなっていない状況があるとすれば、それは階層格差の拡大を助長するに違いないのだ。つまりは、ホリエモンとニートの差である。

選択性が奪うコミュニケーション能力

さらに、ケータイ、インターネットに代表される現代のメディアのひとつの重要な特性である「選択性」、つまり自分の好きな相手だけを選べるという特性が、若い世代の対人関係能力の低下を助長しているとも言える。

コミュニケーションする相手を自分の好みで選択できるということは、逆に言えば、自分の好まない相手と、なんとか会話を成り立たせる能力が未開発のまま終わるということである（注1）。会話する相手は会話して楽しい相手だけであり、会うのは会って楽しい相手だけである。嫌な奴と一緒にいるときに、適当にその場を取り繕うとか、何とか仲良くできないか探りを入れてみるといった経験を積まない人間が増えるのである。

もちろんケータイやインターネットには、見知らぬ他者との出会いを促進している面もある。しかし、その他者とのコミュニケーションを継続するか、実際に会ってみるかは選択的である。嫌だな、自分には合わないかもと思えば、コミュニケーションを絶てばいいのだし、まして会う必要はない、となれば、嫌いな相手と何とか付き合っていく能力は育たない。

ひきこもり研究者である精神科医・斎藤環氏も、階層格差がコミュニケーション能力の格差によって規定されていると指摘している（注2）。コミュニケーション能力の低さは就職活動や職業生活においても不利に働く。この能力がないと会社の上司とも先輩とも客先ともうまくやっていけないわけで、結果、離職を増やし、フリーター、ニートを増やす。そしてそれは所得格差につながり、階層格差につながるのだ。

本来インターネットや携帯電話、あるいはマルチメディアだのモバイルメディアだのが持っていた「革命性」が真の形で発現するよう、つまり格差を縮小する方向に活用する方法がないのか、それこそが今後もっと検討されねばならない課題であろう。

（注1）　松田美佐は、現在の大学生においては「何となく学食で誰かが通りかかるのを待っているという出会い方は減りつつある。だとすると、人間関係の偶然性をどんどん排除していくことになるのではないか。タコツボ化するというか、自分が選んだ人間関係ばかりに自閉していくという可能性があるのではないか」と述べている。（「現代のエスプリ　携帯電話と社会生活」至文堂、二〇〇一年）

（注2）　「勝敗を決定づける軸の一つは、あきらかに『コミュニケーション』である。〈中略〉コミュニケーションが苦手と思いこまされてしまった子どもは、早々と自分自身を『負け組』に分類してしまう。〈中略〉この種のコミュニケーション格差がそのまま延長された果てに、『ひきこもり』のような問題が析出するといっても過言ではない」（斎藤環『「負けた」教の信者たち』中央公論新社、二〇〇五年）

コラム

ウォークマン

携帯される自分

ウォークマンは一九七九年、ソニーから発売された。しかしそれはカセットテープを再生できるが録音はできないという奇妙な代物であり、当初はソニー内でも、そんな中途半端なものは売れないという声もあった。だが、現代の若者は「音楽なしでは生きてゆけない、寝ているときも起きているときも音楽が必要なんだ」、彼らはウォークマンをきっと買うという盛田昭夫の判断から発売に踏み切った（注1）。

果たしてウォークマンは発売当初から超人気商品となった。いつでも、どこでも、自分の好きな音楽（でなくてもいいが）が聴けるウォークマンは、日本のみならず世界中の市場に普及し、五年間で生産累計一〇〇〇万台、八年間で三〇〇〇万台、一〇年間で五〇〇〇万台を達成。八〇年代末には、Walkmanという単語はイギリスの『Oxford English Dictionary』やフランスの『Petite Larousse《プティ・ラルース》』にも掲載されるほどになった。オリンピックなどで、競技前の選手が精神集中のためにウォークマンを聴いている光景も目にする。ウォークマンは世界中の人々の日用品になったのであり、「世界商品」になったのである（注2）。

しかし、あらゆる新奇な商品がそうであるように、ウォークマンも発売当初から社会の非難の的になった。代表的な批判は、ヘッドホンからの音漏れがうるさいというものと、自閉的になるというもの。音漏れは技術によって減少したが、自閉との相関は不明である。だが、何らかの精神的な影響がないとは思えない。特に近年は、携帯電話、コンピュータなどの分野を中心に類似の携帯商品が増加しており、今後もさらにそうした商品が増加していくことが予想される中で、「携帯」という行動の社会的・文化的意味を問い直す必要が生じているように思われる。

たとえば、トヨタが一九九九年に発売したクルマ「ファンカーゴ」のコンセプトは「携帯空間」という。これは非常に画期的なコンセプトである。まさに「あらかじめウォークマンがあった」世代の価値観をうまくとらえている。しかし、「携帯空間」とは一体何だろうか?

私は現在の消費・モノ・空間への価値観の変化を考える上で、「家（家族・家庭）→個（個人・個室）→街（ストリート・仲間・携帯）」という流れを理解することが重要だと日頃から考えている。ウォークマンはもちろん、電話、コンピュータ、食品など、さまざまなものがストリートでの携帯を前提にしてつくられるようになり、実際にヒットしているが、それらは、家庭を単位とした消費の対象ではなく、個人を単位とした消費の対象であり、しかも、その個人のいる空間が家の中ではなく街の中であるという前提からスタートしているのである。

クルマは最初から街を走るためのものじゃないかといわれそうだが、一九七〇年代までは家庭としてクルマを所有することに大きな意味があった。だから家庭の生活水準が上がれば、クルマもより大きく高級なものに買い換えた。クルマは家型商品だったのだ。しかし八〇年代、クルマは若者の個人用の商品になった。そしてついに、自分の個室空間を街に携帯していくというコンセプトのクルマが出てきたのである。これは、クルマが自己拡張のためのツールではなくなったということでもある。かつての、消費に自己拡張感を求める消費者は、前述したように、自分の収入が上がったり、役職に就いたりすると、クルマもだんだん大きく高級なものに乗り換えていく、あるいは、BMWに乗ったヤングエグゼクティブといった役割イメージを演じていく傾向が強かった。しかしファンカーゴ、キューブ、ワゴンRなどの最近の若者向けのクルマには、そういう自己拡張感はない。むしろ今ある自分の生活や空間をそのまま肯定するクルマが人気がある。自分をクルマに合わせるのではなく、自分にあったクルマを選ぶ。あたかもTシャツを着るように、無理せず、今の自分のままで乗れる車が好まれる。クルマの中に、もともとあった自分の気持ちのいい空間をそのまま持ち込みたいと考える。まさに自己空間を携帯したいのである。

この自己空間携帯願望こそがウォークマンが生み出した独特の願望ではないか。それは、たしかに、ある意味では自閉であり、自分の空間への「ひきこもり」であろう。いつでも、どこでも、好きな音楽を聴くことを可能にしたウォークマンは、人々の欲望を時間的・空間的束縛から解放したのであり、音楽を聴くだけでなく、あらゆる種類の欲望・願望――食欲、性欲、睡眠欲、コミュニケーション願望、さらには殺人願望、自殺願望等々――を時間的・空間的束縛なしに即座に充足したいという「メガ欲望」を増幅させたのだ。裏を返せば、物理的には学校にいても会社にいても家にいても街にいても、心理的には自分の時間と空間の中にひきこもって自分の欲望を満たすことにしか関心がない、「仲間以外はみな風景」（宮台真司『まぼろしの郊外』）にしか見えないような人間を増殖させたのではないだろうか。

(注1) 黒木靖夫『ウォークマン流企画術』（筑摩書房、一九八七年）。

(注2) 三浦展・松井和哉「ウォークマン＝世界商品論」（『アクロス』一九八九年九月号、PARCO出版）。

▼参考文献

モノ・マガジン特別編集『20th Aniversary 1979-1999 WALKMAN YEARBOOK』（ワールドフォトプレス、一九九九年）

細川周平『ウォークマンの修辞学』（朝日出版社、一九八一年）

対談

ワイヤレスコミュニケーション

松田美佐 × 三浦 展

フリマ系コミュニケーション

松田　フリマ（注1）は、モノを介してそれをきっかけにコミュニケーションをするという、たとえばプリクラを介してコミュニケーションをすることと非常によく似ていると思いますね。

三浦　フリマに関して、僕が学生にやってもらった調査の結果を見ると半分は物を売るため、でも商売という意味でなくて、次の服を買う資金のためにいらなくなった服を売っている。もう半分は、明らかに表現系で、自分が作ったモノを売っている。一般的には、自分の作品を媒介にして、どんな人とどんなコミュニケーションがとれるか、ということを楽しんでいるんですね。ただ、その半数の中のまた一割くらいには、フリマでしか外に出て来れない人たちがいるように思えます。彼らは、言葉では他者となかなか繋がれなくて、でも一枚の絵を描けば、それをきっかけにしてコミュニケーションがとれる。フリマは公衆の面前でやる分、知らない人からの視線も浴びますから、割と社会性がある。他方、フリマでしか口がきけないようなタイプの若者にとっては、限られた社会であり、癒しの場、というか救いの場になっているように見えますね。

要するに、自分にとって社会に出るための一番やりやすい方法として、フリマが選ばれているんじゃないかと思う。それは、おそらく、ケータイを使ってメールを一日に何十回もやり取りすることとも、グラデーション的には繋がっていて、つまり、一人では社会に対峙できない、誰か友達がいて欲しいみたいな、そんなフリマ的コミュニケーションが、今の若者の一つのスタイルなのかなと思いますが。

松田　むしろ、フリマに来ている子のほうが、社会に関わろうとしている分、普通の大学生よりもいいとも言える。たとえば、メモリに三〇〇人入っているからといって広く活躍しているかといえば、実際には一〇人の仲間で連絡取り合っているというのが学生では一番多い。「不特定の相手とモノを通じて話ができれば」というのは一般の若者にはないような気がしますからね。

三浦　特定の知った人とコミュニケーションを繰り返していくだけでは、閉じていくばかりで、広がっていないんですよね。一般的にインターネットを語る時には、情報収集や人的ネットワークの拡大の可能性などの肯定的な面が言及されるけど、一方で、普通の人にとっては、むしろコミュニケーションを閉じていく力になっている気もするんです。

◎情報をとる手段を得たからこそ「閉じている」ということですか?

三浦　たとえばケータイや自室に電話がなかったら、つまり私の学生時代を考えれば、遠くの人に手紙を書くのと、大学の友人に電話をかけるために公衆電話まで歩いていくのは、どちらが簡単かといえば、手紙のほうかもしれない。以前は、たとえ親友でも、大学に行っても毎日会うとは限らなかったし、同じ授業がなければ会わなかった。

　ところが、ケータイが出た瞬間に、そういうような関係の友人と一日一〇回やり取りできてしまう。誰だって、テレビで難しいニュースを見るよりは、知っている人とわかっていることをコミュニケーションするほうが楽で面白いから、当然そっちへ流れちゃう。ケータイがなければ、暇な時間には、面白くないけど新聞を読んでるかもしれない、ニュースなどの、より社会的、公共的な情報に接していたかもしれない時間が、そういうごく限られた知り合いとの間の閉じた関係にしか使われてないという危険があるかもしれない。簡単にいうと、それじゃあ人間進歩しないいんじゃないかって心配になるわけ。軽いひきこもりじゃないかって。

◎それはインターネットにおけるメールも同じですね。

三浦　同じです。実際、インターネットで世界の情報をブラウジングしている人もいれば、一方では、知っている人とだけ、同じようなことを言い合っている。両極化する可能性はあるんですよね。だから、「誰とどういうコミュニケーションをするか」という点では相当差がありそうですよね。

それと、テレビの場合は、いくらお笑い番組見てても、何か起これば臨時ニュースは入ってくる。否応なく多少は社会に引きずり戻されるわけです。でもケータイやネットは、自分で選択しているだけに、無理矢理叩き起こされるみたいな部分が作りづらいんですよね。

地方には「都市」がない

松田　「どういう人と、どういうコミュニケーションを取るのか」という差は確かにあると思う。今は地域差がどんどんなくなり、都会でも地方でも、同じモノが買えるし情報も入ってくる。都会のほうが住居費や教育費が高いから、その分、地方のほうが多少楽に生活できる状況もある。でも、総都会化なのか総郊外化なのか。モノや情報の地域差がなくなっていく中で、自分が選んだものではない、偶然出会う関係や偶然入ってくる情報は、やっぱり都会を歩いていたほうが入るんですよ。インフラは同じだ、モノも一緒だ、けれど、「自分がどう動くか」という部分と、「偶然降りかかってくるもの」の部分で、都会と地方の差というものが、また、できてくるような気がしますね。

三浦　早稲田大学非常勤講師の社会学者の田所承己《たどころひろき》さん（注2）が、僕が発行している雑誌「社会等学会研究年報」で「ケータイを持つことによって都市は都市として機能しなくなるのではないか。つまり、都市というのは、誰と出会うかわからないという偶発性が満ちているから魅力的なんだけれど、ケータイを持った瞬間に、都市はアポを取った人としか会わない場所になってしまった。逆に、アポを取っていない人と偶然出会っても、またいつか連絡がすぐに取れると思うと、その出会いの偶発性が驚きとして感じられなくなる」と、そんなようなことを書いているのですが、非常に面白いと思うんですよね。

最近の僕の調査で、ある地方都市でエアコン取り付け工事をしている一九歳の青年に、どんな音楽を聴くのかと尋ねたら「トップ10」、いわゆる流行の曲だという。もう一人の青年はテレサテンと山口百恵。なぜなら彼の音楽はビルボードでもタワーレコードでもなく、テレビと仕事場の先輩からしか来ないわけです。すごく閉じているんですよね。地方ということもあるのですが、東京にいる人も含めて、多くの人がまだ非常に狭い関係の中で生きているんですよ、きっと。そこにはインターネットによる情報ネットワークの拡大なんてまるで感じられない。友達とか家族とか、せいぜいその辺で。僕みたいな仕事なら毎日たくさんの違う人と会うけれど、普通の人たちは毎日同じ人としか会っていなくて。そこでまた、いつも同じ人としかコミュニケーションしないメディアが出てきちゃったら危ないんじゃないのか？

◎危ないというのは、どういう危なさなんですか？

松田　その狭い関係の中で、少しでも失敗したらもう逃げようがない、とか。

三浦　想像力の欠如というのかな。たとえば構造改革が進んで、「建設作業員の君はいらない」ということになったら、どうするのか。次の社会や経済を見据えて生きろとは言わないけど、多少なりとも「これでいいのかな」とか感じ取る機会が減ると思うんですよね。テレビの場合は一定の公共性もあるから、チャンネル替えているうちに、「自分が知らなかったために関心が持てなかったことを知らされる可能性」もある。インターネットの場合は、リンクすれば無限の可能性があるといっても、ほとんどの人はそんな見方はしていなくて、やっぱり好きなものしか見ないでしょ。あるいは、テレビばっかり一日六時間もだらだら見たことが僕も学生時代に何度もあるけど、これじゃだめだって思ってテレビを消すことはできるでしょ。でもメールのやり取りだと、突然メールをやらなくなると人間関係に支障を来すから止めにくいじゃない。閉じた関係に穴をあけにくい。

◎ネットワークとしては拡大している。でも人間の処理能力はたかがしれていて、その限界性がある中で、ワイヤレス・コミュニケーションをさらに固定化しているのがケータイなんじゃないか、ということですか。

三浦　ただ放置しておくと、固定化し、閉鎖する方向性はある。放っておいても広がる、というのは間違いで、やっぱり相当仕掛けないと広がっていかないし、ごく一般の大衆ほどそうだと思う。

◎つまりマンツーマンのコミュニケーションツールである以上、どんどん閉鎖されてしまうということ？

松田　ま、そうなんだけど、その一方でケータイよりもインターネットがやっぱり関心集めてきたり、最初にメディアとしての可能性が語られたりしたのは、「マスコミ対一般大衆」という古典的な関係が変わり、みんなが発信し受信できる、広く平等な関係になるって言われてきたからこそなんですよね。それが、実際のところ、どう繋がるかというと、やっぱり同じ関係、同じ仲間内としか繋がらない。

◎やっぱりそれは理想だったのでしょうか。

三浦　ピアtoピア的なものがきっかけを作れることは一般論としては確かでしょう。でも放っておいても広がる、ということはない。逆に言えば、それはビジネスチャンスでもあるわけでしょ。自分で情報収集する人にとっては鬼に金棒みたいなメディアだけど、もう少し下の普通の人（何やっても動かない人は別だけど）、ちょっと刺激すれば「ああ面白い」と動いてくれる人に対して、実はまだ刺激を与えていない。

松田　ケータイ系のインターネットで、「これがインターネットだ」とごまかすのはよくない。むしろ、そこから入った人たちに、「もう少しこういうこともできるよ」とほのめかして、「じゃパソコンでやってみようか」と、橋渡しをするようなことをもっと仕掛けていって欲しい。面白い形で仕掛けを作れば、わりとやる人は出てくると思う。ただ、「これが新しいインターネットだ、これが素晴らしいんだ」とやっていても、閉じていくばかりで、これでは閉ざされた人間関係から逃げられない。

ここまでの話から感じるのは、一つはケータイで「選択的な人間関係」（注3）が促進されているということ。選択的人間関係とはそもそも都市のものである、という話を絡めていうならば、ケータイというメディアはある意味で都市と同じ効果をもたらす。でも選んだ相手と繋がるためのツールであって、やっぱりメディアでしかないというか。都市という物理的な空間は、要するに人がたくさん住んでいる、物がいっぱいある、あるいは、遊ぶ場所や人がうろうろする場所が数多くある、ということ。だから「人が集まる場や空間」と「メディア」は分けないと議論できないと思う。一見、ケータイは、都会でも地方でも同じように狭い仲間内をまとめさせるのだけれど、ここにきて、効果としては分かれてきているのではないかと、改めて自分の研究からみるとそういう気がしました。

三浦　地方になくて東京にあるのは、まさに「都市」なんですね。ハードとしてじゃなくて、多様な人や情報の交じり合い、いつ何が起きるかわからない、いつどんな人と出会うか、危険な面も含めてのリアルな面白さ、それは地方にはない。ケータイが、なんでこんなに地方でも普及したかというと、そこに依存するしかないからだと思う。

これからのワイヤレス　コミュニケーション

松田　一時期、メモリの数を競って友達何百人と答えていた子たちは、もしかすると、あの世代だけなのかもしれない。その下の子たちは数で見栄を張ろうとしないし、「私の友達こんなもん」って感じで。

◎人間関係をハンドリングしているとか、うまく管理しているという意識はあるんですか。

松田　それにはちょっと世代差がある。やる気になればケータイでうまくハンドリングできると感じた人たちは、もう二〇代後半になっている。要するに、最初にケータイに飛びついた人たち。その人たちは、「これは使える、居留守もできるし、後でごめんと言えばいいし」と、ハンドリングのために使ったかもしれないけれど、その下の世代、今の若い子たちはケータイがあるのが当たり前で人間関係を作る。特別「ハンドリングしている」という意識はないような……。だから、ケータイの使い方は世代の特徴なのか、それともケータイ自体のものなのか……。

◎今の若者は当たり前にケータイがある中で育ってきて、空気のように使っているという点では全然違いますね。

松田　そういう若者にとって、自己確認ツールになるのかどうか。ケータイが出てきてある種の驚きがあったのは、上の世代の人たち。小さい頃から家にケータイがあるのが当たり前の子たちには、そこに履歴がいくつ残っていようが、どこに電話がかかってこようが、あんまり関係ないと思うんですよね。

◎主婦調査（注4）の時に、キャラクターの多重化とか出てきましたが、そのあたりで思うところは？

三浦　一人の人がキャラクターを使い分けるってことはやはりあるんだろうと思いますけど。

松田　インタビュー調査では、お母さんの顔、友達の顔、というのは出てきましたね。

◎今後、ケータイに対するニーズも変わるのでしょうか。

三浦　それは誰がどう使うかによると思う。ユーザーが高校生であれば、物理的な空間が制約されていますよね。活動範囲も限られている。もともと閉じた人が使えば閉じる方向に向かうのは当然でしょう。

でも、マーケティング的にいうと、本当にケータイ社会のポジティブな面を促進するのであれば、ターゲットはもう少し大人なんじゃないかな。女子高生はかける相手も決まっていて通信費八千円程度だけど、僕はそれで仕事がはかどるなら別に何万円払ったっていいわけですよね。そういう人たちを狙わないといけないんじゃないか。たとえば、四〇代のビジネスマンでiモードをどれくらい駆使しているかというと、まだせいぜい時刻表とか、通勤電車の中でニュースの見出しを読むくらい。でも実は、そこには山のように潜在的な市場はあるわけです。

松田　ビジネスユースにおいて、具体的に何が重要だとか、こういうサービスがあったらいいとか、そういう話はあまり聞かないですね。これが本当に社会の中で重要なインフラなんだという位置付けならば、もっとそちらを考えていいと思う。調査をすると、ビジネスユースはかなりの割合、あるんですけどね。

三浦　僕はインターネットが出てきたから会社を辞めたんですから。

松田　私も子育てができているのは、メールのお陰かな。

◎あえてケータイにアディクション性があるとすると、アディクションって何なのでしょう。

松田　いろいろありますよね。メディア自体をもてあそべるので、学生は落書きをしなくなったし、一応授業を静かに聞いている。それは、メールで時間が潰せるからですが、まさにそういうところからはじめて、対人関係のアディクションに至るまでいろいろあるでしょうし。

◎「アディクション」とさっきの「閉じる」ということは、関係あるんですか？

松田　アディクション一般、薬物にしろタバコにしろ、本当に問題行動となるものは、対人関係の問題からくるものが多いと言われますよね。だから関係ないことはないでしょうが……。

◎関係が自分の領域で閉じているという状況でも、コミュニティみたいなものが再編成されたり、大きくなったりしていくのでは？　そういう時に、何らかの働きかけによっては、ジャンプしたり、化ける

ものがあるかと思うのですが、それについてどう考えますか。

三浦　まず、コミュニティという言葉自体には、空間的な限定性と時間的な永続性という意味合いを感じてしまうし、また事実そういう意味として使われたわけですが、そういう意味でのコミュニティはいつからか壊れた。もちろん私はそういう意味でのコミュニティを復権しようとは思わないし、できるとも思わない。

友達についても、一〇〇人との浅く広い友達関係が増えたから、昔ながらの深く永続的な人間関係が相対的に少なくなっているように見えるだけで、まだちゃんとそれもあると思うんですね。ただ、部分的に親密な関係が増えたのは確かでしょうが、これも一つの友達の関係だろうし。同様に、限定された空間で、限られたメンバーで何かやっているだけがコミュニティではないと考えるべきだ。メンバーも入れ替わるし、必要に応じて大きくなったり小さくなったり、必要なくなれば終わる。それもコミュニティではないかという前提で、考えてみるべきだと思っています。今、社会的にこういう事業や活動が必要だ、と思う人が集まって行動し、必要でなくなったらやめればいい。そんな出入りが自由でゆるやかな関係性を新しいコミュニティと呼ばないといけないのではないか。

それから「閉じる」の前提にあるものとしては、戦後の日本では、共有のものを私有化することに喜びを見出そうとしていたということがあると思う。銭湯は内風呂になり、映画がテレビになり、テレビは個室へ、どんどん個人に閉じていったのだが、それが昔は嬉しかった。でも逆にみんなが内風呂を持てば銭湯が恋しくなるように、皆がマイホームを持ち、自分の個室にテレビを持つと、それも嬉しくなくなった。

今、成熟した消費社会の中で、今度は何によって心を満たそうかという時に、求められているのは自己肯定感だろうと思っている。かつては自己拡張感、つまり自分がどんどん大きくなっていく、強くなっていくことに喜びを感じたのが、今は自分の存在を肯定してほしいという感覚のほうが増えている。たとえばボランティアをしたいという人が増えている。いくら高額なものを消費しても誰からも感謝されないし、自分の存在が肯定されないのだが、ボランティアなど人助けすれば感謝はされ、あなたがいてくれてよかったと存在が肯定されるからです。それこそがこれからの消費者の求める価値だろう。

そういう意味で、ケータイは、究極の自分専用の私有電話という価値によってあっという間に普及したわけだけど、これからその次が提案されなきゃいけないのかな、と感じている。それは本当の意味でコミュニケーションに関わる提案だろう。

松田　私の関心は「なぜ人と人はおしゃべりをするのか」というところにある。時間潰しにすぎないし、皆くだらないと言うんだけれど、それでもみんなおしゃべりをする、それはなぜなのかという関心が根底にあって、その中で、人と人を繋ぐための道具としてケータイに関心をもった。で、調べてみると、ケータイはそれで話して終わりではなくて、やはり相手と会うために使われている。情報を得たいとか、自分だけ便利な生活をしたいということではなくて、人との繋がりを求めている、と。それが、今の傾向としては、コミュニケーションの相手が非常に限られ、同じ人との間でばかり盛んとなっている。

インターネットは、個人的には便利に使っているし重要だけど、多くの人にとってはそこまで「情報」は重要じゃない。インターネットには情報があるんじゃなくて、その先に人がいるんだと言う人もいるけれど、多くの人にとって、インターネットの先の人は「顔が見えない」。それに比べると、ケータイが繋いでいるのは顔の見える人が中心で、そこに違いがあるんじゃないかな。情報はこれ以上要らない、むしろ顔の見える誰かと、話をして楽しく過ごしたいんだと思う。「それではダメだ」というのは簡単だけれども、じゃあ、どうすれば、顔が見えない相手とつきあう気になるだろうか、自分とは異なる相手と多少のトラブル覚悟でつきあう気になるだろうか……難しいですよ。

（二〇〇三年一月）

（注1） フリマはフリーマーケット flea market ＝蚤の市のこと。昔からあるが、特に一九九〇年代の半ばから原宿のキャットストリートなどでフリマをする若者が増えた。私が住む吉祥寺の井の頭公園では九八年から急増したので、私はその後折に触れてフリマを観察し、フリマをする若者にインタビューをするなど調査をしている。最近のフリマには、自分探し、仕事と遊びの境界の曖昧化、ゆるく繋がりたいコミュニケーション等々、現在の若者の価値観を探る意味で大変おもしろい要素が詰まっていると私は考えている。

（注2） 「侵犯するプライベート・スペース」（『社会等学会研究年鑑 vol.3』社会等学会、二〇〇二年）。

（注3） 血縁や地縁などのように拘束的で「選べない関係性」に対し、参入離脱が自由で、拘束性のない「選べる関係性」のこと。利害関係のない、単なる「友人」

を念頭におくとわかりやすい。都市社会学者のフィッシャーは、都市が社会的ネットワークの選択性を増大させ、その結果、当該個人の持つネットワークの同質性が高まるという仮説を提唱している。コミュニケーション・メディアが都市と同じ効果をもちうるかどうかについても研究が重ねられている。

（注4） ＮＴＴアドが、ワイヤレス生活研究活動の一環として二〇〇一年一一月に実施したグループインタビュー調査。この調査研究では、主婦がケータイを使いこなしていく過程で、〈時間の多重化〉〈場所の多重化〉〈人物・キャラの多重化〉〈ネットワークの多重化〉といった、「生活の多重化」現象が、彼女たちに起きているのではないかという指摘をしている。※ＮＴＴアド「Wireless Wave vol.3」参照。

■松田美佐（まつだ・みさ）
一九六八年生まれ。中央大学文学部助教授。専門はコミュニケーション／メディア論とジェンダー論。著書に『ケータイ学入門』（有斐閣選書、共編著）、『うわさの科学』（ＫＡＷＡＤＥ夢新書）ほか。

◎消費と都市空間

3 八〇年代渋谷論への疑問

無批判に受容されつづけてきたパルコ論

私は一九八〇年代の消費社会を牽引したパルコで「アクロス」という消費イデオロギー雑誌を編集していた。もう一五年以上前にパルコをやめているが、いまだに八〇年代の「アクロス」の編集長という肩書きのおかげで仕事を頂けることも多い。まことにありがたい話である。それほどに、高度消費社会といわれた八〇年代という時代は、パルコやセゾングループを抜きにしては語れないらしい。

たしかに当時、パルコは八〇年代の消費社会の代名詞のように語られたし、今も語られる。私の編集していた雑誌はパルコのようにすれば消費が喚起できるという手前味噌のプロパガンダをする雑誌だった。

しかし一方で、パルコに一介のサラリーマンとして在籍していた私の醒めた目と実感からすると、実際には、パルコは八〇年代にはすでに消費の主役ではなかったとも思うのだ。なのになぜ「八〇年代―消費社会―パルコ公園通り」という連想ゲーム的な言説が今でもまかりとおるのか？　今もし八〇年代のパルコを通して消費社会を論じようとするなら、それは、本当にパルコは消費社会の中心だったのかということも含めた検証でなければならぬのではないだろうか。

典型的なパルコ公園通り論は大体以下のようなものだ。いわく、パルコは都市全体を広告空間化している、それは外部に対して閉ざされた虚構の空間であり、そこを歩く消費者に魔法をかけ、パルコの思うがままに行動させる、という。たとえば、二〇〇二年に出た北田暁大（東京大学助教授）の『広告都市・東京』（廣済堂出版）も、一九八五年に柏木博（武蔵野美術大学教授）が書いた、公園通りを歩く人々は「自らの欲望を、パルコの〝文化〟によって管理されつくされてしまう」という文章を引用している。二十年近くたっても、「古典的」なパルコ論が踏襲されているのである。しかし、北田のような俊秀が、このようなありきたりなパルコ論を無批判に受け入れているのは問題ではなかろうか（というか、このテーマで論文を書くなら、まず私に取材に来いよというのが私の本音だ）。

そもそも、一体、北田も柏木も本気でそんなふうに考えている（いた）のであろうか？　柏木のパルコ論は彼の著書『道具の政治学』（冬樹社）のために書き下ろされたものである。当時まだかなり「左翼的」だった柏木は菅孝行が「現代の目」（懐かしい名前だ！）に書いたパルコ論を紹介しつつ、パルコ的な手法は天皇制に似ているとまで書いているのである。いわく、消費者は「パルコ戦略の奴隷」であり、周辺の店舗も「自ら進んでパルコ化し、パルコ的コードに同調」している、パルコは「周辺の店舗をとり込み、自らのイメージに染め上げ、都市全体を広告的空間にしてしまうことに成功したのだ。まさにパルコは一木一草にいたるまで、自らのイメージで都市を虚構の広告空間にしてしまったのである。そしてそれはたしかに『天皇』の象徴的機能に似ている。〈中略〉欲望こそ、わたしたちの存在の根源にかかわるものであってみれば、パルコの文化戦略は、まさに天皇制と似て、徹底した非暴力的暴力だと言わねばなるまい」。とても最近の温厚な柏木からは想像もつかない文章である。クリスタル族の闊歩した八〇年代は、イデオロギーの終焉の時代だったが、しかし他方で、今から見れば信じられないくらい教条主義的な左翼的言説が残存していた時代だったのだ。

パルコはディズニーランドではない

しかし、パルコが本当に空間を虚構化し、消費者をコントロールしようとしたのだろうか？少なくともパルコの内部にはそういう思想はなかった。なかったというのは言い過ぎかもしれないが、さほど徹底した戦略はなかった。だって、そもそもパルコはディズニーランドみたいな空間が嫌いだったんだから。

「ディズニーランドに住んだら気が狂う」、当時のパルコの社長（パルコ創業以来の中心人物である）の増田通二は写真家・評論家である藤原新也との対談でそう言っている（『東京の侵略』

PARCO出版、一九八七年)。ショートケーキハウスの建ち並ぶ住宅地の気持ち悪さも指摘している。そういう感性の持ち主が都市の虚構空間化、ディズニーランド化を進めるだろうか?　菅や柏木や北田は、まるでパルコがジョージ・オーウェルの『1984年』(早川書房)のビッグ・ブラザーか、映画の「トゥルーマンショー」のクリストフのように、天上から人々を監視し、支配していると思っている(いた)らしい。が、本当にそう思っているなら、SF小説の読み過ぎだ。

パルコは「周辺の店舗をとり込み、自らのイメージに染め上げ、都市全体を広告的空間にしてしまう」だって?　パルコの隣にゃ東急ハンズもあるよ。その隣にはルノアールもある。あの、だっさーい、とりわけ八〇年代には嫌われた喫茶店だよ(今もまだある)。そして二十年前の公園通りには、ホルモン焼屋もあって、豚の脳味噌や陰茎や睾丸も食わせていた。そんな公園通りで、「一木一草」までがパルコ的な空間になっていたって言えるのか?　そういう、自分のパルコ論に都合の悪い現実の公園通りの風景を捨象して、公園通りは外部に対して閉じられた虚構の消費空間を作ったというのはナンセンスではないか。

バブル時代がパルコの全盛期というのは間違い

そもそも私が「八〇年代—消費社会—渋谷パルコ公園通り」という図式をあまり信じる気になれないのは、たとえば渋谷パルコパート1の売り上げが一九七九年にピークとなり、以後八九年まで減少し続けたという事実による（その後は知らない）。こういうデータはインサイダーでなければ知りようがない。八〇年代に売り上げを減らし続けた店を、どうして八〇年代の消費社会の象徴として語ることができるだろう。パルコをパルコたらしめた石岡瑛子の広告だって全盛期は七〇年代後半だ。その後石岡がニューヨークに渡ったため、パルコの広告は八〇年代にはトーンダウンした。それでも八〇年代はパルコの時代なのか。

また「アクロス」がウェブ上で今でも毎月続けている公園通りでの定点観測調査によれば、公園通りを歩く人の数は八一年がピークだ。八一年一月十日、土曜日には女性だけで一時間に何と四六七八人もの人が歩いた！　これが八五年以降は次第に二〇〇〇人を切る月が目立ってくる。バブル景気が始まり、ワンレン・ボディコンのギャルたちが増え、まさに八〇年代消費社会の絶頂期を迎えた八七年には、一〇〇〇人から一五〇〇人程度である。全盛期の三割程度なのだ！

社外から見れば、バブル時代はパルコの全盛期でもあったように見えるだろう。しかし実際は反対だ。バブル景気はパルコにとって逆風になった。なぜか？　考えてみれば当たり前だ。誰でも簡単に海外旅行をして、パリやミラノでブランド品を安く買えるようになったのだ。どうして渋谷の公園通りで買い物をする必要があるだろう。百貨店は円高を利用して海外ブランドを買収した。三越にはティファニーもやってきた。どうしてパルコのココ山岡でジュエリーを買う必要があるだろう。世間一般のイメージとは異なり、八〇年代後半の渋谷パルコは売り上げに苦しんでいたのである。

非パルコ的なものをも貪欲に受容するのがパルコである

にもかかわらず八〇年代がパルコの時代、公園通りの時代だと論じられるのは、おそらく東京ディズニーランドのせいである。菅が教条主義的左翼的パルコ論を書いた八三年は、東京ディズニーランドが誕生した年でもある。ディズニーランドの虚構的な空間の魅力は、消費論、都市論の格好の素材となった。その論の中心にいたのが北田の師である吉見俊哉（東京大学教授）だ。

吉見はすぐれたディズニーランド論を展開しつつ、じゃあ、日本にディズニーランドのような虚構空間はないかと探したところ、公園通りというお手頃の素材があったと考えたのだろう。そもそも吉見は『都市のドラマトゥルギー』（弘文堂）で公園通りを論じていた。公園通り論にディズニーランド論が接続されて、九〇年代に入ってもますます公園通りが虚構の消費空間として語られるようになったのである。

吉見はパルコ的な空間戦略をもっとも純粋な形で実践した「夢空間都市」がディズニーランドだという。しかしそれはどう考えても順番がおかしくないだろうか。東京ディズニーランドは八三年に開業したかもしれないが、カリフォルニアのディズニーランドは五五年に開業しているのだ。パルコの社員であった私の実感から言ってもパルコとディズニーランドはかなり風土が異なる。吉見が「パルコ的」として抽象化したものと実際のパルコは異なるのだ。

吉見や北田は、『パルコの宣伝戦略』（この本のための下調べ作業を私もしている）をパルコ論のほとんど唯一の論拠にするが、パルコ（あるいは増田や「アクロス」など）には他にも多くの都市論があり、それは図書館で「アクロス」のバックナンバーを探せばいくらでも読むことができる。これらを読めば、むしろパルコは、非パルコ的なものを排除するのではなく、むしろそれらを貪欲に受容するのが本当の都市だという思想の持ち主だということにすぐ気づくはずだ。増田は、渋谷パルコを作る前に、当時まだ区役所通りという名前だった公園通りを歩き、代々木公園のカラスがゴミをあさりに集まっているのを見る。そして、ああ、そうか、都市っていうものは、カラスも一緒になってつくるんだなと思ったという。これはわれわれ社員が何度も聞かされた逸話である。

ディズニーランドにカラスはいない。いるのは陽気なネズミだ。そしてディズニーランドは蠅も蚊も殺虫剤で殺す。花壇の土を掘り返しても虫一匹もいない（実際私はディズニーシーで花壇を掘り返してみたのだ）。ゴミをあさるカラスもホルモン屋も渋谷の一部であり、都市の魅力の一部であると考える。それがパルコの考える都市だ。若者だけが来ればいい、老人は来なくて良いという、パルコの顧客セグメント戦略が誤解の元だったのだとは思う。だから、異物を排除するのがパルコだという批評が生まれた。しかしターゲットを絞った町と、異質な人々を排除する街というのは違う。

パルコは八〇年代に大きく注目された企業だが、その根底にある思想はきわめて六〇年代的である。ヒッピー的であると言っても良い。若者の反抗のエネルギーを組織化する。それがパルコ文化だった。既成の文化、ファッションに従うだけでなく、新しい文化やファッションやライフスタイルをつくり出す。そうしたことにパルコは積極的だった。

堤清二と対照的な増田通二

パルコ、セゾングループといえば堤清二だけが脚光を浴びるが、実はパルコという会社で最初から指揮を執っていたのは増田通二という男である（私が入社した八二年には専務、その後社長、会長となる）。増田の存在はほとんど一般には知られていないが、パルコはセゾングループの中で一種の治外法権の出島のような会社であり、増田がやりたい放題をする典型的ワンマン会社だった。

この増田は神楽坂生まれのせいか、路地と坂道が好きだ。そして街に光と影があることを好む。その意味でも、光だけの世界である、影さえ人工的な空間として計画してしまうディズニーランドとは異なる。

そもそもなぜパルコは劇場を作ったか。それは文化が金になるとか、文化でイメージアップして客を集めるためではない。単に増田が芝居好きだったからだ。旧制高校時代に演劇部であった増田は、三度の飯より芝居が好きなのだ。

なぜパルコはウォールペインティングをしたか。それは公園通りを消費の虚構空間にするためではない。高校教師をしたこともある増田は、美術や演劇を通して若者を育てるのが好きだったのである。だから美大生にバイトをさせてウォールペインティングをさせた。そうやって若者が街に関与しながら、街が成長していくことを好んだのだ。文化戦略だなんだというのは、あとづけの論理である。そのあとづけの論理に学者やジャーナリズムが飛びついたというのが実態に近い。

もちろん、結果として公園通りが、広告化された空間になったことは間違いない。しかしそれはすべての通行人に魔法をかけ、知らぬ間にパルコで消費することを目指したものであろうか。増田は言ったことがある。「HANAKOを読んで、買い物だけしてる、そんなOLは頭が空っぽだ」。増田はパルコで洋服を買うだけで満足するような女性を好んではいなかった。増田がパルコに本当に来てほしかったのは、芝居や美術が好きな若者であり、日本グラフィック展に応募する美大生のようなクリエイティブな若者であって、増田は、そういう若者と共に街を作っていくという感覚を求めていたのである。

だからこそ私は思うのだ。渋谷パルコ公園通りは、いつどうやって八〇年代消費社会の象徴となったか。たしかにパルコは「アクロス」などを通じて自身を先端的消費者の集まる店としてプロパガンダした。だが疑ってみなくてはならないのは、パルコのイメージを「八〇年代」という時代の「消費」のための空間の問題と結びつけて定着させたのは、パルコ自身よりも、吉見、柏木らの学者や評論家なのかもしれないという点である。吉見らが依拠するカルチュラルスタディーズとは、一般に信じられている通念の虚偽性を暴くためのものであろう。ところが、その学者自身が、一九八〇年代―渋谷―公園通り―パルコ―虚構の消費空間……といった通説を作り上げてしまったと言えるのではないだろうか。

店の名前にイタリア語で公園という、明るい、開放的な名前を付ける増田は、たしかにラテン的な陽気さをもち、年をとってもいつまでもいたずら小僧のような人間だった。

それに対して堤清二はアングロサクソン的に陰鬱であり、店の名前にもＷＡＶＥ、ＳＥＥＤといった意味ありげな英語を好む。店の外観、インテリアも冷暗色だ。特に堤が最も好んだ六本木ＷＡＶＥは高速道路の橋桁の前の北向きのビルだ。ビルの色は灰色であり、ＷＡＶＥのロゴは黒い。およそ人を集めて興奮させて物を買わせるというビルではない。

このように、まさに陰と陽の二人が、同じような戦略の中で、同じような店や街を作るわけがない。だから、パルコがセゾングループの文化戦略企業だと言われると、私はなにかしっくりこないのだ。たしかに資本系列的にはそうだ。しかしパルコはセゾンの文化戦略を推進するために仕事をしていたのではない。ただ、やりたいからやっていたのだ。こういう事情を知らずに、外からパルコやセゾンを論ずる人は、あたかもパルコが文化人経営者堤清二のご託宣によって一から十までつくられたものであり、その魔法のままに社員が動き、公園通りを歩く人々が操られているなどと言い出すのであろう。増田は、消費者に魔法をかけてあやつろうという思想の持ち主ではなかった。おそらく堤もその点は共通している。大正生まれで、暗い戦争の時代を知っている二人は、国家が個人の思想や感情をコントロールする時代の怖さを知っている。

ショッピングモールが完成させた消費の虚構空間

このように「語られたパルコ」と実際のパルコには少なからぬ距離がある。だからといって、私は、柏木、吉見、北田らが展開してきた公園通り論に意味がないと言いたいのではない。パルコやディズニーランドを契機として産み出されたその消費空間論は、今まさにその真価を問われる時代が来ている。北田が書いているように、柏、大宮、町田といった郊外拠点に成立した「プチ渋谷」に自足する若者たちは、もはや本当の渋谷に来なくなったのだ。もっと地方に住んでいる若者も、あえて東京に行きたいとは思わなくなっている。地方にも「プチ渋谷」はあるからだ。

しかし郊外や地方のプチ渋谷は必ずしも駅前の繁華街にあるのではない。それは田圃の中にある。田圃の中のイオンなどのショッピングモールの中にあるのだ！　そして、周囲に何もない田圃の中に忽然と現れる巨大なショッピングモールの姿は、殺伐とした埋立地に蜃気楼のように現われた東京ディズニーランドに近い。

かつて柏木はパルコを論じてこう書いた。「パルコは過去に例がないほど、実に見事なまでに都市全体を自らの、広告装置と化し、外部を消滅させてしまった」。吉見はパルコ的な空間戦略とは「地域が育んできた記憶の積層から街を離脱させ、閉じられた領域の内部を分割された場面の重層的シークエンスとして劇場化していく」ものだと書いた。こうした指摘は、今、渋谷パルコ公園通りよりも、むしろ、まさに今、日本中に増加しているショッピングモールにこそ当てはまる。

吉見は『都市のドラマトゥルギー』の中で朝日新聞社が一九七九年に行った渋谷調査を引用し、当時渋谷を歩いていた女性の三一・三％が「ノンノ」の読者であり、さらに男性の二三・二％が「ポパイ」の読者であったことを指摘し、カタログ雑誌と呼ばれた雑誌とパルコ的な消費空間が結びついてその時代の消費文化が形成されたと書いている。

では七九年に渋谷を歩いていた、おそらくは二十歳前後を中心とした若者たちはいまどこで何をしているのだろう。彼らはいま四五歳前後になっている。私が二〇〇四年に行った「昭和4世代欲求比較調査」（注1）によれば、新人類世代（六〇～六五年生まれ＝満三九～四四歳）でイオン（ジャスコ）が好きだという者は男女合わせて三一・〇％いた。そしてイオンが好きだという男性のうち二十歳前後のころ「ポパイ」を読んでいたと回答したのは四〇・五％、イオンが好きでないという男性では二三・八％だった。同様に、イオンが好きだという女性のうち二十歳前後のころ「ノンノ」を読んでいたと回答したのは五八・〇％、イオンが好きでないという女性では四四・〇％であった。イオンが好きな人のほうがかつての「ノンノ」や「ポパイ」の読者だったのだ。つまり、公園通りやパルコを闊歩していたタイプの若者が、今は郊外でイオンのようなショッピングモールを繁く利用しているのではないかという仮説が成り立つ。

さらに興味深いことに、二〇〇五年に私が行った「女性階層化調査」（注2）によれば、一八～三七歳の、パルコが好きな女性で東京ディズニーランドが好きな女性は六三・六％なのに、イオンが好きな女性では八三・九％もディズニーランド好きがいた。ディズニーアニメ好きもパルコ好き女性では三四・一％だが、イオン好き女性では五五・二％いる。ちなみに宮崎アニメはパルコ好き女性では六八・二％だが、イオン好き女性では五八・六％である。

こうして見ると、カタログ消費とディズニーランド的な閉鎖的空間が結合したショッピングモールは、まさに柏木が言うように「外部を消滅させた」空間だということ、そしてそこには吉見が「パルコ的な空間戦略をもっとも純粋な形で実践した『夢空間都市』がディズニーランドだ」と言った以上に純粋な形で、消費の虚構空間が完成されているということを示しているのではないだろうか。

ショッピングモールは一年三六五日二四時間全館冷暖房完備の人工空間だ。公園通りのような坂道はない。路地もない。陰もない。ひたすら平らで明るい清潔な通路があるだけだ。本当の都市にある危険で不潔な要素が徹底的に排除されている。しかし、不幸なことに、そこには、突然赤ん坊にナイフを突き立てる異常な若者もいる。幼女を連れ去ろうとする者もいる。そこはリアルな都市の顔をしていないが、実はリアルな都市以上に危険に満ちているのかもしれない。リアルな都市から危険で不潔な要素を排除したバーチャルな空間だからこそ、排除されたものが、そこに復讐に来るのかもしれない。だとしたらわれわれはまさにこのショッピングモールをこそ、新しい消費の文化として、いや、解決すべき社会問題として論じなければならないだろう。

（注1）昭和4世代欲求比較調査
調査日：二〇〇四年一一月一二日（金）〜三〇日（火）
調査対象：一都三県在住者八〇〇名　左記世代各二〇〇名（昭和ヒトケタ世代［一九三一〜三七年生まれ］、団塊世代［一九四六〜五〇年生まれ］、新人類世代［一九六一〜六五年生まれ］、団塊ジュニア世代［一九七一〜七五年生まれ］）

（注2）女性階層化調査（2次調査）
調査日：二〇〇五年六月二一日（火）〜二六日（日）

調査対象：一都三県在住女性六〇〇名（一八～二二歳＝一五〇人、二三～二七歳＝一五〇人、二八～三二歳＝一五〇人、三三～三七歳＝一五〇人）

講演

パッケージとパッサージュ

三浦展

※以下は、二〇〇六年二月二二日、独立行政法人国際交流基金主催、日豪交流年「Rapt!」公開セミナー（モデレーター・北田暁大、ゲスト・南後由和、三浦展）における三浦展の講演を採録したものである。

パルコ文化の本質はカウンターカルチャー

三浦です。よろしくお願いします。

一九五八年生まれってことで両側のお二人と比べると、おじさんという感じなんですけれど、私にも若い時代がありまして、今から二〇年前くらいですね。渋谷のパルコでマーケティングの仕事をしておりました。その関係で、たしかに、毎日渋谷で働いていれば時代がどちらに動くかすぐわかるという気持ちで過ごしておりました。

北田さんが中学高校時代にイメージをふくらませていたように、八〇年代の渋谷には、公園通り、パルコ、西武、ロフトなどいろいろな消費の拠点が作られていました。八〇年代というのは高度消費資本主義の時代、その中心に渋谷があると言われていました。

私はパルコのスポークスマン、人によってはセゾングループのＣＩＡと呼ばれる仕事をしていましたので、まさにそういうことを言ってきた立場でもあるのですけれど、一方で今の時代というか、九〇年代以後ですね。北田さんが大学生になって、実際に渋谷に降り立った以後作られて来た渋谷のイメージというものと、私が働いていた渋谷というものにはかなりギャップがあると思いました。

北田さんの場合は、おしゃれで洗練されたファッションの街・渋谷と思ったら全然違ったとおっしゃいましたが、例えば渋谷の公園通りはひとつのテーマパークのようなものでディズニーランドのような空間であると、西武資本が（〇〇資本という言い方も、一体いつの時代かって気がしますが）、ファッションなどの消費のテーマを与えて、ひとつの閉ざされた空間を作り上げて、魔法をかけられた若者がそこをゾロゾロと歩いている、といった批判が八〇年代にはありました。

その先鋒は誰かといえば柏木博さんでした。八〇年代前半の柏木さんの著作を読むと、今の温厚な姿からは想像もつかない左翼でありました。パルコは天皇制と同じイデオロギー装置だというようなことを書いていて、現在「通販生活」でニコニコしている柏木さんの姿からは思いもつかないわけです。

なぜかそうしたことを言っていた二年後に柏木さんはＰＡＲＣＯ出版から本を出すわけですけれど、その辺から柏木さんの変節が始まるというか、だんだん常人になってきたように思うわけですけれど、悪口を言ってるわけではなくて、時代の変転を柏木さんから語っているわけです。

その後にパルコ、渋谷公園通りといったものをいろいろな人が語ったわけですけれど、私がもっとも違和感を感じますのが、北田さんの先生である吉見俊哉さんのものです。

そもそもパルコ、渋谷公園通りがテーマパークであるというのは、吉見さんが一時期ディズニーランド論に熱心だったときに、アメリカからきたディズニーランドを論じつつ、ふと日本を振り返ると、渋谷の公園通りがディズニーランドみたいなものだったのではないか、と考えて作り上げた見方ですが、これに私は非常に違和感を覚えています。

その論が出たころ、私はすでにパルコを辞めていたので反論する機会もなかったのですが、まさか今日その機会が与えられるとは思ってもみませんでした。

パルコが八〇年代になって、時代の主役みたいに語られること自体が間違いだというのが、そこにいた人間の実感です。私は八二年にパルコに入ったのですが、それ以前に入った団塊の世代の社員に言わせればパルコの全盛期は七九年。八〇年代に入ってからはダメだという言い方をします。

なぜダメかと言えば、パルコってのはいかにも八〇年代のおしゃれな文化として語られていたのですが、実際パルコという会社の中にある文化的風土というのは極めて六〇年代的なカウンターカルチャーとか、アンダーグラウンドカルチャーなんです。ですから唐十郎の芝居をやったり、藤原新也さんがインドを放浪してきた後の写真集を出版したり、非常にアジア的なおどろおどろしい情念の世界みたいなものに強い関心を持つ人々が集まっていたと思います。

若者文化というと、いまは、携帯電話でどうのこうのといった情報メディア文化の担い手として語られるわけですけれど、パルコにとっての若者文化というのはストリート文化であり、カウンターカルチャーであったというのが、実際働いていた人間としての実感なのです。

私、パルコの入社試験のとき、面接で「パルコというお店に対してどういうイメージを持っていますか?」と聞かれて、実は大学生のときパルコに行ったことがなかったので、さて困ったなと思い、高校のとき二回だけ行ったことがあったので、その時のイメージを引っ張り出して「パルコというのはフリマみたい」と言ったのです。当時表参道には現在でいうフリーマーケットみたいな文化があって、黒い布を広げて、そこに針金で作った自転車みたいなものを売っていました。フリマというより露天商みたいなものですね。この答えは失敗したなぁ、これでもう落ちるかと思ったのですが、その後どんどん面接が進んで行きまして、いま振り返ってみると「パルコはフリマである」という発言が結構的を射ていたのかと思います。

七〇年代後半のパルコというのは、まともな大人から見ると、何をやっているのかわからない怪しいものであって、今でいうと秋葉原のオタクですとか、中野ブロードウェイみたいな感じだったと思います。もちろんファッションを売っていますからアキバ系の男が歩いているというわけではないですが、その当時の大人の常識的価値観からすると相当怪しい。そもそもまともな大人はパルコ自体を知らないという、非常にマイナーな存在であって、それがまたパルコ文化の真骨頂であったわけです。今の裏原宿なんかよりはるかに資本化されておらず、高円寺とか下北沢に近い存在だったと思います。

パルコの矛盾

八〇年代に入ると、渋谷の街がメディアで注目されるようになり、七〇年代までは若者に取材するというと新宿で行いましたが、八〇年代に入って原宿の竹の子族を取材するようになり、八五年ごろになって渋谷センター街で取材するというのが主流になってきます。この頃は、ビデオカメラが軽量化して、くだらない街頭インタビューをたくさんすることが増えた時期でもあります。だから渋谷という街は映像を通じて毎日のように伝えられた。だからこそ、そのころから渋谷が消費の街、若者の街、主流の街であると認識されるようになってきたわけです。けれども、マスメディアの中で主流になったということは実はパルコ文化とは矛盾しているわけです。

パルコっていうのはカウンターカルチャーやアンダーグラウンドカルチャーが大好きな文化的風土を持っているので、主流になるということとは非常に矛盾している。だから八五年に「ビックリハウス」は休刊してしまいます。フジテレビのお笑い路線によって、パロディ的な文化が大衆化し、主流になってしまったからです。創刊したのは七五年くらいだったと思いますが、それをやめてしまうわけです。

一方で八〇年代に、若者というのは渋谷みたいな街が好きでこういう店が好きでこうすればお金を払ってくれるという考え方、パルコもディズニーランドも若い人を喜ばせてお金を巻き上げる装置であるといったビジネスモデルが、まともな大人に広まっていった。空間をあるテーマで構成して、若者を呼び寄せて閉じ込めて消費させる。そうした仕組みとしてパルコ文化のイメージが一人歩きしていく時代になっていったのが八〇年代後半以後かと思います。

たしかにパルコというのは一九六〇年代以来の若者の自由で自発的なストリート文化をすくいあげて商業化していったことは間違いがない。が、若者をあるテーマである特定の空間に囲い込んで消費をさせるというタイプのものとは少しちがったと思います。

だから北田さんが渋谷に来た時、「汚かった、ごちゃごちゃしてた」といってましたが、八五年当時、渋谷パルコの前にはホルモン焼屋があったんですね。そういうものが放置されていた。渋谷の街には代々木公園のカラスがたくさん来るんですが「カラスを撲滅しよう」なんて運動はパルコでやったことがない。それどころか、パルコの社長である増田という人は（堤清二ではありません）、カラスが大好きで「カラスと一緒に街を作るんだ」と言っていたくらいです。ですから、パルコ的な閉鎖空間を作ろうとしたのではなくて、パルコがあってカラスもいて、ホルモン焼屋もある、そういう街がいい街であるという思想でやっていたというのが事実なんです。

表参道ヒルズは都市のイオン

ところがだんだん、パルコ＝儲かる商売の仕方みたいな形で、一般に広がっていった。

ストリート文化を商業化したことがいいか悪いか知りませんが、今風にいえば「フリーターでも飯が食える」みたいな時代を作ったのがパルコだと思うんです。しかし九〇年代以後なにが起きたかというと、閉鎖的で管理可能なテーマパーク的なものと、自由で開放的で管理しにくいストリート文化的なものがもう一度乖離していくという現象が起きたのかな、と思います。

つまりイオンなどに象徴されるアメリカ型の極めて閉鎖的なショッピングモール文化が九〇年代以後どんどん発展してきます。一方で裏原宿、下北沢、高円寺に代表される自由で自発的なストリート文化というものも出てきます。パルコ文化ではいったん融合していた二つのものが、乖離していくのが九〇年代ではなかったかと私は考えています。

さっき冒頭に「Ｒａｐｔ！」というテーマが「没入」であり、一方で「開かれた」というテーマを考えたいと北田さんがおっしゃっていましたが、それはまさしくショッピングモール文化とストリート文化の対比にもなっています。ショッピングモールという閉鎖的なパッケージを作って、そこでお客を囲い込んで商売をしましょうというビジネスと、そこには汲み取られず、むしろ都市の網目網目から抜け落ちていくようなパッサージュ的な文化。パッケージとパッサージュ。こういう対立が生まれてきたのが九〇年代でしょう。

これは社会階層論的にいうと、パッケージをつくり出す人というのが六本木ヒルズに代表されるような現代の情報エリートであり、パッサージュに対応するのがフリーターであるという気がします。

そういう意味で六本木ヒルズというのは、新しい都市を造っていくと言っていますが、六〇年代カウンターカルチャーの洗礼を多少は受けた私から申しますと、都市的ではない。むしろショッピングモール型です。東京のイオンが六本木ヒルズであると、私は思っています。

表参道ヒルズも先週見ましたが、これはビミョーですね（笑）。安藤忠雄さんも大変だったなという感じがいたします。表参道というのは七〇年代初頭においてはまさに怪しいヒッピー、フーテンが溢れるストリートでしたが、今は世界に冠たる大消費ストリートというかアベニューなわけです。いまやそこから新しいストリート文化が生まれるという雰囲気はないわけです。でもその裏側には今でも裏原宿があって、いろいろと生まれてはいる。一方、同潤会アパートを潰した場所であり、小学校が隣にあったりして、建築家としては非常に複雑なテーマを背負って作られたのが表参道ヒルズだと思います。

それが、私にはビミョー、というか失敗に思えます。失敗というのは、やはり都市のイオンにすぎない、ということです。閉鎖的な消費空間であって開放的な空間ではないし、そこにいるのは多様な人間ではなく、消費者でしかない。つまり、消費者が閉じた空間で歩いているだけ。そんな感じがいたします。そこからは新しい若者文化とかアートとかが生まれてくるといったざわめきのようなものを感じることができません。タッシェンブックのストアがありますが、どうということはなくて、そこから本当にわけの分からない新しい文化やアートが生まれているという感じはいたしません。

このように、資本が作る空間というものがパッケージ型になっていって、それでは満足できない、気持ちが悪いという若者の皮膚感覚が、一方でストリート文化を作っていっているのだと思います。

郊外のひきこもりから　アートが生まれる可能性

ところで、北田さんも南後さんも郊外生まれだそうで、私は郊外研究もずっとしておりまして、最初はパルコの社員として始めたわけですが、やはり郊外に生まれ育った人たちがどんな文化を作るのかというところに非常に関心があります。

郊外というのはいってみれば、標準家族の再生産工場であるというのが拙著『「家族」と「幸福」の戦後史』(講談社現代新書)で書いたことなんですが、そうしたことに疑問も不満も持たない人というのもきちんといるわけです。そういう人は慶應藤沢を出て森ビルに就職というようなコースを歩むんでしょうが、一方で、郊外に居心地の悪さを感じる人もいるわけです。そういう人がこれまで生み出してきたものがあると思うんです。

何年か前に青山のイデーが「ホームレス」という

テーマで作品展をやっていて、これが非常に面白かった。つまりマイホームから生まれた世代がホームレスというテーマで何かを作りはじめたというのが面白かったわけです。東京都現代美術館でやった「低温火傷」も郊外世代が郊外文化に対して抱く不気味な感じを表現していたように思います。

もうひとつ、まさに下流社会的テーマですけど、郊外に満足もせず、違和感も持たず、自足してしまった人、郊外から出てこなくなっちゃった人、つまり郊外というパッケージの中で閉じてしまった人がいるのではないか。これがフリーターになったのかニートになったのかひきこもりになったのかはわからないですけど、類型的にはそんなような分類ができると思います。

アートという観点でいうと、郊外に不満を感じて高円寺の四畳半のアパートで一人暮らしを始めたみたいなタイプ、こういう人は明らかにアーティストっぽい人なんですけど、さらに期待しているのは、郊外というパッケージのなかでひきこもっている人の中からも実はこれから面白い表現が出てくるのではないかと、伊藤俊治さんが『生体廃墟論』の中の「サバービアの飛沫」で書かれたようなことですが、そんなことも考えています。

コラム

宇都宮

東京の出店化

宇都宮の中心街はオリオン通りと呼ばれるアーケード街。これは日本の地方都市にしばしばみられる平凡な光景だ。パルコの裏手からオリオン通りは始まり、109《イチマルキュー》もこの通り沿いにある。今はないが、かつてはロフトもこの通りにあった。プリクラショップなどもある。ロフトのあったビルは今は一〇〇円ショップなどの入る雑居ビルになっている。

ヤンキーが多いとも言われている宇都宮には、オリオン通りに限らず、浜崎あゆみの写真があふれている。付けまつげ売場にも、付け毛売場にも、マニキュア売場にも、町、店の至る所にAYUの写真が無数に張られている。いかにAYUが地方のガングロ系、ギャル系女子高生のカリスマになっているかがわかる。

109の中のブティックには二〇〇〇年に人気のあったドラマ「池袋ウエストゲートパーク」で長瀬智也がきていた服はこれだという貼り紙もある。

そして、もちろんモーニング娘。の写真、ポスターもあふれている。総じてメディアが若者の流行を直撃している印象だ。

しかし宇都宮109の人気は私が一九歳の女の子に聞いた限り高くない（注：二〇〇五年に退店した）。その理由は、カリスマ店員がいないことだという。また109の前のオリオン通りでは、野菜を安売りする市がたつなど、周辺の雰囲気も問題らしい。要するに宇都宮109は偽物だというわけだ。

さてオリオン通りを過ぎると、今度はユニオン通りという通りがある。ここは東京でいえば、高円寺、下北沢風であり、若者向けの古着屋、美容室などが軒を連ねる。

高円寺で開業したインド雑貨屋「仲屋むげん堂」

もあるが、その店の看板には何と「高円寺―渋谷―宇都宮」と書かれている。東京のストリート系のサブカルチャーが宇都宮にも来たぞ！　というプロパガンダのようである。

ほかにも下北沢や代官山の店とのつながりをアピールする店はいくつかある。昔は銀座という名前が日本中の商店街に広がったが、今や日本中の若者にとっては、渋谷、原宿はもちろん、高円寺や下北沢までもがかつての銀座と同様の意味あいを持っているのだ。

このように今、地方は見事なほど東京のディテールを模倣し、消費社会化している。

私が会った一九歳の土建業の少年は、中学生の時にすでにエビスジーンズとナイキのエアマックスを買うことが仲間内でのブームであったといい、今ではプラダの財布を持ち、一七歳の彼女にブランドものを買ってやる相談をするのが、今の彼の幸せらしい。もちろん通勤用に自動車を持っており、いつかほしい車はベンツだという。東武百貨店のルイ・ヴィトン売場にはそうした若いヤンキー系のカップルがあふれている。

ＡＹＵ、モーニング娘。、高円寺、ヴィトン……。一見無関係なアイテムの連鎖が、現在の地方の消費社会化の姿を見事に浮き彫りにしている。と同時に、日本の消費社会や若者文化全体の持つ問題性がそこにあぶり出されているように思える。

インタビュー

渋谷109のガングロギャル

一九九九年、渋谷のファッションビル「109《イチマルキュー》」を中心に、女子高生の間に何とも奇天烈なファッションが大流行した。

その名はガングロ。顔も体も日焼けサロンで真っ黒に焼き、髪を金色に染め、アイシャドウを青く塗り、服は原色を多用し、爪もカラフルにメイクし、シャネルやヴィトンのバッグを持って、かかとの高さ一五センチ以上の靴を履いて街を闊歩するその出で立ちは、日本のファッション史の中でも最も奇妙な外見であった。さらにしばらくすると、髪の色は銀色になり、アイシャドウは白くなり、その姿形から彼女たちは「ヤマンバギャル」と言われたのである。

ニューギニア高地に行かなくても、渋谷に行けば人類学的フィールドワークができる。当時私はそう思ったものだ。近年、人類学者は困っているそうだ。かつては未開だった地域に行っても、今は、みなアディダスやナイキを着ているからだ。これでは人類学的な調査の意味がない。

それに比べれば、どこでどうしてこういう格好になったかわからぬガングロ、ヤマンバのほうがよほど未知の人種だ。実際私も、欧米のメディアからの取材を何度か受けた。もちろん彼らにもあのファッションは不可解以外の何ものでもなかったからだ。

こうした新現象が生まれると、私は必ず調査をする。都市人類学者としての好奇心がむくむくと頭をもたげるのだ。ただし若い女性が相手となると、私では不都合も多い。そういう場合はスタッフを雇う。以下のガングロインタビューは、ファッション考現学を趣味と仕事にする大井夏代さんに渋谷の路上で行ってもらった。

高校生なのに毎月のおこづかいの額が三万円とか、中には一〇万円の子がいたり、携帯電話にかける金額が三万円以上だったり、やや常識を超えた消費傾向が見える。ガングロファッションを親が喜んでいるという回答もあり、唖然とする。

他方、その外見の奇抜さとは裏腹にガングロ少女たちは実に保守的であり、家族や友達を何よりも大事にし、結婚をして子どもを産むことを希望している。人は見かけによらないのだ。

しかし、プチ家出経験者も少なくないし、インタビューには明記していないが、親が離婚しているケースも少なくない。だからこそ、彼女たちは平和で和やかな家庭に飢えているのかもしれない。

こうしたガングロギャルについての私の最初の解釈は、階層上昇志向の衰退というものであった。

『マイホームレス・チャイルド』（クラブハウス、二〇〇一年。文春文庫、二〇〇六年）などにも書いたことだが、一九八〇年代までのファッションには、下町の大工の息子でも、山の手のお坊ちゃんに見える、魚屋の娘でも田園調布のお嬢様に見えるようにしたいという階層上昇志向があった。ところが九〇年代以降のファッションには、それがない。むしろガングロファッションは、自分が現実に所属する階層よりも高く見えないどころか、もしかすると低くさえ見える。あるいは、自分の所属階層の低さを露悪的に表現しているとも解釈できるのだ。だからこそガングロは、私に階層格差の固定化を最初に意識させた現象だったのである。

しかし、私の解釈とは裏腹に、二〇〇五年に実施した「女性階層化調査」（一三二頁参照）によれば、二三～二七歳で階層意識が「上」の女性で109ブランドの支持が高かったのである。九九年当時一八歳くらいだったガングロギャルたちの中には、その後着々と階層上昇をした者もいるらしい。『VIVIグラマラス』のような雑誌はまさにそういう女性を狙っているようだ。二〇〇六年二月号の特集は「二〇〇六年は働くグラマラス！　宣言！　悪女《ワル》OLは起業家になる！」である。

実際109でカリスマ店員と呼ばれた女性たちの中には、今や若くしてアパレル企業や下着ショップの経営者になっている者もいるそうだ。彼女たちは、若い女性たちの目標になっているようなのである。

もちろん、そうした上昇志向のあるギャルは多数派ではないだろう。二〇〇〇年から二〇〇一年にこのインタビューに答えてくれたギャルたちは、今は何をしているのか。結婚して、子どもができて、幸せに暮らしているだろうか。

インタビュー01

16歳／フリーター
埼玉県在住

■家族構成
父（48歳・公務員）
母（46歳・専業主婦）
兄（大学生）

2001年3月19日（日）

Q　おこづかいは月いくら？
親から七万円ぐらいもらってる。
Q　ファッション代は月いくら？
四万円。
Q　携帯電話料金は月いくら？
二～三万。一万で収めようと努力したけど一カ月しかもたなかった。
Q　プチ家出はよくする？
一回家出したことある。でも、もうしないよ。
Q　今、しあわせ？
うん、しあわせ。
Q　ギャル系ファッションはいつごろからはじめたの？
夏あたりからだんだんと……。ヤンキーがいやになったから。
Q　肌黒いけど、日焼けサロンに行ってる？
うん。渋谷のブラッキーってところへ週二～三回は行く。
Q　なぜ肌を焼くの？
やせて見えるし、とにかく黒くしたいから。
Q　以前はどのような格好だったの？
ヤンキー。高校は二カ月で退学になった。きらいな子に蹴り入れたから……。中学からずっと地元暴走族仲間とつるんでた。もともとこわいからいやいやつきあっていて、仲間がシャブやりだして、本当にやんなって「縁切ろう、関係ない」と思って。
Q　ギャル系ファッションをしていることについて、ご家族はなにか言ってますか？
相当喜んでる。以前は、あまり仲よくなかったけど、最近はお母さんと一緒に買い物に行ったり、家族で食事したり……。ヴェルニもヴィトンのリュックも、ヤンキーやめたんで、それで親が買ってくれた。肌を焼くことについては「しみ、そばかすが残るわよ」とか言われるけど、そんなのどうとでも処置する。
Q　厚底ブーツでこけたりしないの？
慣れればぜんぜん平気。たまにこけるけど。
Q　服以外でほしいものは？
男。好きな男はいるけどつきあえない。つらいの。男は白人より黒人が絶対いいけど、やっぱり日本人がいい。だって、私、日本人だもん。エイズこわいし。
Q　今凝ってることは？
ダイエット。
Q　最近うれしかったこと、しあわせだなぁ～と思ったことは？
クラブでパラパラ踊ってるとき。すごい楽しかった。
Q　最近悲しかったことは？
太ったこと。
Q　かっこいいもの・人って？
美容師。あと、岸田健作。顔がいい！
Q　かっこわるいもの・人って？
プー。ダラダラしてるやつ、だらし

ないやつ。すっごいきらい。

Q　将来は？

美容師になること。四月からは通信教育はじめて、美容師の専門学校へ行くつもり。

Q　どのような生活が理想ですか？

好きな人と結婚して、皆仲がいい、しあわせな家庭をつくりたい。

インタビュー 02

16歳／高校二年生
埼玉県在住

■家族構成
父（48歳・写植業）
母（48歳・パート）
姉（19歳）
兄（17歳）

2001年3月19日（日）

Q　おこづかいは月いくら？

親から三万円ぐらい。

Q　ファッション代は月いくら？

ほとんどなし。おねえちゃんと共用してるから。

Q　携帯電話は？

iモードを使ってる。メールや天気予報見たりする。

Q　プチ家出はよくする？

中学生のころは何回か。今はもうしてない。

Q　今、しあわせ？

うん。しあわせだと思わないと、しあわせにはなれない。ほんとにそう思う。

Q　ギャル系ファッションはいつごろからはじめたの？

中二ぐらいからやってる。かわいかったから。

Q　肌黒いけど、日焼けサロン行ってる？

一～二週間ぐらい毎日集中的に行くこともあるよ。今は週二～三回程度だけど。とにかく、すごく気持ちいい場所なの。肌を黒くしたいというより、気持ちいいから通ってる。渋谷のブラッキーって店。もし、あとでしみやそばかすが残るようだったら、レーザー処理するつもり。

Q　厚底靴でこけたりしない？

慣れれば平気。たまにこけるけどね。これはいてるときは、一七五センチ以下の男は視野に入らない。背の低いやつは男じゃない。制服のときは、一七〇センチぐらいの男でも「あ、いいかも」って思うけど。

Q　ギャル系ファッションをしていることについて、ご家族はなにか言ってますか？

冬とか薄着してると怒ったりする。肌を黒くすることも「しみが残るわよ」とか言われる。でもその程度。

Q　服以外でほしいものは？

男それぞれ。

Q　今凝ってることは？

パラパラ。

Q　最近うれしかったこと、しあわせだなぁ～と思ったことは？

進級できたこと。

Q　最近とくに悲しかったことは？

男友達に裏切られたこと。

Q　あなたの宝物は？

友達、家族。

Q　かっこいいもの・人って？

キャリアウーマン。あと、金子賢。身体つきがいい。犬顔、濃い顔が好き。

Q　かっこわるいもの・人って？

風俗のスカウトしてるような男。女を利用して、女を商品としてしか見ないような、そんなやつ。

Q　将来は？

ずっときれいでいたい。化粧品屋さんをやってみたい。シャネルとかの。

Q　どのような生活が理想ですか？

自分の好きなことができること。二二歳ぐらいまでに結婚。幸せな家庭を築くこと。

インタビュー 03

18歳／高校三年生
（4月からはフリーター）
神奈川県在住

■家族構成
父（47歳・会社員）
母（49歳・パート）
兄（21歳・大学生）

2001年3月19日（日）

Q　おこづかいは月いくら？

今はない。

Q　プチ家出はよくする？

しない。家は大切。落ち着くところがないとね。

Q　ギャル系ファッションはいつごろからはじめたの？

高一ぐらいから。高三の夏は、とくによく遊んだ。このあいだの卒業式まではギャルしてた。髪も白かったし。でもね、卒業と同時にもうおわり。大人になんなきゃ。

Q　今の格好はなに？

パチ・ギャル～（笑）。

Q　ギャル系ファッションをしていることについて、ご家族はなにか言ってましたか？

お金かかるね、って。そんな髪にしたらはげるよ、とか。そんなに黒い肌にしてしみ残るよ、とか。

Q　服以外でほしいものは？

車！　白いマークⅡのバン。教習所に通ってる。車に夢中。

Q　今凝ってることは？

コスプレ。クラブで着替えて楽しむんだ。友達と一緒にハマってる。この前、メイドの格好をして、新しい自分を発見したというか。ほら、これ（と、プリクラ手帳を見せてくれた）。近場でよく行くクラブは、横浜のファイヤーって店かな。

Q　最近うれしかったこと、しあわせだなぁ～と思ったことって？

コスプレにハマりだしたこと。

Q　最近とくに悲しかったことは？

バイトの面接に落ちたこと。せっかく、白い髪をチャパツに染め直して、脱ギャルしたのにさぁ。

Q　あなたの宝物は？

男（彼氏）。

Q　かっこいいもの・人は？

キムタク。テレビドラマ「ビューティフルライフ」のキムタクすべて！

Q　かっこわるいもの・人は？

出川哲朗。ちょっついてるところ（しったかぶりするところ）が、きらーい。

Q　将来は？

お嫁さんかなぁ。

Q　どのような生活が理想ですか？

離婚しない、ちゃんとした家庭。恋愛と結婚は別、と考えたい。それが理想。共稼ぎで子どもがいて……。けっこう、私、ちゃんとしたお母さんになれると思う。

インタビュー 04

16歳／高校一年生
東京都豊島区在住

■家族構成
父（美容師）
母（美容師）
姉（20歳・専門学校）

2000年12月16日(土)

Q　おこづかいは月いくら？

二、三万。親からおこづかいはもらってないです。バイトしてます。いろいろやってんです。お菓子屋さんとか、あと、エキストラとか。頼まれたお仕事をときどき。

Q　ファッション代は月いくら？

二、三万ぐらい。

Q　携帯電話料金は月いくら？

前はピッチ使っていて、そんときは、一万円ぐらい。昨日、CDMA1の新しい機種に買い替えました。

Q　プチ家出はよくする？

あんまりしない。

Q　ギャル系ファッションはいつごろからはじめたの？

中学入ってから。かわいいから。

Q　肌黒いけど、日焼けサロンへ行ってる？

行ってない。夏に海（大洗海岸）に行って焼けたのが残ってるのかも。

Q　ギャル系ファッションをしていることについて、ご家族はなにか言ってますか？

なにも言わない。

Q　服以外で欲しいものは？

音楽CD。

Q　最近凝ってること、気になることって？

ない。

Q　最近うれしかったこと、しあわせだな～と思ったことは？

雑誌「ハピー」に載れたこと。

Q　あなたの宝物ってなに？

犬。クッキーという名前。雑種です。

Q　かっこいいもの・人って？

B系（注・B―BOYファッション。黒人の定番スタイル、ダボッとした着こなしが特徴）。

Q　かっこわるいもの・人って？

なんかマニアっぽい人。

Q　将来は？

美容師になりたい。家を継ぐってわけではなくて。

Q　理想の生活ってどんな感じ？

ふつうに。好きな仕事やって……。お父さんやお母さんのような感じ。

インタビュー 05

16歳／プー
東京都北区在住

■家族構成
父
母
姉（24歳・結婚後別居）

2000年12月16日(土)

Q　おこづかいは月いくら?
親から一万。バイトはしてません。

Q　ファッション代は月いくら?
一～三万ぐらい。

Q　携帯電話料金は月いくら?
二万ぐらい。ドコモのiモード。

Q　プチ家出はよくする?
前はしてた。友達のうちに泊まったり。

Q　ギャル系ファッションはいつごろからはじめたの?
中学入ってから。かわいいから。

Q　その前はどんな格好していたの?
Tシャツにハーフパンツとか。子供っぽい格好。

Q　肌黒いけど、日焼けサロンに行ってる?
行ってない。地黒で。あと、海。海は湘南（笑）。

Q　ギャル系ファッションをしていることについて、ご家族はなにか言ってますか?
「あらっ……いいんじゃない」って。

Q　お友達は?
みな同じような格好なので、なにも言わない。ふつう。

Q　服以外で欲しいものは?
んー……彼氏。ンフフ。今いないから。

Q　最近凝ってること、気になることって?
パラパラ。六本木とかのクラブに行って踊る。

Q　あなたの宝物は?
友達。とりあえず親友は六人。いつも遊んでいるメンバーって感じ。女の子ばっかし。

Q　かっこいいもの・人って?
けんか強い人。

Q　かっこわるいもの・人って?
ださい人。

Q　将来は?
ずっとこのままで。

Q　結婚はしないの?
相手がいれば。

Q　子供は?
三人ほど欲しいですね。

Q　じゃあ、お母さんになるのかな。
そうですね。

インタビュー 06

16歳／高校一年生
神奈川県在住

■家族構成
なし（母の死亡後に父が離婚、祖父か祖母が交互に家を訪問）

2000年12月17日(日)

Q　おこづかいは月いくら?
もらってない。バイトしてる。横浜駅のニンニク料理屋で。月五万ぐらい。時給は八五〇円。

Q　ファッション代は月いくら?

月によって違うけど、先月は……三万ぐらい。

Q　携帯電話料金は月いくら？

一万五〇〇〇〜二万円。ドコモ。待ち受け画面はあゆ（浜崎あゆみ）。

Q　プチ家出はよくする？

ない。

Q　ギャル系ファッションはいつごろからはじめたの？

えーっわかんない。やったりやらなかったりするから。

Q　ギャル系じゃないときはどんな感じなの？

おねえ系とか。一瞬、個性派にもなった。あまり化粧もしないで。

Q　ギャル系ファッションのどこが好き？

原色のところ、かわいいところ。

Q　肌黒いけれど、日焼けしてる？

今はしてない。前はよく行っていた。夏休み前の六月ぐらいには、週三ぐらいで日焼けサロンに通っていた。

Q　肌黒くしようと思ったのはなぜ？

ギャルになりたかったから。

Q　どうして肌焼くのやめたの？

秋だから落ち着こうかなと。それから、あゆが好きだから（笑）。あゆが肌白いので、そろそろ黒い肌やめようかなぁ〜って。

Q　あゆを好きになったのっていつごろ？

CDシングル「YOU」を聴いてファンになった。中三の頃。あゆはずっと好きだった。最初、ギャルになりたくて肌黒くして、でも、やっぱり、あゆが好きだから、あゆが肌白いので、肌焼くのやめたの。でも、あたしはまたもどるよ。楽しいもん。（ガングロやまんばみたいな）きったない化粧していたほうが楽しい。なんでもできるって気持になる。

Q　最近凝ってること、気になることって？

ない。

Q　最近うれしかったこと、しあわせだな〜と思ったことって？

ない。

Q　あなたの今の宝物ってなに？

友達。

Q　かっこいいもの・人って？

ロレックスの時計。ブラッド・ピット。

Q　かっこわるいもの・人って？

山崎邦正とか（笑）。

Q　卒業後は？

考えてない。

Q　どんな生活が理想ですか？

わかんないけど、仕事が忙しい生活がいい。

インタビュー 07

15歳／中学三年生
東京都豊島区在住

■家族構成
父（42歳・会社経営）
母（41歳・専業主婦）
兄（会社員）

2000年12月17日（日）

Q　おこづかいは月いくら？

決まってない。一週間に二〇〇〇円は必ずもらえるけど、いつもそれ以上もらっているから。たぶん、一週間一万円ぐらい。バイトはしてない。「エゴシステム」の撮影でちょっとお金もらえるぐらい。一回の撮影で三〇〇〇円ぐらいもらえるよ。

Q　ファッション代は月いくら?

そんな買わないけどねぇ。親の服を横取りしたりしてる。実は今日のマフラーも親のもの。共用というより、ぱくってる。んふふふふふ(笑)。

Q　携帯電話料金は月いくら?

わからないけど、親もち。Jフォンを中一から使ってる。でも、今、止まってるよ。親に止められてる。木曜から四日間家帰ってないの。

Q　どこ行ってたの?

彼氏のところ。

Q　プチ家出はよくする?

してる。かなり。へへ(笑)。前は携帯(電話)止められたら、速攻で家出すること多かったけど、最近は家帰るのだるいっていうか。彼氏んちが遠いから、家帰るのがだるい。

Q　彼氏とは一緒に住んでるみたいだね?

うん。同棲してる感じ。

Q　今日の格好はギャル系だよね?

あたしはあまりギャル系ねらってないつもり。おねえさま系。でも、前はギャル系だった。

Q　ギャル系ファッションはいつごろからはじめたの?

中一ぐらいから、自然に。

Q　日焼けサロンには行ってた?

うん。去年(一九九九年)、中二のころは行ってた。やまんばほどじゃないけど小麦色ぐらいだった。髪も白っぽかった。でも、もう行ってない。今年の二月からは美白。

Q　なぜ肌を焼こうと思ったの?

友達とか親に白すぎっ、健康的じゃないっ、ていわれて。

Q　どうしてガングロやめたの?

みんなに「きもいんだけどぉ~」っていわれて(笑)……それでやめた。

Q　ギャル系ファッションをすることに関して、ご家族はなにか言ってましたか?

「寒くなんなよ」みたいな。

Q　服以外で欲しいものは?

プーさんのでっかい人形。あたしぐらいの大きさのやつ。

Q　今凝ってること、気になることって?

つけ爪。

Q　最近うれしかったこと、しあわせだな~って思ったことは?

ねぇーなー……しあわせねぇ……自分が落ち込んでくるとねぇ、友達がちょー励ましてくれる。それがしあわせ。携帯やメールとかでも。すっごくいいこといってくれる。ああ、思われてるなぁって思う。

Q　あなたの宝物は?

友達。いっぱいいるっていうより、ひとりと深くつきあうほうが好き。すっごく仲いいのは三~四人ぐらい。

Q　かっこいいもの・人って?

ブランドで着飾ってなくて、安い服でもかっこよく着れる人。渋谷の人はあまり好きじゃない。

Q　かっこわるいもの・人って?

いまどき目の上がまっくろけの人。

Q　中学卒業後はどうするの？

定時制の高校行きながら、バイトする。

Q　その先の将来は？

結婚。

Q　子供は？

欲しい。

Q　結婚はいつごろ？

ほんとはね、一六になったら、速攻で結婚しようと思ってたんだけど、あと、一年ぐらい待とうかなっていうイキオイ。

Q　どのような生活が理想ですか？

らくな生活。夫ぜんぶやれーみたいな（笑）。

インタビュー 08

15歳／中学三年生
千葉県在住

■家族構成
父（44歳・警察官）
母（43歳・専業主婦）
姉（高校三年生）

2000年12月17日（日）

Q　おこづかいは月いくら？

決まってもらってるわけじゃなくて、必要なときにもらうんだけど。携帯も親持ちだから、それも入れると二〜三万はもらってるかも。

Q　携帯電話料金は月いくら？

一万五〇〇〇円以内。ドコモのｉモード。中一から使ってる。最初はちょーねだったけど（超おねだりだったけど）。もう今は、おまえどこ行ってるかわかんねえから持ってろ、みたいな感じ。

Q　プチ家出はよくする？

あまりしない。たまーにはする。

Q　ギャル系ファッションはいつごろからはじめたの？

中一ぐらい。自然に。

Q　肌黒いけど、日焼けサロンへ行ってる？

行ってないの。ちょっと地黒で、ファンデもそんなに黒くないし、そんな厚塗りしてるわけじゃないし。でも、チーク入れてるからかな。けっこう黒く見えるのは……。

Q　ギャル系ファッションをしていることについて、ご家族はなにか言ってますか？

なんも言わない。

Q　服以外で欲しいものは？

ヴィトンのバッグ。斜めがけの縦長のポシェットみたいなやつ。ヴィトンの全部がいい、好き。高いけど……欲しい。だから買えず。

Q　今凝ってること、気になることって？

メイク研究。どの色が自分にあうか、とか。

Q　最近うれしかったこと、しあわせだな〜って思ったことは？

えー、なんだろう……。

Q　あなたの宝物って？

友達。すっごく仲いい子はあたしも四人ぐらいかな。

Q　かっこいいもの、人って？

キムタク。顔好き。

Q　かっこわるいもの、人って？

店のマネキンみたいなファッションの人。あまり、自分で自分のファッション考えない人。みんなが着てるからこれ着ちゃえーっとかいうの、やだ。かぶるから、人と。

Q　中学卒業後はどうするの？

ふつうに高校行って、やりたいことが決まったら（東京へ）出てくる。

Q　将来は？

遊び疲れるまで遊び……、あたし飽きっぽいから、そしたら結婚して子供生んで、老後を過ごす。結婚するのは二一、二二だね。

Q　どのような生活が理想ですか？

あたしのわがままぜんぶきいてくれる人じゃないと、いやだ。

インタビュー 09

17歳／高校二年生
新潟県在住

■家族構成
父（43歳・車修理業）
母（42歳・専業主婦）
犬（ゴールデンリトリバー）

2000年12月17日（日）

Q　おこづかいは月いくら？

一万円。バイトはしてない。めんどくさいし。

Q　ファッション代は月いくら？

決まってなくて、使うときは四万円くらい一気に使っちゃう。

Q　携帯電話料金は月いくら？

一万ちょっとぐらい。去年（一九九九年）からドコモのｉモードを持っていたけど、最近、学校で落としたぁ～。だから、今、持ってないの。

Q　プチ家出はよくする？

しない。いくところがない。金もないし。

Q　今日の格好ってギャル系だよね？

えー、あたしギャルじゃないよー。落ち着いてますよー。

Q　じゃあ、なに系？

エゴイスト（注・カリスマ店員ブームを仕掛けたファッションブランド）で、かっこいいめをねらったもの。

Q　エゴイストのどこが好きなの？

古着っぽいところ。

Q　肌黒いけれど、日焼けサロンへ行ってる？

最近はあまり行ってなくて、今月は一回だけ。けっこう地黒。

Q　なぜガングロにするの？

健康的っぽいから。細く見えるっぽいから。

Q　ギャル系ファッションをしていることについて、ご家族はなにか言ってますか？

今日のような格好の時は別になにも言われないけど、ミニスカートをはくと「寒いんだから、あったかい格好しなさい」って。

Q　服以外で欲しいものは？

アクセ（アクセサリー）。とにかく

ブランド系が欲しい。ヴィトンとか、エルメスとか、グッチとか。買えるものなら、買いたい〜。

Q　そういったブランド系のどこが好きなの？

　飽きない。

Q　今凝ってることは？

　犬とたわむれること。

Q　最近うれしかったこと、しあわせだなぁ〜って思ったことって？

　友達といる時間。

Q　あなたの宝物って？

　親と犬かな。

Q　かっこいいもの・人って？

　結婚しちゃったキムタク。結婚したらちょっとランク落ちた。

Q　かっこわるいもの・人って？

　黒いロンゲ（ロングヘア）。はやってないし、今違うって感じ。

Q　高校卒業後は？

　東京へ出てくる。専門学校行くつもり。犬か、デザイン系の学校へ行きたい。でも、お金に困りそう……。

Q　どのような生活が理想ですか？

　わからない。

インタビュー 10

16歳／高校一年生
（芸能コース）
東京都葛飾区在住、
山梨県出身

■家族構成
父（50歳・
ボーリング場経営）
母（45歳）
兄（22歳・社会人）

2000年12月22日(金)

Qおこづかいは月いくら？

　決まってない。お金がなくなったらもらっている。バイトはしてない。

Q　ファッション代は月いくら？

　一〇万ぐらいはいろいろ買ってもらっている。

Q　携帯電話料金は月いくら？

　えっと、四万とか五万とかいっちゃう、はい。携帯電話は、小学校のときから使ってます。

Q　プチ家出はよくする？

　え？　ない。ぜんぜん。

Q　ギャル系ファッションはいつごろからはじめたの？

　中三のときからやってる。かわいいから。

Q　ギャル系の前はどんなファッションしていたの？

　キューティ系。原宿系っていうのかな。

Q　肌黒いけど、日焼けサロンへ行ってる？

　夏までは行ってた。けっこう黒かったけど、今はだいぶ落ちてきた。

Q　どうして肌黒くしたいの？

　やっぱ、元気よく見えるから。

Q　これからも日焼けするつもり？

　もうしない。彼氏がだめだって言うから(笑)。「黒いのはかわいくない」って言ってた。

Q　ギャル系ファッションをしていることについて、ご家族はなにか言ってますか？

　なにも言わない。「がんばって」って言う。

Q　お友達もギャル系が多いの？

　そうだね。ギャル系だね。

Q　服以外で欲しいものは？
かばん。ヴィトンのリュックが欲しい。
Q　今凝ってることは？
ない。
Q　最近うれしかったこと、しあわせだなぁ〜と思ったことって？
彼氏と出かけたりしたとき。もう、一年半ぐらい付き合っている。
Q　あなたの宝物って？
彼氏からもらったいろいろなもの。服とか、ブーツとか、今はいてるブーツもそう。大切に使ってる。
Q　かっこいいもの・人って？
B系。
Q　かっこわるいもの・人って？
アキバ系は、ほんとやだ。ジャージとかね、ピチピチのジーパンとか、ジージャンとか。
Q　卒業後は？
今はモデルを目指しているから、モデル。
Q　将来はどんな生活が理想ですか？
やっぱ、あたたかい家庭。仲のいい……。
Q　子供は何人ぐらい欲しい？
三人ぐらい。

インタビュー 11

17歳／高校三年生
神奈川県在住

■家族構成
父（会社員）
母（パート）
妹（中三・超ヤンキーな化粧上手）

2000年12月22日（金）

Q　おこづかいは月いくら？
親からはもらっていない。クリーニング店の受付バイトで月六万ぐらい。時給七〇〇円だから、すごい泣きそうなの。しょぼいの。
Q　ファッション代は月いくら？
二万円ぐらい。
Q　携帯電話料金は月いくら？
一万二〇〇〇円ぐらい。中一から使ってる。
Q　プチ家出はよくする？
昔、中学生のころは家帰らなかった。二カ月ぐらい。友達の家で、彼氏と友達カップルの四人で共同同棲生活みたいな……すっごく楽しかった。
Q　ギャル系ファッションはいつごろからはじめたの？
完全にはじめたのは高二から。「ポップティーン」とか「egg」を見て、真似したいと思った。
Q　その前はどんな格好でしたか？
彼氏がギャル系きらいだったから、きれいめ系。
Q　日焼けサロン行ってますか？
もう行ってない。夏ぐらいまでは行ってたけど。二週間に一回ぐらい。
Q　肌を黒くしはじめたのはどうして？
ギャルになりたかったから。
Q　なぜ肌黒くしなくなったの？
彼氏とよりもどったので。彼氏が黒いのきらいだから。
Q　ギャル系ファッションをしていることについて、ご家族はなにか言ってますか？

「いいじゃない！　流行だし！」って。

Q　友達は？

「ちょーLOVE、ギャルサイコー」

Q　服以外で欲しいものは？

ヴィトンの財布。

Q　今凝ってること気になることって？

パラパラ。

Q　最近うれしかったことは？

友達と雑誌（「ハピー」）に載れること。

Q　あなたの宝物は？

彼氏だったけど、別れちゃったからなくなっちゃった。うーん、一応「命」にしておこう。

Q　かっこいいもの・人は？

タッキー（滝沢秀明）！　V6の岡田くん。

Q　かっこわるいもの・人は？

岡村（ナインティナイン）。

Q　好きなものは？

肉。

Q　きらいなものは？

ピーマン。

Q　高校卒業後は？

プーだから、とりあえずヒットショップとかで働きたい。

インタビュー 12

16歳／高校一年生
神奈川県在住

■家族構成
父（会社員）
母（専業主婦）

2000年12月16日（土）

Q　おこづかいは月いくら？

親から一万。あと、バイトしてます。ピザ屋の店員で、時給は平日七五〇円、休日は八五〇円。多い月は六万ぐらいになりますが、全部は使わなーい。

Q　ファッション代は月いくら？

多くて三万ぐらい。一気に買った場合。

Q　携帯電話料金は月いくら？

一万ちょっと。ドコモ。今年の三月から使ってます。

Q　プチ家出はよくする？

いや、ないです。

Q　私服のときはどんな格好をしてるの？

ふつうの……。ギャル系かも。厚底ブーツとかはいて……。

Q　ギャル系ファッションはいつごろからはじめたの？

中三ぐらいから。まわりの影響かな……。厚底ブーツとか最初はガクッてこけたりしたけど、ケガはしてない。

Q　肌黒いけど、日焼けしてる？

最近はしてない。秋までは日焼けサロンに通っていた。地肌はもう少し白いです。

Q　その前はどんな格好していたの？

ふつうの。

Q　ギャル系ファッションをしていることについて、ご家族はなにか言ってますか？

もうなにも言わないけど、前は「靴とか危ない」って言われたりした。

Q　お友達は？

みんなそうだから、別になにも……。

Q　服以外で欲しいものは？

かばんとか。ヴィトンのリュック。財布しか持ってないので。

Q　最近凝ってること、気になることって？

えー、なんだろう……あんまない。

Q　最近うれしかったこと、しあわせだな～と思ったことは？

いっぱいあるけど。もう、毎日がしあわせ。今日は……赤点じゃなかったこと。二〇点が赤点で二一点だったの。

Q　あなたの宝物ってなに？

友達。あはは。

Q　かっこいい人って？

浜崎あゆみはかわいい。

Q　好きなものは？

わかんない。

Q　きらいなものは？

わかんない。

Q　将来は？

大学、たぶん。できれば、英語関係。その先はまだ、悩み中。

インタビュー 13

16歳／高校一年生
東京都品川区在住

■家族構成
父（46歳・会社員）
母（44歳・パート）

2000年12月16日(土)

Q　おこづかいは月いくら？

五〇〇〇円かな。あとは、バイトしてる。ピザ屋の店員で、時給は平日八五〇円、休日九五〇円。今月は少なくて五万ぐらいだったけど、いつもは月七～八万円ぐらいになる。

Q　ファッション代は月いくら？

四万ぐらい使っちゃうかな。うん。マルキュー（109）で買うことが多い。

Q　携帯電話料金は月いくら？

二万ぐらい。ドコモのｉモード。

Q　プチ家出はよくする？

家出はない。ちゃんと帰ってる。

Q　私服のときはどんな格好をしてるの？

前はギャル系で、一五～六センチの厚底靴はいてたけど、今、変化中で、なんか中途半端な感じ。

Q　ギャル系ファッションをどう思う？

かわいいと思いますよ。前は自分でもやってたけど、今は、がんばって脱皮しようとしてるんです、やっぱ。

Q　去年は〝やまんば〟とか話題になったけど、そういう感じだったの？

いや、そこまでいかない。学校がきびしいから、なにやっても中途半端だったかな。

Q　ギャル系ファッションをやめる理由は？

みんな一緒っていうのもあるし……。ギャル服でおしゃれをきわめればいいんだけど、そこまでセンスがないんでぇ。なかなかむずかしいですね。

Q　ギャル系ファッションをしていた頃、ご家族はなにか言ってましたか？

最初は反対してたね、やっぱり。私立の学校だし、親の意に背いてるらしく……うん。親から見れば。でも、ギャル系を通しちゃった。最近は別になにも言ってこない。

Q　肌黒いけれど、日焼けしてる？

　こないだ日焼けサロンに行ったたばっか。最近はあまり焼いてないけど、去年は週に一～二回は焼いてた。日焼けサロンは三〇分二五〇〇円とか、高かった。

Q　肌が傷むのとか、気にならない？

　いやー、まだ若いから。あはは（笑）。若いうちは、そういうの気にしちゃだめ。

Q　服以外で欲しいものは？

　原付（バイク）。ゼックスが欲しいんだけどぉ、ちょっとそれは女だからやめて、デュオとか、ふつうに。

Q　最近凝ってること気になることって？

　ダンスはじめて、ダンスがんばってます。ヒップホップのダンス。蒲田の路上ダンスチームでやってます。

Q　最近うれしかったこと、しあわせだな～と思ったことって？

　なんだろう……うーん……毎日がうれしい。新しい人との出会いとかうれしいですね。そういうことは。

Q　あなたの今の宝物ってなに？

　やっぱ、友達じゃん。

Q　かっこいいもの・人って？

　自分のスタイル持ってる人。

Q　かっこわるいもの・人って？

　なんだろう……いや、みんなかっこいい。

Q　好きなものは？

　人とかぶらないものが好きですね。人があんまりしてないようなこと。

Q　きらいなものは？

　えーなんだろうねぇ、矛盾してる人とか、やですね。自分がやってる場合は正しいって言ってるのに、人がやってる場合は、批判したりとか。

Q　卒業後は？

　就職か専門学校。就職といっても、ふつうにフリーターとか（笑）。ダンスも趣味でやりたいし。

Q　どんな生活が理想ですか？

　なんだろうね……将来……いいかげんかな。

対談

ストリートと身体の溶解

成実弘至×三浦 展

ストリートファッションの興亡

三浦　成実さんはストリートファッションの本を執筆されてますが、「ストリートファッションってなに？」と問われたらどう答えますか？

成実　普通に考えたら、ストリートで若者が作り出す流行ですよね。日本ではストリートファッションが重要なものとして注目されたのは一九八〇年代でした。でも歴史をさかのぼれば、二〇年代にもモガやモボがいましたし、六〇年代には戦後世代の若者たちがファッションを発信していたわけです。ただ、八〇年代以前まで流行というのはパリとかニューヨークとか東京のファッション産業が作って一般に流れていく、「トリクルダウン」的な図式のなかで了解されていました。だから六〇年代の六本木族やみゆき族、七〇年代の暴走族とかは、今から見るとストリートファッションではあったけど、当時は文化を作っているとは見られていなかったと思います。そういう意味で八〇年代というのはストリートから独自の価値観が生まれて来ているという状況が、重要な意味やリアリティを持ち始めたということだと思うんですね。

具体的にストリートファッションが文化現象として注目されたのはロンドンでした。もともとモッズやロッカーズなど若者文化の歴史があるところですが、七〇年代イギリスは経済が低迷してすごい不況になる。そうするとイギリスは階級社会ですから下層の若者たちはホントにお金がなくて、古着とかなんとかまわりにあるもので個性を表現しようとした。パンクが出てきたのもそんな土壌からでしたが、それ以降、ストリートの若者たちがメディアによく取りあげられるようになるんです。雑誌にしても「ｉＤ」「ＴＨＥ　ＦＡＣＥ」といったストリート系の雑誌が登場して、街の若者やパーティに来た女性のスナップなんかをどんどん掲載する。その動きを音楽と一緒に日本に紹介したのが雑誌「宝島」です。だからある意味、八〇年代のストリートファッションというのは、ビギとかニコルとかのＤＣブランドが一方にあって、それと同時に音楽経由でロンドンの動きに影響される形で、ちょっと変わった格好をしたい青年たち（当時ニューウエーブとか呼ばれていましたが）によって始められたと考えています。そしてそれより少し後に、ニューヨークのヒップホップ、ブロンクスとかでブレイクダンスを踊ったり落書きしたりする黒人のスポーツウェアを中心にしたファッションが出て来たり、九〇年代にはシアトルのグランジ・ロックなどの音楽シーンとともに古着のネルシャツを重ね着するようなスタイルも流行する。こうした影響を受けながら、日本でもストリートからファッションが生まれるという考え方が確立します。

三浦　ストリートファッションはずっとあったけど、八〇年代に相対的に増加して来たということですよね。ストリートファッションの人もモードやブランドを着るわけでしょ。組み換えみたいな意味で。みゆき族が組み換えていたかどうかは分からないけど。

成実　みゆき族も彼らなりに組み換えていたんですけど、当時はまだヒエラルキーがあって、ＶＡＮとかＪＵＮがおしゃれで、少しでもそこに近づきたいという心情が強かったと思います。八〇年代はコム・デ・ギャルソンとか三宅一生とかいいデザイナーがいる一方で、でもそうしたなかでヒエラルキーを逆転させ、自分たちが文化やスタイルを作るんだという転換が起きていたと思うんです。

三浦　ロンドンでいえばヴィヴィアン・ウエストウッドとか？　日本でそういう存在はいるの？

成実　ＤＣブランドの多くはマンションメーカー（注：マンションの一室をオフィスにして、企画から製造まで行う小さな工房）出身ですからストリートに近いところから出発していましたが……。しかし日本でヴィヴィアン・ウエストウッドみたいな存在はいないんじゃないでしょうか。そういえば八〇年代、パンクやヴィヴィアンを意識していた原宿ＭＩＬＫというブランドがありましたね。だけど、日本の場合は特定のブランドがストリートをリードしたというより、イギリスのポストパンク・カルチャーがいろんな形で影響を及ぼしていた印象です。

三浦　ロンドンやアメリカの影響を受けつつ、八〇年代はストリートファッションが一気に活性化したといえるわけですね。逆にそうしたストリートファッションの終焉はどうして起こったのですか？

成実　ファッションで個性を表現しようとする若者たちが相対的に減ってきました。それは八九年の渋カジが出てきたあたりが転換期ですね。個性的なものに飽きたというのもあるでしょう。八〇年代には街でなにかが起こっているというムードがありました。渋谷なんかもストリートが面白いという雰囲気があったと思いますけど、渋カジ以降はそんな空気が変わります。そうした大きな時代の気分の変化みたいなものがファッションにも反映されていったんじゃないでしょうか。

三浦　八九年以後というのはファッション史的にはどういう時代になりますか？

成実　八〇年代のファッションといえばアバンギャルドな、三宅一生、コム・デ・ギャルソン、山本耀司、パリではゴルチエなんかが注目されましたが、九〇年代はもっとコンサバティブなファッションに落ち着いていきます。自己表現より日常性、作り手の側もマーケティングを重視する方向に変わっていきました。典型的なのがビームス、シップス、ユナイテッド・アローズといったセレクトショップ系ＳＰＡ（自社ブランド直営店。Specialty store retailer of Private label Apparel の略）の台頭です。彼らはかつては小さなセレクトショップとして出発するんですが、九〇年代にマーケット志向の商品を展開して売上げを伸ばし、全国に店舗を広げていきました。

グローバルにみても九〇年代はマーケティング至上主義の時代といえます。アメリカのラルフ・ローレン、カルヴァン・クライン、ダナ・キャランは表現として服を作るというより、マーケットにあわせたデザインとかビジネスをしてきました。そういう方法論をパリのハイファッションであるルイ・ヴィトン、イタリアのグッチ、プラダなんかが取り込んで一気に日本に展開していく。一般向けのギャップ、ベネトン、ユニクロなども基本は同じです。古き良き表現の時代みたいなものが八〇年代にあったとしたら、それが市場優先のマーケティングの時代になっていくというのがファッション産業界の流れですね。

三浦　マーケティングの人たちもストリートファッションのエッセンスを取り入れてるわけでしょ?

成実　そうですね。一般的には、ストリートといいながら、カジュアルをうまく組み合わせてあくの強くないファッションが流行するのですが、これが典型的なセレクトショップのやり方です。その一方で、ガングロとかヤマンバとか、よくわからないけど自分たちなりにアレンジした強烈なファッションというのが出るんですけどね。でもそうした人たちは東京のごく限られたエリアにしか存在しませんでした。

セレクト系ブランドはモードの要素を取り入れながら、コンサバティブに落とし込んでいくのがうまいので、エッジを削ってマスに向けて商品化するというビジネスに長けていたのです。

三浦　消費者が日常性を求めたのか、セレクトショップの姿勢がファッションを日常化したのか、どちらでしょう?

成実　両方あると思いますね。八〇年代終わりから九〇年代に渋谷にいましたけど、街の質が転換していくのを感じましたね。祝祭的な空気じゃなくなって、もっと生々しい現実志向みたいなものが前面に出てくる。もうDCみたいなデザインしすぎなものはいらなくて、紺ブレ着てジーンズはいて、ラルフローレンのボタンダウンシャツ着るのがいいんだみたいな。そうした消費者の意識をうまく育てていったのがセレクトショップだった。

三浦　ファッションが自己表現的でなくなってくると、自己表現をしたいという人の欲求はどこに向かうのでしょう?

成実　服じゃなくてインテリアとかほかの分野に表現の重心が移っているという話はあります。ファッションでは、ひとつは裏原系みたいなオタク的こだわりの方向。スニーカーの何年ものとか、なんとかのコラボレーションといった微細な差異、部外者にはわからないような違いにこだわる方向。そうでなければ、お金のある人はヴィトンとかプラダといったブランドへ向かっていく。

私は美術系大学でファッションを教えてますが、全体に個性化への関心が下がっているし、表現に対する意識が変化していることに最初驚きました。オリジナリティへの欲求がなくて、普通のものを作りたいとか言うんですよ。美大のデザインの学生だから、三宅一生になりたいとか言うかと思ったらそうしたことにほとんど興味ないんですね。学生がよく作りたがるのは「飽きのこないいいもの」「長く使えるもの」ですね。どこの学生もだいたいそういうことを言う。

三浦　「飽きのこない」にもニュアンスがあるかもしれませんね。ある意味「飽きのこない」って一番難しい究極のデザインということもいえるかもしれない。

成実　そこまで深く考えているかは別として、今まで誰も見たことのない凄いものを作りたいという人はほとんどいないです。

三浦　このまえ新宿のオゾンで東北の民具の新作の展示会をやってましたが、とてもよかったですよ。南部鉄瓶でも昔のものとは違う。

成実　そうですか……。これまでのようにイタリアとかアメリカのデザインがとても素晴らしくて憧れるという意識は薄くなってますよね。

三浦　ヨーロッパのデザインっていうのは日本人じゃできないですよね。思い描いている世界が違うから。服にしても体つきが違うから。ドルチェ＆ガッバーナのデザインなんて絶対日本人じゃ無理でしょ。

成実　日本が本格的に洋装化したのは戦後で、圧倒的に歴史が短いですからね。でも今の若い人を見ていると、身体の中に洋服のエッセンスが入っていると感じることがありますよ。無理をしないバランスでいいデザインが出てくる可能性ってありますね。もちろんヨーロッパみたいな長い伝統の中でものを作るという発想はないですけど、戦後の一時期にアメリカの影響を受けたつぎはぎみたいのとは違うデザインが出てくるでしょう。

逆に言えば、ヨーロッパの人は日本のアニメやコギャルを見てすごく喜んだりするわけですよね。雑誌なら「ＦＲＵｉＴＳ」を見て、欧米の人は目をむくわけですから。こういう風土から新しい何かが出てくるかもしれない。日本なりの成熟というのがあるとしたらそういう形なんじゃないでしょうか。

三浦　パリの本屋には必ず「ＦＲＵｉＴＳ」が置いてあるもんね。かまやつ女も、ファッションはなかなかすごいんじゃないかと思うんだけど。

成実　かまやつ的なファッションは世界的にも面白いと思いますよ。ああした現象はどの国にもないですからね。イギリスは伝統をからかうようなところがあるからパンクみたいなものが出てくるけど、ヨーロッパの他の国はすごく伝統に束縛されている。イタリアの女性なんて、それこそドルチェ＆ガッ

日本の雑誌「FRUiTS」はPHAIDON社が書籍化し、世界流通した。

バーナ的なものしかない。かまやつはありえない。彼らの基準では、胸がおおきくて、ウエストがしまって、足が長くて、セクシーなモニカ・ベルッチが一番いいわけで、美の基準がそれこそ古代ギリシャ・ローマの時代から変わっていない。

三浦 かまやつが評価されるとしたらどこの国でしょう?

成実 ロンドンかなあ。あるいは、逆にイタリア人に評価されたりして。

ベネトンの一連の広告キャンペーンをやったオリビエーロ・トスカーニというアート・ディレクターがいますが、彼は日本に来た時、原宿のストリートの子どもたちを写真で撮りまくってました。ヨーロッパにはないようなスタイルでしたから。まあ反転した見方ですよね。彼がその時言っていたのは「ユートピア的世界がここにある」と。本当はディストピアに近いものなんだけど、彼らは不思議の国の天使なんだと言うわけです。

ヨーロッパでは考えもしないような価値観が、かまやつとか「FRUiTS」にはあるのかもしれない。一回ぐらい反転した評価ですけども。

オリビエーロ・トスカーニによるキャンペーン作品「KOKESHI DOLLS」(1999年)。

三浦 ここまでくると、次が見えませんね。

成実 そうですね。まあ、九〇年代からそういう状況は続いてます。先日、あるデザイナーの人と話していたら、9・11以後、ファッション業界の中でもアバンギャルドなものに対して後退感があると言っていました。ラブ&ピースとか保守的な方向に向かってるそうです。日本だけじゃなく、世界的に冒険的なものは減って、やすらぎとか癒しのようなものが求められている。

三浦　新しいエレガンスを求めて、文化を探すなんてこともしないわけだ。

成実　消費文化ということでいえば、八〇年代の日本はすごいことになっていましたよね。それこそボードリヤールとかが日本に来てびっくり、というような状況だった。僕自身九〇年代後半にイギリスで生活してみて思ったのは、あの時代の日本人の消費にかけるエネルギーというのはすごかったな、と。

三浦　まあ、九〇年代以降の東京もすごいですけどね。エネルギーをかけなくても手に入るようになっちゃったのかもね。

成実　パリと東京の九〇年代を比較したら、バブル崩壊といいながら圧倒的に日本のほうが消費してますよ。

三浦　崩壊後のほうがすごいもん。九〇年に渋谷で紺ブレ着てた人はルイ・ヴィトンの財布持ってなかったからね。ところが五年後の盛岡のコギャルは持っていたわけだ。値段が安くなったという影響ももちろんあるだろうけど。

量の蓄積の上に成り立つカルチャーへの不信

三浦　相変らず雑貨屋さんになりたい学生さんが多いの？

成実　そうですね。ちょっと前ほどではないですけど。僕が教えてる大学には美術コースがありますけど、美術専攻の学生は作品をヴェネチア・ビエンナーレに出したいとかニューヨークのギャラリーに並べたいかというと、あまりそうしたくないそうです。村上隆のような成り上がり方は学生にとって魅力がない。むしろ自分の好きなカフェに作品を並べて自分の友達に買ってもらいたいそうです。びっくりする話ですけどね。

三浦　マーケティング化された日常に対する一種の疲れですかね。自分の作品が商品となると作品性から遠ざかっていくわけだよね。村上隆はある意味ウォーホールみたいに意図的にそういうことをやってるわけで……。ださくみえてしまうという気持ちもわかる。音楽でいえば小室哲哉はウォーホールだと思うんだよね。単調な繰り返しが気持ちいい。「所詮複製品でしょ」ってところで同じフレーズを繰り返すのはウォーホールが缶詰ならべたのに近いでしょう。そういうものに違和感を覚えるというのは職人としてみれば正しい。本当に職人らしい技術があるかどうかは別ですが。

成実　モダンなものに違和感があるのかもしれない。美術にしてもデザインにしても、量の蓄積の上に成立してるカルチャーに対する不信感があるのかな。とはいってもそれを超えるものを出してるわけではないけど。

三浦　才能がなければ大量生産品を作るしかないでしょう。

成実　ただこれからは大量生産の拠点って中国でしょ。だから日本の若い人はその方向へは行けない。かないっこない。

三浦　さっきも話したけど、盛岡南部鉄器は鍛冶屋が作ってるんだよね。そこに若い人が来るんだって。職人になりたいって。

成実　京都でもそういうこと考えてる若いデザイナーがいます。中国製品に押されて、伝統の技術ってどんどんなくなっているから、日本の職人技術をうまく現代化していこうという若い人がいる。東京にも店を出してる人なんだけど、すごく大きく商売したいというわけではなくて、自分の流れの中でやっていきたいとか言っていて、近代的な発想ではないわけです。

三浦　南部鉄器も中国製の偽物があるらしくて、しかも日本の商社がそれを作らせてる。若い世代はそうした中で、消え行く日本の技術を継承して、ささやかな地産地消みたいな文化を作っていかないといけない。そこから新しい作品が出たりするのかね。

成実　手に職つけたい願望も強いですからね。

大学の授業で、子どもの頃に何があったかと聞いたら、関西の学生なんかは小学校で阪神大震災、オウム、サカキバラ事件……。僕なんかは新人類世代だから子どものころは高度成長期だったし大学時代はバブルでしたが、今の二〇歳くらいの子は小さいころに世界が破綻して、その後もいろいろな不幸が起こるという状況のなかに生きている。考え方も浮わついてないんです。

三浦　八五年生まれとしたら、一〇歳で震災とオウムがあって一六歳で9・11か……。その後も関西は特にイヤな事件多いものね。世界の終わりを見てしまったのか。

成実　神戸に住んでる学生の話とか聞いてるとそうですよね。もし震災がなかったらもっと違う生き方をしていただろうって。友達が死ぬといった経験をしているわけですから。

三浦　普通が一番いいという価値になるのかもしれないな。平穏に暮らすことの大切さ。

でも三〇代の人になるとまた価値観違うんじゃないの？　子どもの時にバブルがあったわけで……。

成実　そのくらいの世代の人だと妙に屈折しているという印象がありますね。なんて自分たちは不幸なんだと。自分たちは割をくってると。

三浦　神戸の講演に行った時に聞いたけど、県庁の人で、新人類世代は海外研修に行っているわけ、ところが七二年生まれの人が内定決まってさあ就職というときに震災は起きてるから、震災処理でてんてこまいで、なおかつ景気もよくない。研修どころじゃないわけです。ようやく落ち着いてきたってころになると、新人のころに研修をしていた人が四〇歳になってまた管理職研修に行っていると。でも俺たちは全然ひまがないってことで、本当にアンラッキーなんだよね。めぐりあわせが悪い。

成実　そうなんですよね。でもいまの二〇歳くらいの人には、ひがみはないですよね。

昔だったら高卒で家事手伝いみたいな人が、みんな大学に行くようになって、絵が好きだから特に目標もなく美大に来てる。そうすると、この子はここで何をしてるんだろうなみたいな空白を感じさせる学生がどうしても多くなる。

三浦　一昔前のように、空白を埋めるために消費をするという、中村うさぎ的な発想もないよね。中村うさぎはついにデリヘルまでやったようだけど、どこまで自分を追いつめるんだろう。まあ、あれは余裕のなせる技ともいえるけど。

成実　彼女はメンタリティ的にも新人類が入ってますね。

三浦　五年くらい前にトラウマブームがありました。梅宮アンナとかが典型で。「私だってトラウマくらいある」ってところまでいっちゃって、トラウマ探しみたいな感じだった。関西は震災があったり、サカキバラ世代であったりということで、探さなくともトラウマを刻印されちゃってるわけだよね。そういう意味での自分探しはないわけだ。また、戦争後の焼け野原とも違う。いやなものが終わったわけではないから。

街の魅力がなくなった？

三浦　時代の質が転換したせいか、特定のストリートがメッカになりにくいんですよね。でも、柏の駅前でも松戸の駅前でも大宮の駅前でも分散して行われていて、小メッカ化してはいる。ただそれはメディアには乗りにくいし、いろんな人がどんどん集まる街にはなりにくい。街のほうもそれを望んでいない。象徴的なストリートが見えない時代だから、ストリートカルチャーやストリートファッションが、パワーを持たないわけです。定点観測してみれば、渋谷公園通りなら一日何千人通るところ、高円寺だったら二〇〇人くらいなわけです。あれほど面白いストリートでも、やっぱりパワーが出ない。

成実　ストリートってのはいわば公共空間のことですが、単に街だけで自立しているわけじゃなくて、メディアとか資本とか人間とかいろんなものが入ってくることで形成される。六本木族とか暴走族とかあったけど、彼らもメディアが注目した結果大きくなっていきます。コギャルだって最初は一部の女子高生なわけです。それを雑誌が取り上げて、アパレルが商品化して盛り上がっていくもので、そういうものから完全に自立した都市文化があるわけではないんです。

ストリートというのはメディアが加担することで作り出されるわけですが、そういう意味で、今はメディアの側にストリートに対する幻想がないのかもしれない。

三浦　ストリートというのは雑誌文化だよね。若者雑誌文化との関係、あと音楽とかね。昔の「宝島」にしても「平凡パンチ」にしても、街を歩こう的な雰囲気があった。それが今ではインターネットで情報が手に入るようになって、音楽もダウンロードできます、会いたい人は携帯で呼び出せますってことになって、ストリートに出る意味がなくなっちゃった。

もっとさかのぼれば「学生街ぶらぶらしてたらあいつに会っちゃった」とか、「あそこに行けば会える」とか、「なんであいつはあそこにいるんだろう?」なんて風景がなくなっちゃった。ただ通りがあってストリートなわけじゃない。人なんだよね。人が街に出なくなっちゃったということですよね。

成実　コギャルやガングロだった人には、まだストリートに出て目立ちたいってのがあったわけだけど、今はそういう欲望さえ持てなくなってきてるんですかね。

三浦　ガングロもどちらかといえば雑誌に出たかったんでしょ。そのストリートに何かを感じたわけではなかった。ガングロってのはある種、ストリートファッションの最後。でも、彼女たちはまさに携帯電話大好きで、物理的な街よりも、雑誌が来て取材をしてくれる空間を選んだわけで、ガングロ以後、時代は変わっている。ストリートが情報空間に凌駕されてしまった。

成実　ストリートが自由でそこで面白いことが起こるということは今の若い人は考えてないですよね。むしろ監視カメラとかのある不自由な空間になってしまった。

細かく見ていけば、柏の駅前でスケボーしてるとか、ヤンキーがけんかしてるみたいなものがあると思うんですよ。でもそうしたものをメディアは追っかけなくなっちゃったし、そういうところに可能性があるとは誰も思えなくなってしまった。

三浦　柏の駅の裏通りでスケボーをやってるような子が、二〇〇五年の選挙で自民党に投票したんじゃないの？　ロックをやるやつは自民党に投票するわけなかったんだけど、最近は逆になったからね。この前も高円寺で音楽好きそうな女の子が、よしりん（小林よしのり）を読んでるんだよ。よしりんはある意味ロックな人だけどさ、ロックと復古的体制って本来相容れないもののはずなんだけど。自民党がいつのまにか改革政党になって、復古的なことというほうが改革的。マリリン・マンソンのナチスじゃないけど、昔とは違うんだよな。そういったこと考えると、ストリートもやっぱ誤解なんだよな。

成実　反戦運動のサウンドデモとかもあるから、まだ面白いことが起こる可能性はありますが、それはそういうふうに使うからあるわけです。もともと渋谷なんかは流通資本が作った街ですからね。ストリートに幻想を持ちにくい。

バブルのころの都市開発ブームと同時に、路上観察がノスタルジックな眼差しで行われていたけど、いまどうなってるんでしょうか？

三浦　路上観察学会はいまや国土交通省のＰＲイベントにもなってますからね。塚本由晴のメイド・イン・トーキョー（http://www.dnp.co.jp/museum/nmp/madeintokyo/mit.html）の方が今の形かな。赤瀬川さんのやっていたような路上観察は今じゃやりにくくなったかもね。向島とかまで行かないと。まあ、若い人がやったら何か面白いものを見つけられるのかもしれないけど。

成実　路上観察はセンスだから。

三浦　そう、見立て。

成実　でも若い人はそういうことをするほど街に魅力を感じてないかもしれません。

三浦　街に出てない。何時間もパソコンの前に座ってるからね。ある住宅メーカーの依頼で一人暮らしの調査をやったら、家にいる時間がすごく長くて、一日四、五時間パソコンやってる。コンビニでコーヒー買ってきてエアコン入った部屋でパソコン見れば、もう家を出られない。僕らのころだと、エアコンなんてなかったし、缶コーヒーもそれほど普及していなかった。コーヒーは喫茶店で飲むもの、映画は映画館で見るものだった。場所性があった。それがいまや、全部パソコンですむでしょ。映画も見られるし、音楽もダウンロードできるし、本も手に入るし、どこも行く必要がない。実際に外に出ないわけです。必要もなくブラブラということがない。

今街にどうしても出たい理由ってのはなんだろうな。やっぱりファッションが好きとか、グルメが好きというような人のほうが街に出るよね。だから上流の人のほうが街に出るわけ。お金もあるし。下流になればなるほど出ない。下流のなかにも文化的下流とただの下流がいて、その文化的下流が街に出向かなくなってしまってる。ギター弾いて歌うたってるような人はいるけど。

成実　面白い場所を作るのが大変な時代ですね。

三浦　逆に、東京だと面白くないから盛岡とか山形とか、古いいいものの残った街に出てるかも。

成実　金沢二十一世紀美術館なんて結構賑わってますよね。

三浦　すごい人出だよ。

成実　そういう仕掛けをすれば出てくるんだと思うんですよね。

三浦　やっぱ美大がある街はいいんだと思う。山形も東北芸術工科大学の学生が蔵プロジェクトというのをやっている。山形は蔵がいっぱいあってそれが次々に壊れてマンションになったりしてるんで、蔵をカフェに改装したりしてるんです。そのシンポジウムに呼ばれて話してると、会津の喜多方でも同じようなことをやっているらしい。でも喜多方には美大がないから、「ちょっとこの辺こうやってよ」っていっても手の動く若者がいない。美大生だとお金がなくても面白いからやってくれる。美大は地域起こしにすごい重要。そういう地域に学生を派遣するのも面白いんじゃない。就職する気はないんだけど手だけは動く若者とかいるんだから、ビジネスになるよ。

成実　たしかにそれはあって、美大生はあまり頭を使わないけど手は使う。手の力は重要ですね。

三浦　そういうものが地方都市にはないからね。地方都市って役人ばかりで面白い人は東京に出てしまってるから。法学部とか経済学部の人ばかりではあまり面白い街にならない。美大生はリノベーションとかすぐやり出すし、雑貨屋とかカフェがすぐ出来たりして、こういうのが面白いのかって地方の人も気づく。空き店舗にちょっとペンキ塗って古着屋にしちゃうとか、レトロな建築に手を入れてギャラリーにしちゃうとかって見せてやらないとわからない。そういう意味じゃ特定のストリートに面白い人が集まるというよりは、あらゆる場所をストリート化する力を派遣するというようなことがこれからは面白いかも。

（二〇〇五年一〇月、大阪帝国ホテルにて）

■成実弘至（なるみ・ひろし）
一九六四年生まれ。京都造形芸術大学助教授。身体と衣服の文化研究、都市のサブカルチャー、ファッション史などがテーマ。編著に『モードと身体』（角川書店）、『問いかけるファッション』（せりか書房）ほか。近著に『空間管理社会』（共著・新曜社）。

◎消費社会の音楽

ユーミンとアメリカ

4

コバルト・アワー

「私も昔は学生だったわ。60年ごろね。良い時代よ。」
（村上春樹『風の歌を聴け』）

ユーミンは、最初の『ひこうき雲』と『ミスリム』はよかったけど、その後はあまり好きじゃないという人は少なくない。たしかに『ひこうき雲』と『ミスリム』は文学的な雰囲気のする良いアルバムだ。それに比べて三枚目の『コバルト・アワー』が出た時には僕も随分戸惑った。一九七五年に出た『コバルト・アワー』は、ピンクの地に真っ赤なハートを大きくあしらったレコードジャケットからして理解を超えていた。音楽的にも「ルージュの伝言」「チャイニーズ・スープ」「少しだけ片想い」など甘いポップスが目立ち、荒井由実もついにコマーシャリズムに毒されたかという失望を感じた人は少なくなかった（当時、ある音楽雑誌のレコード評が「卒業写真」の歌詞を引用しながら、ユーミンが〝人ごみに流されて変わってゆく〟ことを嘆いているのを私は田舎の書店で立ち読みしたことをおぼえている）。

だが、その後の彼女の音楽を考えると、むしろ『コバルト・アワー』こそが〝ユーミン・ワールド〟を確立したアルバムだったと思う。そして、八〇年代からバブルにかけての時代の流れは、まさにこの『コバルト・アワー』で描かれた世界が現実になっていく過程であったとも言えるだろう。

『コバルト・アワー』の冒頭に収められたタイトルナンバー曲「コバルト・アワー」の出だしは〝夜の都会を　さあ飛び越えて　一九六〇年へ〟である。しかし、一体どの国の〝一九六〇年〟か。日本ではない。明らかにアメリカの〝一九六〇年〟である。テレビドラマの「パパは何でも知っている」に象徴される豊かで明るい世界である。

一九五〇年代～六〇年代前半のアメリカ的な豊かさと明るさはユーミンの音楽の重要な柱のひとつである。「ルージュの伝言」「グッドラック・アンド・グッドバイ」「甘い予感」「風の中の栗毛」「稲妻の少女」など、初期のアルバムでは、曲そのものがその時代のアメリカン・ポップスを彷彿とさせるものも少なくない。

曲だけでなく、ジャケットデザインにもアメリカ的なモチーフがしばしば利用されている。たとえば、『オリーブ』や『アラーム・ア・ラ・モード』のジャケットは一九五〇年代の「VOGUE」などのファッション雑誌を彷彿とさせる。『サーフ・アンド・スノー』のジャケットは一九五〇年代のバレンタインチョコレートの広告（一七七頁扉参照）の完全な模倣であり、『ダイアモンドダストが消えぬまに』のジャケットも一九五〇年代のナイロンストッキングの広告をコピーしている。

このように、音楽的にだけでなく視覚的にも一九五〇年代〜六〇年代初頭のアメリカのファッションや消費社会のイメージが、ユーミンの世界には意識的に取り込まれているのである。

一九六〇年は、音楽ではポップスやロカビリーの全盛期だ。その年の「ミュージックライフ」の人気投票によると、男性歌手の一位はエルビス・プレスリー、二位はナット・キング・コール、三位はポール・アンカ。女性歌手は一位が「情熱の花」のカテリーナ・ヴァレンテ、二位はドリス・デイ、三位はエラ・フィッツジェラルド、そして四位がコニー・フランシスだった。「カラーに口紅」のヒットで有名なコニー・フランシスは、当時のアメリカポップス界のニュースターであり、六〇年の「ビルボード」の〝モースト・プレイド〟部門と雑誌「ティーン」の人気投票で一位に輝いている。「ミュージックライフ」が東京のレコード店を対象に行った調査でも、「カラーに口紅」は一九五九年一二月に一位になり、六〇年一月、二月が二位だった。六歳になったばかりのユーミンの耳にもコニー・フランシスの声は届いていただろう。

実際、コニー・フランシスはユーミンの好きな歌手のひとりだったらしい。だから「ルージュの伝言」は、その曲名からしても明らかに「カラーに口紅」に対するオマージュだった。「カラーに口紅」は彼のシャツに知らない口紅がついていたことへのジェラシーがテーマだったが、「ルージュの伝言」もまた彼の浮気がテーマだった。

コルベット１９５４――ユーミンとバービー

一九七八年に出た『流線形'80』も、アメリカ的な要素の感じられるアルバムの一つである。また、歌詞の中にスキーとサーフィンが登場するなど、レジャー型の消費文化をコンセプトとして打ち出したアルバムでもある。

だが、このアルバムの中心となる曲は、タイトルやジャケットとの関連から考えれば、もちろん「コルベット１９５４」である。

〝好きさ　好きさ　好きさ〟と歌われ、どうやらユーミンのお気に入りらしいシボレー・コルベットは、実際は一九五三年に発表され、そのヨーロッパ感覚を取り入れた洗練された美しいデザインゆえに、一九五〇年代アメリカの大衆消費社会のシンボルとも言われる車のひとつである。

アメリカの批評家トマス・ハインは、一九五四年から六四年までのアメリカを、大衆《ポピュラー》が贅沢《デラックス》な消費を始めた時代という意味で〝ポピュラックス〟(Populuxe)の時代と名づけている。マリリン・モンローが、エルビス・プレスリーがいた、アメリカの大衆文化の黄金時代だ。そしてハインは、シボレーこそが〝ポピュラックス〟の時代のシンボルであると言う。

たしかにシボレーはアメリカの車の中でも、最も大衆に人気のある車であり、セールス的にも最も多くの台数を売っていた。特に、飛行機の尾翼のようなテイルフィンの付いた一九五五年型のモデルの登場によって、一般大衆がキャデラックのような高級車の持つ贅沢さを手に入れることができるようになったことが、シボレーの人気を支えていた。だから、僕達につねに今よりちょっと贅沢な生活のイメージを売ってきたユーミンが、シボレーを歌ったのは実に正解だったのだ。

またハインは、ポピュラックス時代のもうひとつのシンボルとして、一九五九年に〝ティーンエイジ・ファッションモデル〟として登場したバービー人形を挙げている。彼によればバービーは〝ポピュラックス時代の女王〟だった。

「バービーは、美しいドレスやダンスパーティのためのガウンやウェディングドレス、カジュアルウエアにアウトドアルック、それからいろいろな仕事や趣味のための道具を持っていた。ジャクリーン・ケネディふうのピルボックスタイプの帽子も持っていたし、宇宙服まで持っていた。バービーは一見ただの商品に過ぎないが、実はひとつの生活様式を生み出していたのである」とハインは言う。

たしかにバービーの写真集を開くと、バービーがありとあらゆる流行の服を着こなし、流行のデザインの住宅に住み、新しい製品やインテリアに囲まれ、ありとあらゆるレジャーやスポーツを楽しんでいることがわかる。バービーはドライブや乗馬やテニスやダイビングをし、セスナ機を操縦してロマンチック街道かどこかにありそうな美しいお城の上を飛ぶ。そしてハインによれば、バービーの家にも、ちゃんとコルベットがあったのだ！

ユーミンはこのようなバービーの世界を見事に踏襲している。ユーミンもまた、アルバムに使われた写真やライブや私生活の中で、実に様々な衣装を身にまとった。エレガントなドレスに飛行機のパイロット、サファリルックに毛皮のコート、未来的なアンドロイドに、それこそ宇宙服まで、ユーミンはありとあらゆるファッションを見事に着こなすことによって、ユーミンはファンである若い女性たちの前に憧れのファッションモデルとして現われた。

それだけではない。ユーミンもまたライフスタイルのモデルだった。ユーミンの曲に頻繁に出てくる様々な都会的な風景やファッショナブルなアイテム、スキーやマリンスポーツなどのスポーツシーン、全体に漂う山の手的な雰囲気、湘南などの海のイメージ、これらのものが一体となって〝ユーミン的なライフスタイル〟が、女性だけでなく、男性も含めた若い世代のライフスタイルのモデルになったことはあらためて言うまでもない。

実際ユーミンはバービーのファンだった。

「バービーはアメリカン。家のそばに米軍の基地があって賑やかで、アメリカな感じとかもあって。子どもごころに、アメリカのホームドラマとか映画に憧れてたんですね。」（「Twist

Barbie」読売新聞社、一九九九年）

また、ユーミンの曲にはデビュー当初から現在まで、頻繁に自動車や飛行機が登場してきた。これもユーミン独特だ。『コバルト・アワー』でも最初と最後にプロペラ音が入り、ジャケットにも飛行機が描かれた。飛行機や自動車はユーミンの世界にポップでリッチでアクティブでスピード感のあるイメージを与えるために欠かすことができないアイテムだった。このようにユーミンもバービーと同様に、あらゆるファッションとライフスタイルのモデルだったのである。

ハインはこのポピュラックス時代のキーワードを〝四つのF〟で表わしている。〝Fun〟〝Fantastic〟〝Fashionable〟〝Futuristic〟の四つである。シボレーに代表される自動車であれ、バービーであれ、およそ当時のアメリカの消費文化には、楽しく、夢のようで、ファッショナブルで、未来的な要素があった。そして、その時代のアメリカの文化を自分の世界の中に取り込んだユーミンの世界も、まさにこの四つのFを持っていたと言えるだろう。ユーミンは自分が九歳だった一九六三年を歌っている。

カルダン　et　クレージュ

宇宙服　流行りし頃

科学も夢を見てた（「未来は霧の中に」）

FashionとFutureが輝いていた。東京オリンピック直前の東京。古い町が未来的な都市へと変貌していく時代。

そして七年後の大阪万博。そこではまさにカルダンやクレージュふうの服を着たコンパニオンが、宇宙と科学の未来を案内したのだった。

そして何より、一九五四年とはまさにユーミンの生まれた年なのである。おそらくユーミンは、コルベットと同じように、自分自身もまた豊かな消費社会のシンボルであろうとしたのだ。そしてバービーのように、ファンタスティックでファッショナブルな消費の国の女王になろうとしたのである。

アメリカの影──「中央フリーウェイ」と『限りなく透明に近いブルー』

『コバルト・アワー』の出た翌年の一九七六年、群像新人賞、そして芥川賞を受賞したのがユーミンと同世代の村上龍（一九五二年生まれ）が書いた『限りなく透明に近いブルー』だった。

『限りなく透明に近いブルー』は米軍基地のある福生を舞台にした小説だった。柄谷行人は当時、この小説を「a basically base novel based upon the base」と呼んで嫌悪した（『反文学論』）。江藤淳もまたこの小説を唾棄した。

加藤典洋は『アメリカの影』で、なぜ江藤が『限りなく透明に近いブルー』を嫌い、その四年後に文藝新人賞を受賞した田中康夫（一九五六年生まれ）の『なんとなく、クリスタル』を好んだかについて、日米関係という視点から見事に分析した。つまり、『限りなく』のテーマがアメリカによって凌辱された日本人の〝ヤンキー・ゴー・ホーム〟の叫びであるのに対して、『クリスタル』は日本にとってのアメリカの存在の必要性を容認したところから出発している。簡単に言えばそれが、江藤の現実認識と一致したということだ。

ユーミンの音楽も「a basically base music based upon the base」である。

ユーミンの生まれは八王子だ。八王子は織物の町として江戸時代から栄えた。ユーミンの生家も呉服屋だ。明治以降は殖産興業政策のもと、群馬、長野、山梨などから集まってくる繭糸が八王子で織られ、横浜に運ばれて海外に輸出された。そのため八王子と横浜を結ぶ神奈川街道は〝絹の道〟と呼ばれた。今でも、八王子と高崎を結ぶ八高線や八王子と横浜を結ぶ横浜線は、そうした八王子の拠点性を僕たちに気づかせる。つまり八王子は日本の近代化を支えた町の一つであった。

そして八王子はまた基地の町でもある。立川、八王子などにまたがる横田基地は、もともと多摩陸軍飛行場だったが、戦後米軍に接収され、立川基地とともに朝鮮戦争の際に活発に利用された。立川基地は航空機出動の最大の拠点として戦闘兵員と戦争資材を輸送し、横田基地からは連日B29が飛び立った。基地の周辺には風俗営業店が立ち並び、朝鮮戦争後は帰還した米兵でごったがえした。すなわち、八王子は日本の戦後復興を支えた町の一つでもあったのだ。

その八王子から横浜線で横浜に向かう途中に橋本という駅がある。そこで相模線に乗り換えると終点が茅ケ崎だ。ユーミンは、有名な「中央フリーウェイ」が収められた『14番目の月』の中の別の曲で、相模線から〝白いハウスをながめ〟ながら彼の待つ茅ケ崎に向かうラブソングを歌った（「天気雨」）。〝白いハウス〟とは座間あたりの米軍キャンプに建つ家だろう。ユーミンの描く甘い恋の世界は、その背後で、実に忠実に〝アメリカの影〟を追っていたのだ。

朝鮮戦争が終わったのは一九五三年。したがって〝ポピュラックス〟の時代、〝パックス・アメリカーナ〟の時代は一九五四年から本格的に始まった。一九五四年に八王子に生まれたユーミンは、生まれながらに基地を通して、強く明るく輝くアメリカの音楽と文化、そして飛行機と自動車の世界の空気を吸い込みながら育っていた。ユーミンの歌詞の中に飛行機や自動車が頻繁に登場するのは、明らかにアメリカ文化の影響であり、基地文化の影響なのだ。

だから、もしかすると、あの「ひこうき雲」も、基地の上空を飛ぶ米軍の飛行機のイメージをベースにしていたのではないか。

村上春樹の『風の歌を聴け』の中で、主人公の「僕」は「鼠」とともに旧華族の邸宅を改築した山の手のホテルに行く。そこには芝生を敷きつめた立派な庭と、港と海と街が見下ろせる丘があり、プールにはアメリカ人客ばかりがいる。「僕」と「鼠」はプールを何度か往復して泳ぐと、デッキ・チェアに座り、冷たいコーラを飲む。「鼠」は、プールで気持ち良さそうに泳ぎ続けているアメリカ人の少女をぼんやりと眺めている。


晴れわたった空を、何機かのジェット機が凍りついたような白い飛行機雲を残して飛び去るのが見えた。

「子供の頃はもっと沢山の飛行機が飛んでいたような気がするね。」

鼠が空を見上げてそう言った。

「殆んどはアメリカ軍の飛行機だったけどね。プロペラの双胴のやつさ。覚えているかい?」

——中略——

「そう、アイゼンハワーの頃さ。……」


（村上春樹『風の歌を聴け』）

アイゼンハワーは一九五二年から六〇年までのアメリカ大統領である。

ユーミンの生まれた一九五四年に、それまでアメリカに接収されていた調布基地は日米共同使用となった。さらに調布基地が返還されたのが、ユーミンがシングルデビューする一九七二年。調布基地を歌った「中央フリーウェイ」を収めた『14番目の月』が出たのが『限りなく透明に近いブルー』と同じ七六年であった。

二つの夜明け――『コバルト・アワー』と『ドーン・パープル』

ユーミンが杉並にあるミッションスクール立教女学院に通っていた一九七〇年頃、村上龍は福生で『限りなく透明に近いブルー』に描かれたとおりの生活を繰り広げていた。朝鮮戦争ではなくベトナム戦争の時代だった。

「飛行機の音ではなかった。耳の後ろ側を飛んでいた虫の羽音だった。」――『限りなく透明に近いブルー』の冒頭はこの一節で始まる。虫の羽音が飛行機の、もちろんここではB52の爆音に聞こえるほど、軍事大国アメリカの脅威は当時の日本の空気を支配していた。

ベトナム戦争は一九六五年にアメリカが北ベトナムの爆撃を開始してから激しさを増した。

映画「アメリカン・グラフィティ」が描いたのは一九六二年のアメリカだが、その年にはキューバ危機があり、核戦争の危険性もあった。だからあの映画には独特の暗さが漂っている。登場人物の一人もベトナムで行方不明になる。一九六五年以降、アメリカからは〝一九五四〟や〝一九六〇〟のバラ色の雰囲気が急速に色褪せ、陰欝な時代が始まろうとしていた。

「コバルト・アワー」の〝コバルト〟は、〝夜明けの金星〟が〝消えゆく空〟の色、〝彼方に浮かぶ朝焼け〟の上に広がる空のコバルトブルーの色だ。『限りなく透明に近いブルー』の〝ブルー〟もまた、〝血を縁に残したガラスの破片〟が映し出す〝夜明けの空気〟の色だ。同じ夜明けの空を、ユーミンは金星の光をかき消す輝けるアメリカの隠喩として、村上はアメリカという〝巨大な生物に呑まれ〟た自分の空虚な心象として書いた。二人のベクトルは異なるが、ベクトルの始点は同一であった。

そしてユーミンの九一年のアルバムのタイトルは『ドーン・パープル』だった。コバルト・ブルーに輝いていた夜明けの空は紫に変わった。明るく輝いていた時代の夢と、若かった二人の恋の始まりの隠喩として使われたコバルト・ブルーの夜明けの空は、今や〝紫〟となって〝燃えている〟が、それは少し大人になった二人の別れと喪失の隠喩である。

強く　強く　強く輝いて　夜明けの星

（「ハッピーバースデー・トゥー・ユー」）

きかせてよ　あのときのうた　あなたの声で　もう一度だけ
忘れたくない　あのときの夢
描いてよ　あのときの空

（「情熱に届かない」）

いつの日にか教えてよ　昔のように

（「ドーン・パープル」）

これらの歌詞は明らかに「コバルト・アワー」との対比で書かれている。そして〝夜明けの星〟や〝あなた〟を〝アメリカ〟と読みかえた時、ユーミンワールドにおける〝コバルト〟から〝パープル〟への色合いの変化の意味がはっきりと見えてくるだろう。すなわち、おそらく『ドーン・パープル』は、かつてアメリカの輝きを借りながら自分の世界をつくりつづけてきたユーミンが、力と自信を失った七〇年代以降のアメリカに贈った挽歌だったのではないだろうか。

二人の魔女――ヨコスカ・ガールとジャパニーズ・ガール

『限りなく透明に近いブルー』と同じ一九七六年に、もうひとりの〝魔女〟がデビューした。矢野顕子である。

矢野顕子のデビューアルバムのタイトルは『ジャパニーズ・ガール（JAPANESE GIRL）』。ユーミンが〝ヨコスカ・ガール〟、つまり〝アメリカン・ガール〟であるとすれば、矢野顕子は〝ジャパニーズ・ガール〟だった。古い日本の民謡や童謡と、ソウル、ジャズ、ブルースなどの黒人的な音楽が混じりあった歌を矢野顕子は何とも不思議な声で歌った。

矢野顕子は、ユーミンが生まれてからほぼ一年後の一九五五年二月に杉並の高円寺で生まれている。三歳で青森に移り、青山学院高等部に入学するまで青森で育った。医者だった父親はビング・クロスビーやナット・キング・コールなどのアメリカのポップスやジャズが好きだったので、生まれた時からそうした音楽が自然に矢野の耳に入っていた。

小学校六年生になるまで日本の歌謡曲はまったく聴かず、クラシック音楽だけを聴いたり弾いたりしていた。しかし小学校六年生のとき、たまたまラジオでマックス・ローチを聴いたのがきっかけで、ジャズに目覚めた。アメリカン・ポップスにも関心を持ち始めた。そうした特殊な環境と青森の土着的な伝統とが相俟って彼女の音楽的な土壌となった。

再び東京に戻り青学の高等部に入ると、都内のジャズクラブで演奏を始めた。米軍基地でも仕事をした。一七歳、一九七二年頃のことだった。

戦後の日本ではアメリカの生活や文化をいかに日本化するかがテーマだった。ユーミンと矢野顕子という二人の天才は異なる形でそのテーマに応えた。ユーミンは徹底的に白人的なスタイルで自分を飾った。ユーミンの音楽は生まれたときからアメリカのポップスを聴いて育った日本人が生んだ〝アメリカン・ジャパニーズ・ポップス〟だった。

一方、矢野顕子は古い日本を掘り起こすことで、アメリカの黒人音楽と日本の土着の音楽を地下鉱脈でつないでみせた。しかし、いずれの作業にとっても、彼女たちの才能だけでなく、社会的な土台の準備が必要だった。すなわち、日本のアメリカに対するコンプレックスが弱まり、アメリカ文化を吸収しつつも日本オリジナルの文化を作り出そうという機運が日本人の中に盛り上がる必要があった。

矢野は語っている。

「私は、日本人だし、肌が黄色い。アメリカに行ったとき、私の武器はこれだと思った。日本人であること、肌が黄色いことを出さなければ……才能には自信があるし、その意味で『ジャパニーズ・ガール』は世界でただひとり私にしか作れないと思う。」（「平凡パンチ」一九七六年

一二月二〇日号）

アメリカンドリームの終焉——『ホテル・カリフォルニア』とYMO

おそらく『コバルト・アワー』と『限りなく透明に近いブルー』と『ジャパニーズ・ガール』の出た一九七五年から七六年という時代は、日本のアメリカに対する感情が微妙に変化し始めた時代だったのではないか。当時の日本はすでにある程度アメリカ的な豊かな生活を手に入れていた。日本の電器製品やカメラ、時計、そして自動車が欧米に普及し始めていた。しかし日本はまだアメリカをしのぐほどの経済大国ではなかった。貿易摩擦もなかった。アメリカに対する憧れもまだ消えてはいなかった。だから一九七五年に創刊した「プレイボーイ日本版」は九〇万部も売れたし、一九七六年にはウエストコースト情報を満載した「ポパイ」が創刊し若者の——僕達の世代の——人気を得た。

だが、アメリカそのものはベトナム戦争に破れ、傷つき、かつての輝きや明るさを喪失していた。一九七六年、アメリカ建国二〇〇周年であったこの年に、アメリカの象徴である鷲をバンド名に冠したイーグルスは『ホテル・カリフォルニア』を発表した。しかし、そこで歌われていたのは、〝フロンティア〟であり〝パラダイス〟であり、〝天国〟であり、〝ラスト・リゾート〟であった〝夢のカリフォルニア〟が傷つき老いてゆく様であった。

暗い砂漠のハイウェイを走る僕の髪に
冷たい風が吹きつける
遠くに町の灯がゆらめいている
僕は頭が重くなり　目がかすんでくる

（「ホテル・カリフォルニア」）

戦争で傷ついたアメリカ。そのアメリカの基地は、今や東京の恋人たちが運転する車から見える心地よい風景である。ユーミンの世界の中で、基地と車とハイウェイというアメリカのシンボルは、すべてスイートな恋の気分を演出する装置として見事に溶け合ったのである。

だから――、あの『コバルト・アワー』に対する僕たちの戸惑いは、アメリカの時代に翳りが見え始めたその時に、逆に日本が、アメリカ的な明るさを手に入れようとしていた、そんな時代の大きな転回に対する戸惑いではなかったのかと、いま思う。

あのバービーが象徴するアメリカの豊かさを、日本も手に入れ始めていた。一九六〇年代以降、バービーの生産コストも上昇し、バービーの生産は次第に日本から台湾や韓国などに移っていった。日本でのバービーの生産が完全に終わったのは一九七一〜七二年頃。七四年に横須賀メリヤス工業は工場を閉鎖。七六年には国際貿易が倒産。日本はバービーとは違うものを生産する国に変わっていた。バービーの終わりとユーミンの登場は、まさに同じ時代の出来事であった。

その後〝ジャパニーズ・ガール〟矢野顕子と結婚することになる坂本龍一（一九五二年生まれ）は、一九七八年、細野晴臣らとともに、〝日本〟や〝東洋〟を意識的にモチーフに据えたテクノポップバンド〝イエロー・マジック・オーケストラ（ＹＭＯ）〟を結成した。日本が日本であることを世界にアピールする時代が始まっていた。

その翌年、『ジャパン・アズ・ナンバーワン』がベストセラーになる。そしてさらに次の年、日本の自動車生産台数はついにアメリカを抜いて世界一位になった。『流線形'80』で歌われたシボレー・コルベットの一九五四年から四半世紀を過ぎた、まさに一九八〇年のことであった。

ユーミン・聖子・ディズニーランド

ユーミンのアルバムデビューからちょうど一〇年たった一九八三年、東京ディズニーランドが開業した。

一九八三年は重要な年だ。一九八〇年に『一九七三年のピンボール』を書いた村上春樹も、一九八八年には一九八三年を舞台とする小説『ダンス・ダンス・ダンス』を書き、その年を東京ディズニーランドとマイケル・ジャクソンによって特徴づけている。

「ねえ、今度ディズニーランドに行ってみないか？」と僕は聞いてみた。
「あんなところ行きたくなんかないわよ」と彼女は顔をしかめて言った。
「ああいうソフトでやわでわざとらしくて子供向きで商業主義的でミッキーマウス的なところは嫌なんだね？」
「そうよ」と彼女は簡単に答えた。

（村上春樹『ダンス・ダンス・ダンス』）

ミッキーマウスの陽気なスマイルと松田聖子の甘酸っぱい声に象徴される、ひたすら明るくファンタジックな、そして〝かわいい〟ことを至上の価値とする八〇年代の消費社会が本格的に始まっていた。一九七三年に転換した時代が、一九八三年にひとつの頂点を迎えたのだ。

松田聖子は山口百恵の引退と入れ替わりに、一九八〇年に大型新人としてデビューした。デビュー当時の松田聖子の歌が、しばしば一九五〇年代から六〇年代のアメリカン・ポップスの要素を取り入れていることは明らかだ。特に、平尾昌晃が作曲した「エイティーン」は、コニー・フランシスに同名の曲があることからもわかるように、実に甘酸っぱい典型的なアメリカン・ポップスだ。

また、松田聖子の歌が、きわめてディズニーランド的なファンタジーの世界を歌っていたことも明らかである。なかでも次の詞は、そのままどこかのテーマパークのテーマソングになりそうである。

さぁ旅立とうよ　時の舟で
雲を越えてペーズリーの海へ
オレンジの河とイチゴの町
万華鏡の世界が広がるよ
綺麗な目の花の妖精
風のように歌う
Welcome To Strawberry Time
争いのない国へ
Welcome To Strawberry Land

ここに住む人は誰もHappiness

（松本隆・作詞「Strawberry Time」）

この曲に限らず、松本隆が八〇年代前半に松田聖子のために書いた詞の世界は、実にメルヘンチックでディズニーランド的だ。特に、東京ディズニーランドの開業の翌年、一九八四年にリリースされたアルバム『ティンカー・ベル』は、「時間の国のアリス」「ガラス靴の魔女」「スリーピング・ビューティ」といった曲を収めることによって、きわめて意識的にディズニーランドと同一化している。

ユーミンも、このアルバムの中の「時間の国のアリス」を呉田軽穂の名で作曲した。そのほかにも、八〇年代前半、ユーミン（呉田軽穂）は「赤いスイトピー」「渚のバルコニー」「小麦色のマーメイド」「瞳はダイヤモンド」「蒼いフォトグラフ」「秘密の花園」などの曲を松田聖子に提供した（作詞はすべて松本隆）。それによってユーミンは八〇年代の〝かわいい〟文化と深く関与していた。ユーミン─松田聖子─ディズニーランドという〝三位一体〟が完成していた。そしてそれは、かつてのアメリカ的な豊かさの記号を日本の中で完成させる企てでもあった。

すずしげなデッキチェア
ひとくちの林檎酒
プールに飛び込むあなた
小さく投げキッス

（松本隆・作詞「小麦色のマーメイド」）

この歌詞の描くシーンは、先に引用した村上春樹の『風の歌を聴け』の中の一節とよく似ている。だが、決定的に違うのは、デッキチェアや林檎酒のあるシーンや投げキッスという行為への同化の程度である。『風の歌を聴け』ではまだ「鼠」がアメリカの豊かさをぼんやりと眺めていたのに、「小麦色のマーメイド」では、女性がすでにその豊かさや行動様式に完全に同化している。その違いが一九七三年から八三年にかけての違いなのだ。そしてそれは、松田聖子が一九六二年生まれであることとも深く関わっている。一九六二年生まれあたりから、アメリカの絶頂期を知らない世代、アメリカ的な豊かさを手に入れ始めてからの日本しか知らない世代が登場してくるからだ。

テーマパークとしてのユーミンワールド

ユーミンは、〝ディズニーランドの時代〟としての八〇年代の女王となることができた。それは八〇年代において、ユーミンが、その音楽世界の中にひとつの〝架空のテーマパーク〟を作り上げたからだ。

すでに書いたように、ユーミンは、松田聖子に提供することによって、八〇年代の〝かわいい〟消費文化の一端を担っていた。そして同時に、自分自身の音楽も、それまでの私小説的な要素の残る〝作品〟的な音楽から、ディズニーランドに勝るとも劣らない、より多くの大衆を対象とした〝商品〟としての完成を目指したのである。

たとえば、ユーミンが、毎年年末にクリスマスに照準を合わせてアルバムをリリースしはじめたのは、東京ディズニーランドの開業した八三年の年末にリリースされた『ボイジャー』からである。これによって八三年以降、クリスマスはディズニーランドでデートをしてユーミンのレコードを買う、といった行動パターンが若者の間に広まった。

ユーミンとディズニーランドが同じ時代の消費文化として完全にシンクロしはじめた。というより、ユーミン自身が自分の音楽と時代とを意識的にシンクロさせたのだ。そしてそのときユーミンの世界は、若者が恋愛と消費を楽しむ〝ユーミンワールド〟というテーマパークになっていた。

実際、ユーミンの歌詞には「シュガータウン」「オータムパーク」「ゾンビーナイト」「トロピック・オブ・カプリコーン」「ホリデイ・イン・アカプルコ」といった、そのままテーマパークのアトラクションとして使えそうな曲名やボキャブラリーすら現われる。それによって僕達は、ユーミンの世界をあたかもひとつの空間としてイメージし、同時に、天才的な映像喚起力を持ったユーミンの独特の歌詞によって、その空間をまるでフランス映画のように洒落たシーンとして思い描くことができる。

こうして僕達の頭の中に〝ユーミンワールド〟というテーマパークが出来上がり、僕達はその〝ユーミンワールド〟の住人となった。

ディズニーランドとユーミンの世界に共通するのは〝ファンタジー〟だ。ユーミンの歌詞の中にしばしば登場する〝シンデレラ〟〝サンタクロース〟〝クリスマス〟〝ハロウィーン〟〝魔法〟〝天使〟〝妖精〟〝人魚〟といったボキャブラリーから、僕達は、ディズニーランドと同じようにユーミンの世界においても〝古典的なファンタジー〟のイメージを感じとる。

たとえば以下の歌詞などはメルヘンチックな古典的ファンタジーの世界を典型的に示している。

もしも雪の国が
私のふるさとだったらいいな　どうしても
そして丘の上の
レンガ造りの家ならばいいな
煙突が高ければいいな
（「3-Dのクリスマスカード」）

すでに述べたように、ユーミンは、本来自分の世界にあった古典的なファンタジーの世界を、一九八〇年代前半になると、自分の歌だけでなく、松田聖子という理想的なキャラクターを通じて、より多くの大衆に提供した。これによって、松田聖子のファンの中でも、ユーミンを知らなかった低年齢層が、その後ユーミンのファンになっていったはずである。そしてそこで獲得されたファンが、八〇年代後半のユーミンのアルバムセールスの急激な増加を支えたことはまちがいない。

一方で、ユーミンは、自分の歌の中で、ハイウェイ、ホテル、ディスコ、パーティ、カフェテリア、ティールームといったシーンや、シャンパン、フィズ、カンパリ、ウォッカ、テキーラ、シャーベット、キャンドル、飲茶、ドレス、タキシード、ピアス、マニキュア、パンプス、ウィンターセール……といった無数のアイテムを歌詞の中に星のようにちりばめることによって、ファッショナブルな都市生活という、もうひとつの〝現代的なファンタジー〟の世界を繰り広げた。これが、いわゆるユーミン的な世界だ。

しかし、ユーミンの世界は、都市的な、現代的な世界だけから成り立っているのではない。〝古典的なファンタジー〟と〝現代的なファンタジー〟とが絶妙のバランスで混じりあうことによって、より魅力的な世界が完成するのである。

〝ユーミンワールドに住みたい〟――もしかするとそれが、一九七〇年代以降僕達の中に芽生えはじめ、一九八〇年代に大きくふくらんだ無意識の願望であったのではないか。

コラム

ファストフード

工業化した食・脱工業化する食
――マクドナリゼーションを超えて

ファストフードという言葉がアメリカで使われ始めたのは、一九五四年だという（『ランダムハウス英和大辞典』小学館、第二版）。この時代のアメリカでは、マクドナルド、バーガーキング、ケンタッキーフライドチキンといった外食チェーンが本格的に始まっている。

ファストフードの代表は、いうまでもなくマクドナルドである。マクドナルドは、ディック・マクドナルドとモリス・マクドナルドという兄弟が経営していたレストランから始まる。一九四〇年に彼らはカリフォルニアに小さなドライブイン・レストランを開業。安くて早いその店は評判になり、駐車場には料理を待つクルマが溢れていた。職場と家の距離はどんどん離れている。誰もが急いでいる。もっと早く料理を出せないか兄弟は考えた。客の回転が悪いのは若い男がウエイトレスを目当てにたむろするからだ。だからウエイトレスを解雇した。売上げの八〇%はハンバーガーだった。そこで料理はハンバーガーとチーズバーガーなど九品だけにした。調理場にはステンレスのグリルを導入した。ステンレスは焼けたハンバーガーをのせても冷めにくく、汚れが簡単に取れる。食器はすべて紙にかえた。テーブルにケチャップやマスタードを置くのはやめた。客が自由に使うとテーブルが汚れるからだ。調理場ではハンバーグだけを調理する係、ミルクシェイク係、フライドポテト係、包装係などに分業した（注1）。

こうして、あたかも工場の流れ作業のように均質なハンバーガーを出すシステムが出来上がった。フォードの生産システムと同様の近代的で工業化された大量生産される食。これこそがファストフードの誕生だった。

このようにファストフードにおいては「均質さ」「清潔さ」「明るさ」が重要だった。これは、マクドナルド以前のハンバーガーチェーンとして有名なホワイトキャッスルの時代からすでにそうであった。ホワイトキャッスルは顧客向けのパンフレットでこう書いた。「あなたが何千人ものお客様のおひとりであること、あなたが同じイスに座り、同じカウンターで食事をし、同じ作法で入れられたコーヒーを飲み、同じ火力で温められたハンバーガーを食べています」(注2)。

均質であることが、すなわち近代的であり、進歩であり、善であるという価値観がそこにあった。そしてホワイトキャッスルの従業員マニュアルには、「ツメをきれいに」「手を洗え」「シャツの襟をきれいにしろ」「髪はとかせ」「髭をきれいに剃れ」「虫歯を治せ」「体臭を消せ」「にこやかに話せ」などと事細かに書かれていた。清潔で明るいことが規範になったのである(次頁写真参照)。

さて、マクドナルド兄弟は、自分たちの店を増やすことにはあまり関心がなかったが、フランチャイズ店は持っていた。そのフランチャイズ部門のマネージメント担当に名乗りを上げたのがレイ・クロックであった。彼は、マクドナルドの多店舗化を進め、ついには世界に冠たる一大マクドナルド帝国を築き上げることになったのだ。だが、ただ速いだけで帝国は築かれなかった。クロックの成功の要因は郊外の中流家庭という、当時のアメリカで最も成長していた新しいマーケットをターゲットに据えたことによるのである(注3)。

世界各国で中流階級が増大するのと比例して、マクドナルドも成長した。日本はその代表だ。マクドナルドの日本上陸は一九七一年。藤田田が銀座三越に開いた店が最初だ。アメリカでは郊外のロードサイドを中心に発展したマクドナルドだが、藤田は日本の流行は銀座から始まるのだといってアメリカ本社を説得した。藤田の読みどおり、マクドナルドは新しい若者の風俗になり、以後三〇年足らずで、日本のマクドナルドの数は三〇〇〇店にまで増加し

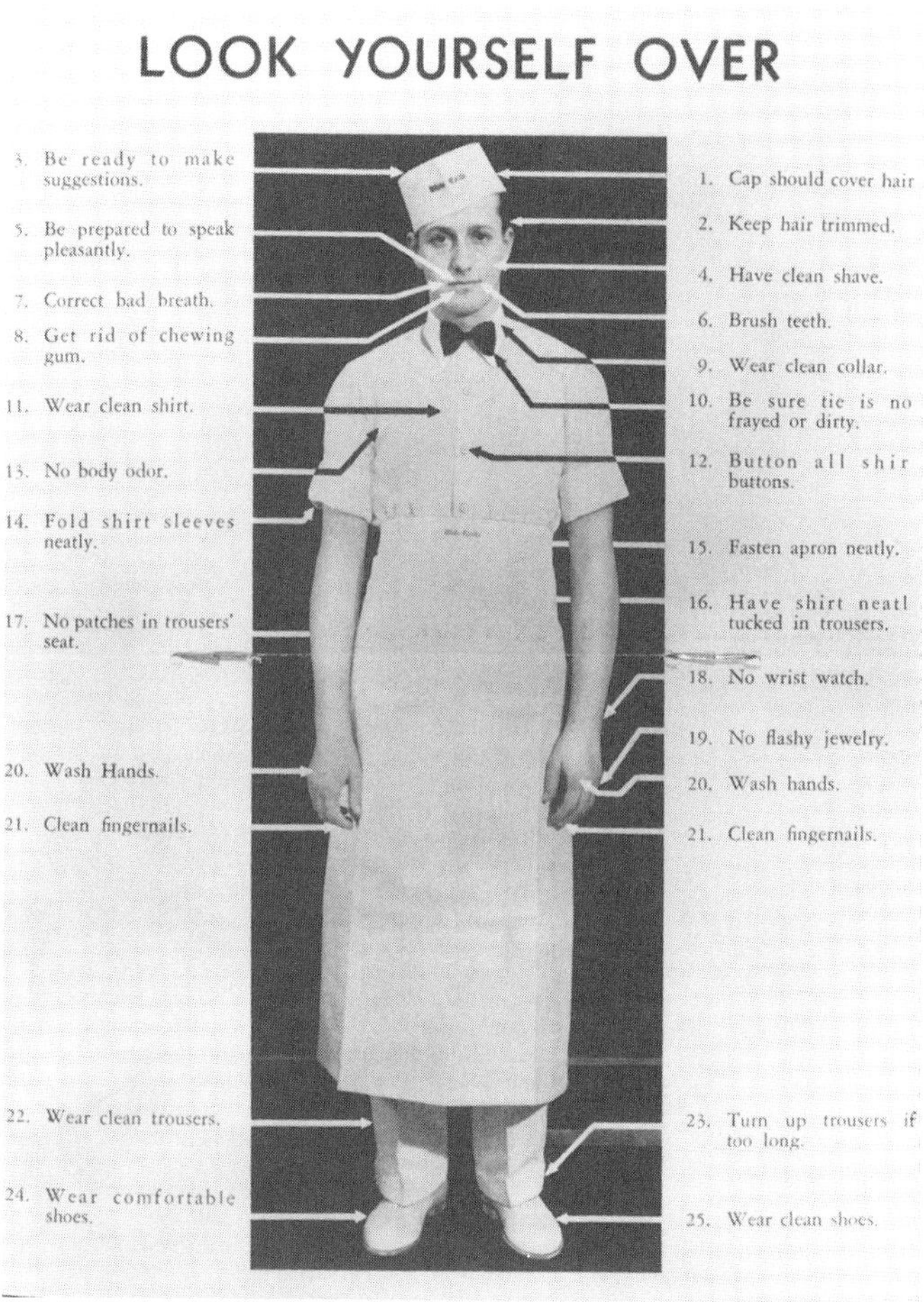
LOOK YOURSELF OVER
3. Be ready to make suggestions.
5. Be prepared to speak pleasantly.
7. Correct bad breath.
8. Get rid of chewing gum.
11. Wear clean shirt.
13. No body odor.
14. Fold shirt sleeves neatly.
17. No patches in trousers' seat.
20. Wash Hands.
21. Clean fingernails.
22. Wear clean trousers.
24. Wear comfortable shoes.
1. Cap should cover hair
2. Keep hair trimmed.
4. Have clean shave.
6. Brush teeth.
9. Wear clean collar.
10. Be sure tie is no frayed or dirty.
12. Button all shir buttons.
15. Fasten apron neatly.
16. Have shirt neatl tucked in trousers.
18. No wrist watch.
19. No flashy jewelry.
20. Wash hands.
21. Clean fingernails.
23. Turn up trousers if too long.
25. Wear clean shoes.

ホワイトキャッスルの従業員マニュアル

た。今ではマクドナルドを子供時代から食べた世代がもう親になり、その子供をまたマクドナルドに連れていく時代になっている。その世代は、テレビでアメリカのホームドラマを見るには遅く生まれすぎたが、その代わり、ディズニーランドに毎年五回も行き、ハロウイーンやイースターを年中行事にした世代である。そして彼らが好んで住む郊外のショートケーキハウスは、クリスマスともなれば、あたかもディズニーランドのエレクトリカルパレードのように飾り付けられるのである。

このように、マクドナルドは、日本人にとっては、単なる食べ物ではなく、アメリカ文化の大きな象徴なのである。

イタリアではファストフードの増加に危機感を持ったNPOが、ファストフードの反対概念として「スローフード」という言葉を使いだした。それを受けてカゴメでは、新しいスパゲティのシリーズのコマーシャルで「スローフードに帰ろう」を提唱。家庭でゆっくり作る料理の大切さをアピールした。ファストフード自体も、後発の「フレッシュネスバーガー」は有機野菜を使っているし、モスバーガーのモスフードサービスでも有機野菜を使い、現代の食生活に欠けがちな亜鉛を摂取することをテーマにしたレストラン、その名も「AEN（亜鉛）」を開店した（一九九九年）。なるほど、自然食品は育ち方もスローである。しかし、滋味があり、安全だ。それに対して、化学肥料と農薬とビニールハウスで促成栽培する野菜、合成飼料で育てられる家畜の肉は、それ自体がすでにファストフードであるとも言える。大量生産・大量消費への反省が今ファストフード業界の中にすら強まっている。スピードの時代であった二〇世紀を象徴する食であるファストフードに対して、二一世紀はスローフードが主役となるかも知れない。

（注1）　ハルバースタム『ザ・フィフティーズ』新潮社、一九九七。
Halberstam, David, *The Fifties*, Villard Books, 1993.

(注2) Langdon, Phlip, *Orange Roofs, Golden Arches,* Knopf, 1986.
(注3) ハルバースタム、前掲書

▼**参考文献**
ジョージ・リッツァ『マクドナルド化する社会』早稲田大学出版会、一九九九年
Ritzer,George, *The Mcdonaldization of Society,* Pine Forge Press, 1996

ファミレス

食欲のスペクタクル
——ニューファミリー時代の幻想

ファミリーレストランという概念はアメリカにはない。日本のファミリーレストラン業界がモデルにしたのはハワード・ジョンソンによるフランチャイズレストランであると言われる。

ハワード・ジョンソンの店は一九三五年、ピルグリム・ファーザーズが到着した岬の街、マサチューセッツ州ケープコッドで開業。四〇年には一三〇のフランチャイズ店を持った。その外観はジョージアン風とコロニアル風の混淆であり、壁は当初アスファルト製の白い下見板だったが、アスファルトでは色がくすんで見えたので、その後はホーローになった。窓の扉は緑色、屋根はオレンジ色に塗られ、屋根の上には風見鶏がまるで十字架のように立っており、一見すると教会か町役場に見えた。

このようにハワード・ジョンソンの店はアメリカ人好みのノスタルジックなイメージを売って成功したが、同時に実に「目立ちたがり（conspicuous）」な店であった。外観も目立つが、道行く自動車が必ず店があることに気づくように、大きな交差点の角やカーブのある道に沿って店を立地させた（注1）。味はまあまあだったが、他の店に比べて特においし

いわけではなく、ごく普通だった。ハワード・ジョンソンは、味ではなくフランチャイズレストランという経営スタイルで自分の名前を売ることに専心していたからである（注2）。

日本のファミリーレストランの歴史は、一九七〇年にオープンしたすかいらーく国立店に始まる。当時すかいらーくは「ファミリーでも安心してご利用いただけるレストラン」をうたい文句にしており、そこから、マスコミがファミリーレストランという言葉を造語したらしい（注3）。

すかいらーくの一号店が東京の郊外に開店したことからも明らかなように、ファミリーレストランはまさに郊外を主戦場にしていた。デニーズ一号店も横浜市の郊外である港南区で七四年に開業した。その後、すかいらーくが七〇年代に出店した一四九店のうち一四四店は三多摩、神奈川、埼玉、千葉にある。同様に、デニーズのそれは七八店中七二店である。つまりほとんどすべてが東京の郊外だったのだ（注4）。

七〇年代の郊外は、団塊世代の夫婦がマイホームを求めて急激に人口が増えていた。彼らはニューファミリーと呼ばれて新しいライフスタイルを形成し、日曜日に家族揃って車に乗ってファミリーレストランに行って食事をすることが、新しくて、少しおしゃれなことだと思われた。すかいらーくの赤とオレンジのひばりの看板がものすごい勢いで増えていった。

食べる物と言えば、せいぜい目玉焼きが肉の上に乗ったハンバーグステーキくらいなものであったが、それでも当時は、赤いニンジンと黄色い卵の黄身と緑のサヤエンドウというカラフルな取り合わせの食事が、明るい中流家庭の象徴であった。

八〇年代に入ると、すかいらーくは大人が楽しむレストランとしてイエスタデイという新業態を開発し、カジュアルレストランと名付けた。東京では世田谷・用賀の環状八号線と東名高速道路のインターチェンジ付近にイエスタデイや類似の店ができ、その界隈がアメリカ村と呼ばれて話題になったこともある。当時は若者のデートコースの一つであった。それはちょうど東京ディズニーランドができたころでもある。まだ、アメリカ的であることがイコール「おしゃれ」であると思われていたのである。

しかし九〇年代に入って、ファミリーレストランの経営は苦しいようである。家族での食事が減り、単身者の利用が増えている。小さな子供のいる家族そのものが晩婚化によって減っている。家庭の食事も、個人の好みが多様化し、生活時間もバラバラになっているので、家族それぞれが異なる時間に異なる物を食べるようになっている。コンビニで買ったおにぎりや弁当が家庭の食卓にも上っている。そうした現在から見れば、家族が揃ってファミリーレストランでハンバーグやステーキを喜んで食べていたニューファミリーの光景すら、すでに美しいノスタルジーの世界のできごとのようである。

料理や店の雰囲気も、アメリカ的であるというだけではまったく魅力はない。和食、寿司、うどん、ステーキ、イタリア料理など、ファミリーレストランは多様化を続け、専門店化している。ロードサイドにはこうした様々な飲食店が並び、あたかも食欲の展示場になっている。同時にそこにはラブホテルや性風俗店や仏壇の店も並んでいる。食欲と性欲と死という人間の逃れがたい欲望と宿命が、そこでは「目立ちたがり」の大きな看板と共に何の羞恥心もなく陳列されている。それを見ていると、欲望の制御装置が少し狂いそうになる。

(注1) Langdon, Phlip, *Orange Roofs, Golden Arches*, *Knopf*, 1986.

(注2) Mariani, John, *America Eats Out*, Morrow, 1991.

(注3) 茂木信太郎『現代の外食産業』(日経文庫、一九九七年)。

(注4) 三浦展『「家族と郊外」の社会学』(PHP研究所、一九九五年)。

▼参考文献

三浦展『新人類、親になる!』(小学館、一九九七年)

5

ニューヨーク万博のイデオロギー

◎政治と消費

ニューヨーク万博の理念とその背景

「万博はアメリカの文化風景全体に広がり、アメリカ文化の形式と内容を規定し、何千万人もの観客の生活に影響を与えて、万博を生活の一部にしてしまう」と、アメリカの万博研究家リデルは言っている（Rydell, 2000）。

そのようにアメリカ文化において大きな意味を持つ万博の中でも、とりわけ重要なものがニューヨーク万博である。二〇世紀はまさにアメリカの世紀であったが、そのアメリカの世紀の到来を象徴する一つの重要なイベントがニューヨーク万博であったと言えるからだ。

ひとことでいえば、ニューヨーク万博は、ヨーロッパ社会と共産主義とファシズムという三つの体制に対するアメリカの優位性を示すために開催されたものである。したがって、これらすべてに対抗するアメリカ独自の社会像が示されなければならなかった。

その社会像とは、世界最高の生産力が生み出す大量で安価な消費財によって、みすぼらしい労働者を豊かな消費者に変えて階級問題を解決し、さらに自動車とハイウェイを基礎とする緑豊かな郊外住宅地の建設によって、産業革命の矛盾である都市問題を解決した社会である。つまり、まさにデモクラシーと消費資本主義が結合したアメリカン・ウェイ・オブ・ライフというユートピアを大衆に提示して見せた一大国家イベントこそがニューヨーク万博であったのだ。

ニューヨーク万博は、ジョージ・ワシントンがニューヨークで初代大統領就任式を開催した一七八九年から一五〇周年を記念して、一九三九年四月三〇日から一〇月までの半年間開催され、さらに翌一九四〇年にも開催された。

開催場所は、マンハッタンから東へ五キロほどのクイーンズ区のフラッシングメドウズ地区。敷地面積は約四〇平方キロだから、ほぼ東京ディズニーランドくらいの大きさである。当時はただの荒れ地だったが、この万博を契機に開発され、その後はラガーディア空港、シェイ・スタジアムなどが建設された。

ニューヨークで万博を開催しようと思いついたのはニューヨークの実業家たちだった。元ニューヨーク警察長官で酒造会社社長のグローバー・ヘイレン、地域計画学会会長のジョージ・マケナニー、百貨店のメイシーズ会長のパーシー・ストラウスがその中心だった。彼らは、大恐慌後の不景気を吹き飛ばす事業を求めていたのである。

一九三三年にシカゴで開催された万博が、多くの観光客を集めただけでなく、収益的にも成功を収めたことが彼らを刺激していた。ニューヨークでも、景気を浮揚するために万博が有効だ、ニューヨークはシカゴより大都市になったのだから、シカゴ万博よりもっと良い博覧会ができるはずだと彼らは考えたのである（Cusker, 1980）（注1）。

そして、一九三五年九月二三日、ニューヨークの主要な企業数十社が集まり、ニューヨーク万博準備会社が設立された。会社の代表にはグローヴァー・ヘイレンが就任した。そして工業デザイナーのウォルター・ティーグ、ランドスケープ・アーキテクトのギルモア・クラーク、エンジニアのR・H・シュレヴ、建築家のスティーヴン・ヴーアヒースらからなる「万博デザイン会議」が設置され、その部会として「テーマ委員会」も設置された。テーマ委員会は、地域計画学会の創始者の一人でありアメリカ建築家協会の元会長でもあったロバート・コーンが座長となったほか、ティーグらが委員となった。ティーグはシカゴ万博やダラス万博にも参画した経験があった。

明日の世界の建設

文明批評家のルイス・マンフォード、ニューヨーク市美術協会書記長のマイケル・ハール、工業デザイナーのギルバート・ローデ、そしてティーグらからなるニューヨーク・シビック・クラブでもニューヨーク万博に関する議論がなされた。そこでは現代社会の問題に関連した、文明全体の未来に関わるような新しい種類の博覧会を求める声が強かった。

マンフォードは過去の博覧会が、社会的・歴史的意味から離れて、技術の進歩ばかりを強調していることを批判した。そのような狭い視野では、どうしたら人間が環境を改良できるかがわからない。われわれは、産業、環境、文明を計画し、巨大都市に住む一員として、ニューヨークだけでも、アメリカだけでもなく、世界のために考え、来るべき時代に絶大な影響力を持つ生活の基礎をつくらねばならない。そうマンフォードは考えた（Cusker, 1980）。

こうした考え方を踏まえつつ、ヘイレンは「未来博」（Fair of the Future）というコンセプトを案出し、万博の入場者が、より良き未来の生活のビジョンを得ることができるような展示をしようと考えた（Gelernter, 1995）。そして「未来博」というコンセプトを踏まえてテーマ委員会が具体的なテーマを検討することになった。

テーマ委員会座長のコーンは、それまで四〇年来ニューヨークで活躍してきた著名な建築家であり、巨大な建造物を得意としていた。当時世界最大を誇った百貨店メイシーも彼の設計だった。また彼は低コスト住宅と都市計画の権威であり、ニューディール政策の初期において公共事業局の住宅部長も務めたことがあった。そのためか、彼はニューヨーク万博の中心テーマを住宅にしようとした。一九二七年にドイツのシュトゥットガルトで、ミース・ファン・デル・ローエ、コルビュジェら、当時のヨーロッパの代表的建築家が参加して、一般大衆のための住宅団地の提案を行った「ヴァイセンホーフ住宅展」（Weissenhof Siedlung）が話題を集めたので、アメリカでも同様な博覧会を開催したかったのである。

一方、ティーグは、博覧会のテーマは、より広い社会的問題と関係したものであるべきだと考えていた。たとえば、経済改革とか、ファシズムやコミュニズムによって脅威にさらされている民主主義の原理の保持というものがそれであった。

住宅をテーマにした博覧会か、より広い問題を扱う博覧会か、熱心な議論が交わされた。そしてふたりは、技術と社会が相互に補完しあいながら未来に向けて社会を改革する可能性を示すメッセージとして、ついに「明日の世界の建設」(Building the World of Tomorrow) というテーマを発表したのである(Cusker, 1980)。

会場をフラッシングメドウズにすることを提案したのは、ニューヨーク市公園協会会長のロバート・モーゼス。モーゼスは、ニューヨークの都市計画に絶大な影響をもつ人物であった。彼は、沼地で、ニューヨーク市のゴミ捨て場だったフラッシングメドウズを開発して万博を開催し、その後はセントラルパークと同じくらいの広さの公園にしようと考えたのである(Rydell, 2000)。

当時の大統領は三三年に就任したフランクリン・ルーズヴェルト。不況からの脱出のためにニューディール政策を推進していた彼も、ニューヨーク万博を歓迎した。三三年にシカゴ万博を訪問した彼は、万博は景気対策になると考え、シカゴ万博を三四年にも開催すべきだと提案したほど、万博好きであった（そして実際一九三四年にも開催された）。だからニューヨーク万博には一段と力が入っていたに違いない（Rydell, 2000）。

ニューヨーク万博開催の初日、彼は宣言した。「アメリカの目は未来に向かっている。アメリカという星に向かって走っている。その星は、善き意志の星であり、人類のための進歩の星であり、より大きな幸福と、より小さな困苦の星であり、国際的な善き意志の星であり、そしてなによりも、平和の星である。願わくは歳月が、われわれを希望の光の中に前進させんことを。私はここに全人類に向かって、世界博覧会、ニューヨーク万博の開催を宣言し、捧げる」。

このようにニューヨーク万博は、当時の経済情勢と国際情勢を反映して、極めて政治的な性格を有し、アメリカニズムの形成と強い結びつきを持つものでもあった。しかしそれらの要素が、外面的には美しいユートピア的色彩で彩られることによって、ニューヨーク万博は見事に大衆を魅了していったのである。

消費社会というユートピア

それでは、ニューヨーク万博が内包していたユートピア性とはどのようなものであったか。その第一の特徴は、消費社会をユートピアとして描いたということである。

未来博準備委員会の書記長であったマイケル・ハールは、それまでの博覧会を「生産者の博覧会」と考え、ニューヨーク万博はそれに対して「消費者の博覧会」であるべきだと考えた。「単に機械の進歩を示すだけではもはやニューヨーク万博のテーマとしてはふさわしくない」。これは、一九三三年のシカゴ万博のテーマが「進歩の世紀」であり、一八三三年から一九三三年までの一〇〇年間における機械の進歩をテーマにしていたことに対して、ニューヨーク万博をどう差別化するかという問題意識からの発言だった。生産者が生産手段としての新しい機械を展示する博覧会はもう終わりにしなければならない。「われわれは、自分たちが発明した機械を支配できずに混乱している。われわれ自身がつくり出した力によって、われわれは絶滅の危機に瀕している。われわれの発明をいかにして支配するかという問題への解答を世界は求めている。一九三九年に、われわれはその解答を提示するのだ」とハールは考えた。

産業革命の矛盾に苦しむ社会の改革こそが、ニューヨーク万博のテーマであった。それは単なる機械文明を超えたもの、機械文明の非人間性を克服するものでなければならなかった。機械が人間を支配するのではなく、人間が機械を支配し、人間の幸福のために機械を使いこなさなければならない。機械は人間のしもべであるはずだ。人間が機械に使われてはならない。人間が機械を使うのだ。機械は人間に使われるためにある。人間を助けるためにある。機械によって人間の生活は豊かになる。「われわれは機械の上に立つ超文明（super civilization）を提示しなくてはならない」。そしてその「超文明」としての「アメリカン・ウェイ・オブ・リビングを示さなければならない」。そうハールは考えたのである(Cusker, 1980)。すなわち、「生産する機械」に対する「消費する人間」の優位、それこそがアメリカン・ウェイ・オブ・ライフであったのであり、言い換えれば、消費社会こそが人間にとってのユートピアだという思想がそこに生まれたのである。

リデルは書く。「大恐慌時代における博覧会の中心的なテーマは、未来のユートピアに向けてのアメリカ国家の進歩であった」。しかしその進歩という言葉が強調する意味は次第に変化し、「ついに進歩は、消費者の購買力の増大を意味するようになった。万博のスポンサー企業は国民に対して、倹約や自制という古い価値観を捨てて、アメリカの工場や企業の作り出す製品を買う消費者になれ、と説得したのである」(Rydell, 2000)。

だから、言ってみれば、シカゴ万博が一八三三年から一九三三年までの一〇〇年を「生産の世紀」と位置づけたとすれば、ニューヨーク万博は、来るべき一九三九年から二〇三九年までの一〇〇年を「消費の世紀」として祝福しようとしたと言えるであろう。

労働者を消費者に変える

そのためニューヨーク万博は、それまでの博覧会のように科学、芸術、農業、製造業といったカテゴリーではなく、「平均的な人間が日常生活の中で接する物」に対応してゾーンが設けられた。具体的には、生産と流通、交通、コミュニケーションとビジネスシステム、食料、医薬品と健康、科学と教育、地域社会といったゾーンである。

こうして「明日の世界」は、民主主義と消費が結びついた新しい生活像、つまり本格的な大衆消費社会を示すものになった。そしてそれがアメリカン・ウェイ・オブ・ライフであった。

パビリオンは必然的に商業主義的なものになり、消費生活の楽しさ、新しい工業製品やサービス産業の魅力を訴求するものが中心となった。そのため、ティーグをはじめとして、ヘンリー・ドレファス、レイモンド・ローウィ、エグモンド・エイレンス、ドナルド・デスキー、ギルバート・ローデ、ラッセル・ライト、ジョージ・サキアーといった工業デザイナーが腕を振るい、「明日の世界」を具体化するためにアイデアを競うことになったのである。

「生産と流通ゾーン」の中のデュポン社の展示ではナイロンが発表された。同ゾーンにはその他に電機メーカーのゼネラルエレクトリック館、ウエスティングハウス館、エジソン館など

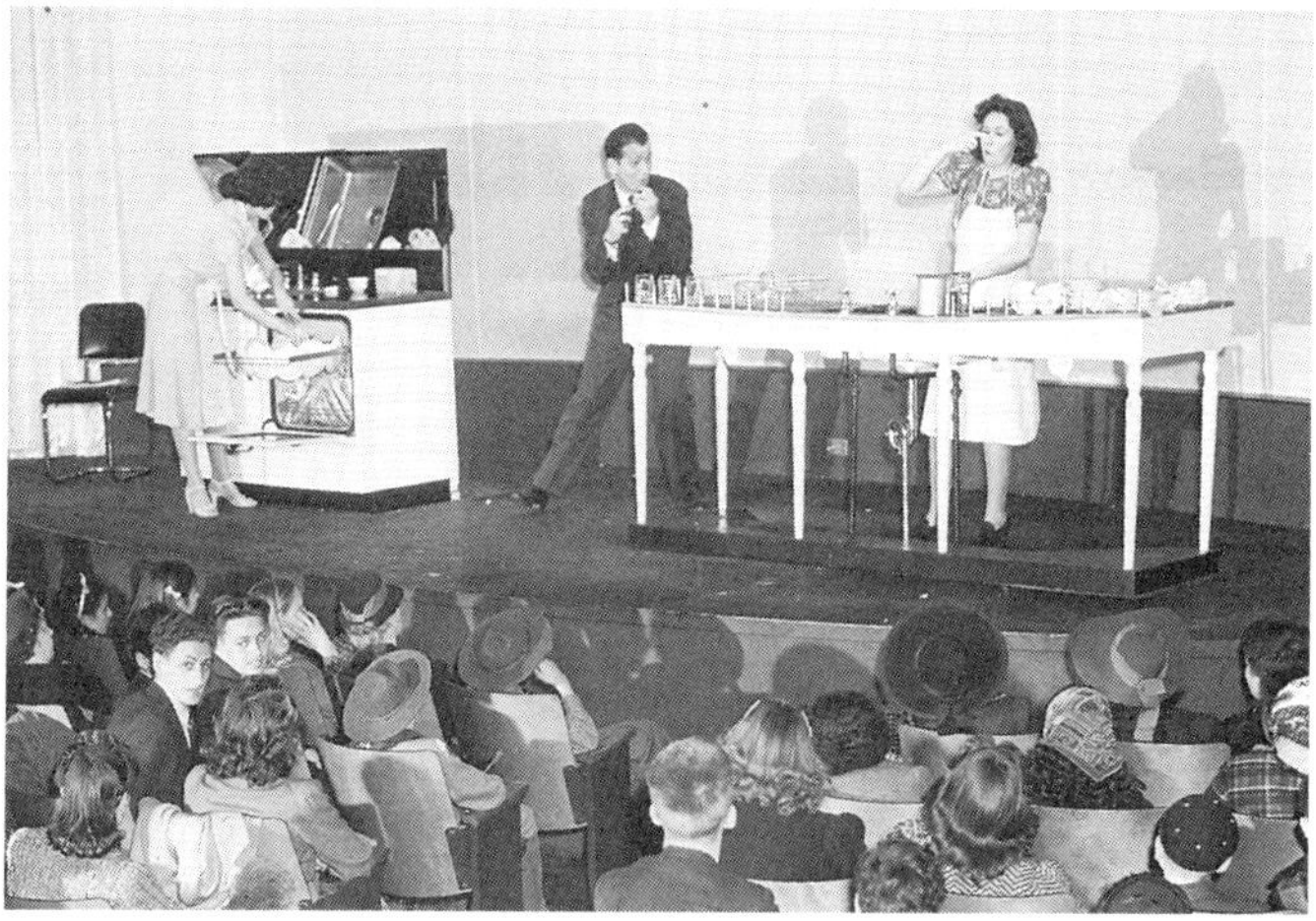
Mrs.Modern と Mrs.Drudge の皿洗い競争

があった。「地域社会ゾーン」にはデパートがあり、化粧品、レーヨン、シルク、下着が展示された。「食品ゾーン」にはハインツ館、ボーデン館など、「交通ゾーン」にはGM館、フォード館など、「コミュニケーションゾーン」にはATT館などが建設され、一般の「消費者」に親しみやすい、なかば見本市的な性格を帯びたのである。

またウエスティングハウス社は「世紀の競争」というショーを行ったが、それは主婦の手洗いと電気皿洗い機による皿洗い競争であった。結果はもちろん皿洗い機の圧倒的な勝利で終わるのだが、その皿洗い機を使う主婦の名は「ミセス・モダン」、手洗いをする主婦は「ミセス骨折り」（Mrs. Drudge）という名前であった。機械は人間を労苦から解放するためにある、それこそがモダンだという夢を家電製品は担っていた。しかも機械化による家事労働の省力化は、人々が消費生活や娯楽に時間を振り向ける可能性を拡大する。つまり、主婦を労働者から消費者に変える可能性を示したのである。

人々のユートピア

歴史家のサスマンによれば、それまでのいかなる博覧会も（ヨーロッパの博覧会もアメリカの博覧会も）、これほど「人々 people」という概念を多用したことはなかった。ニューヨーク万博は「人々のフェア people's fair」であった。それに対して、それまでの博覧会はあくまで産業技術の展示だった。万博の主役は普通の人々であること、人々による人々のための博覧会であることが強調された（Susman, 1980）。

人々 people とは、消費者の言い換えである。アメリカン・ウェイ・オブ・ライフを担う人間像は、労働者ではなく、消費者であり、それが人々 people と呼ばれたのだ。

ヘイレンは「この万博は皆様のために建設され、皆様に捧げられたものであり、皆様を喜ばせ、皆様を導くために建設された」と言い、公式ガイドブックの冒頭にこう書いた。「これまで四年余り、われわれは力強く働いて参りました。そして今皆様に、偉大なスペクタクルをお見せできることとなりました。多くの建築家、デザイナー、アーチスト、エンジニア、産業界、実業家、市民団体、教育者の才能のおかげで、より良い『明日の世界』を夢見るための視覚的な展示をつくることができました。ここでお見せするのは、最高の産業技術と社会理念とサービスと先端科学の発見であります。同時にわれわれは皆様に、人と人、階級と階級、国家と国家が相互に依存関係にあることをお示ししたいのです。われわれの近代文明の中の最高のものを保持し後世に伝えるために、聡明で調和のある協力が今すぐ必要であることを皆様にお知らせしたいのです。われわれは平和な世界の中での秩序ある進歩を望んでおります。……これは皆様の博覧会です。皆様のために建設され、皆様に捧げられます。……皆様、どうかわれわれの最も真摯なメッセージを受け取ることを決して忘れないでください。どうしたらわれわれは、より良い『明日の世界』のために積極的に貢献できるのか。この短い、しかし心からのメッセージとともに、われわれは皆様を博覧会にお連れいたします」。

トライロンとペリスフィア

人々を万博の中心と考えるヘイレンの思想は、この万博のテーマ館である「トライロンとペリスフィア」（二一三頁扉参照）に最も体現されていた。直径六〇メートルの球体であるペリスフィアの内部には、「デモクラシティ Democracity」（言うまでもなく democracy と city の合成語である）という展示があった。それは一〇〇年後の二〇三九年の都市のジオラマである。

しかしそれは単なる構造物、建築物の展示ではない。それは人々のための思想を表していた。観客はそのデモクラシティを上から見下ろす。約三万平方キロというから関東平野くらいの広さのデモクラシティを地上約三〇キロの高さから見下ろすイメージである。まさに天空からの風景は、神の目で見た世界を模していたに違いない。

デモクラシティの展示は六分間。夜明け前の姿から始まる。まだ暗い空に無数の星がまたたき、交響詩の演奏とともに、千人もの人々のコーラスが天空から聞こえてくる。ニューヨーク万博のテーマソングだ。コーラスは歌う。


われらは遙か遠方より来たる潮のうねり。

肩を組み、われらの道を行進する。

勇敢なる新世界に向かって。

明日の世界を、われら今建設せん。


紫色に光る一〇個の点が空中に等間隔で現れ、その光の中からたくさんの男女が歌いながら行進してくる映像が映し出される。最初は小さかった彼らの姿が次第に大きくなり、あたかも彼らが近づいてくるように見える。それは労働者たちだ。そしてナレーションが流れる。「勝利の歌を歌う、この男女の行進は、明日の世界の真の象徴だ。もし、何百万人もの、何億人もの人々が、行進し、働き、共に歌うことができないなら、明日の世界は実現しない。牧師も、農民も、炭坑夫も、主婦も、砂取り人も、野球選手も、電話交換手も、大臣も、乳搾り人も、綿つみ人も、車掌も、看護婦も、世界中のあらゆる男女が、腕を組み、勝利の行進をする。彼らは混沌を乗り越えて勝利した。彼らは明日の世界を建設したのだ」(Rydell, 1993; Larry, Lerner and Rolfes, 1988)。

この演出は社会主義的ですらある。しかしこれこそがアメリカン・ウェイ・オブ・ライフというユートピアの高らかな宣言だったのだ。すべての人々、すべての職業、すべての階級が相互に助け合いながら、ヨーロッパの暗黒の、混沌とした階級社会を乗り越え、アメリカン・ウェイ・オブ・ライフを実現する、それがニューヨーク万博の思想であった。

公式ガイドブックでも労働者への視点は忘れられていない。パビリオンを設計したデザイナーだけでなく、実際にパビリオンの建設に携わった無数の無名の労働者たちに祝福を！　とガイドブックは書いている。紙の上に書かれたデザイナーの夢は仮の姿に過ぎない。夢を現実に変えるのは技能者や労働者だ。フラッシングメドウズの荒れ地を、この歴史上最も偉大な博覧会の会場に変えたのは彼らだ。そう言ってガイドブックは労働者たちを褒め称えた。労働者が社会の真の主役であり、そうであればこそ彼らが消費者となってアメリカン・ウェイ・オブ・ライフを担うことに意味があるのだ。

もちろんこうした労働者への賞賛は、アメリカの共産主義化を未然に防ぐという狙いから生まれたものである。一九三三年のシカゴ万博の時も、ルーズヴェルト大統領の側近は、シカゴが共産主義化の危機にあるとホワイトハウスに告げていた。一九三八年、ニューヨーク万博のプレビューが開催されたときも、万博側の自動車パレードがメーデーの行進にぶつからないように注意しなければならなかった。

しかしニューヨーク万博の描く「明日の世界」は、こうした労働者の目を現在の困窮にではなく、未来の豊かさに向けるだろう。だからこそ企業は、多額の投資をニューヨーク万博の展示のために行ったのである。

郊外というユートピア

ではデモクラシティの中で、労働者たちはどこに住むのか？　それは郊外だった。騒音と煤煙が充満した都市を離れ、緑豊かな郊外に住むことが理想化された。コーンは、デモクラシティは「スラムと煙突の無計画な混乱」ではなく、精巧に作られた道具であると考えた。著名な工業デザイナーのヘンリー・ドレファスが、その思想を形にした。

約三万平方キロの広さのデモクラシティの人口はわずか一五〇万人。中心部は「センタートン Centerton」と名付けられた地区で、ビジネス、教育、文化などの機能があり、就業人口は二五万人。しかしそこには誰も住まない。

住むのは郊外だ。センタートンの周囲には、七〇の衛星都市がある。それらは「プレザンヴィル Pleasanville」という人口一万人の住宅専用地と、「ミルヴィル Millville」という人口二万五千人で、ベッドタウンと軽工業からなる都市からなっている。「センタートン」「プレザントヴィル」「ミルヴィル」は高速道路によって結びつけられており、その間には巨大なグリーンベルト地帯があって農業やレクリエーションのための地域になっている。

デモクラシティ

明らかにデモクラシティはイギリスのエベネザ・ハワードの田園都市思想の流れを汲むものだった。ハワードは一九〇二年に「明日の田園都市」（Garden City of Tomorrow）を書き、煤煙と騒音に溢れた不潔な都市を離れた田園都市の建設を唱えた。都市の良さと田舎の良さを取り入れた田園都市が、新しい人間的な生活を実現するとハワードは考えた。ハワードの思想は、その後、イギリスでレッチワース、ウェルウィンといった都市として実現し、ヨーロッパ諸国にも波及したが、アメリカでもその影響は大きかった。マンフォードもハワードに強く共鳴したひとりである。実際、ニューヨーク万博の公式ガイドブックのデモクラシティの写真キャプションには「計画され、統合された田園都市」と書いているのである。

ただし、ハワードの田園都市は、その内部で職住を完結する都市であり、都心で働く人々のためにつくられたベッドタウンのことではない。その意味で、ハワードの目指した田園都市を実現したものはレッチワースだけだとも言われている。

フューチャラーマ

デモクラシティと並ぶニューヨーク万博最大の呼び物がフューチャラーマ futurama である。デザインは当時のアメリカの流線型デザインを代表する工業デザイナーであるノーマン・ベル・

ゲデスが担当した。

フューチャラーマはゼネラルモーターズのパビリオンの中にあった。長蛇の列をなして待ちくたびれた客は、ようやく入り口にたどりつくと、エスカレーターに取り付けられた快適なクッション付きの二人掛けのボックスシートに座る。シートは何列もつながっていて全長は五〇〇メートルもある。一番高いところで七メートルの高さを、上がったり下がったり、回ったり、スイッチバックしたりしながら動く（現在のテーマパークにある、いわゆるライドを想像すればいい）。

まずは大きなアメリカ地図が現れ、シートに内蔵されたスピーカーからナレーションが流れ、現在の道路不足の状況を語る。そしてナレーションは言う。「ゼネラルモーターズがあなたを未来のアメリカへの旅にご案内いたします。一九六〇年の世界です」。そして客は「ハイウェイと地平線」と名付けられた旅に出る。緑豊かな自然の風景が現れ、何マイルもの長さの未来の高速道路が見えてくる。

ハイウェイからは支線が出ていてハイウェイと現在の道路を結びつけている。それは、何百フィートもの空中を飛びながら下界を見下ろすような体験だ。そしてクライマックス。シートは未来の都市の交差点の上空にやってくる。ミース・ファン・デル・ローエ風の角の丸いガラス張りの高層ビルが天を突き刺し、交通は見事に規制され、歩道は広く美しく整備されてい

フューチャラーマ

る。そして交差点を曲がり、旅は終わる。最後にナレーションが言う。「"All eyes to the future"――すべての目を未来に向けよう」(Going to the Fair, 1939)。

フューチャラーマは未来社会の中に自動車を最も重要な条件として位置づけた。「フューチャラーマの最も重要で最も深いところにある信念は、〝スーパーハイウェイ〟(これは一九三〇年代にできた言葉だ)が最終的に至る所にはりめぐらされ、国中を縦横無尽に走るようになれば、われわれは自動車に乗って、仕事でも買い物でも遊びでも、家から何マイルも離れたところに行くことができるようになる。そして都市で働く人々が緑豊かなカントリーに住むことを可能にする」という思想であった(Gelernter, 1995)。ゼネラルモーターズではシカゴ万博でも展示を行ったが、それは生産ラインを再現したものにすぎなかった。しかしニューヨーク万博では、生産者の博覧会から消費者の博覧会への転換を象徴するかのように、自動車が可能にする人々の生活像を描いてみせたのだった（Rydell, 2000）。

第二次世界大戦後、アメリカ人が爆発的に都市から郊外に流出し、巨大なハイウェイが次々と建設され、完全な自動車社会になっていったのは、そもそも一九三九年の段階で、こうしたプロパガンダが行われていたからであった。三〇年代には連邦住宅局 Federal Housing Agency により、復員軍人や労働者のための低価格住宅の建設も始まっていた。誰でも郊外に一戸建ての住宅が持てることがアメリカの労働者の目標となった。郊外に家を持ったとき、労働者は消費者になり、労働者になることができたと言える。

ちなみに、ニューヨーク万博にはもうひとつ理想の郊外生活の展示があった。連邦住宅局がつくった「明日の街」（Town of Tomorrow）である。これは、四万平方メートルほどの敷地に実物大の街がつくられたもので、様々な収入階級の人々のための住宅があり、産業と科学と芸術が、快適で便利で美しい住宅と住環境を可能にすることをデモンストレーションしたものであった。

住宅は公園に面したクルデサック（袋小路型の路地）を囲んで建てられていた。コミュニティアートセンターには小劇場、ダンス練習場、芸術工芸教室など、様々な地域活動のための施設があった。住宅には多様な建材が使われていたが、それらが調和するようにデザインされていた。デザインは統一感を持っていたが、画一的にならないように考えられていた（Going to the Fair）。

国を挙げての郊外建設が始まろうとしていた。ニューヨーク万博はその盛大な旗揚げ式であった。

電気とユートピア

アメリカの歴史学者ナイは、郊外建設の機運の盛り上がりの背景には、もう一つ重要な要素があったという。電気である。電気にはそれまでの化石エネルギーにはない魅力があったからである。

産業革命によって都市は騒音と煤煙と悪臭が充満していた。だからこそ緑豊かな郊外が求められたのだが、そこに電気というエネルギーが台頭した。電気は色もなければ臭いもない、清潔なエネルギーだ。電気が石炭に代わって家庭内の主要なエネルギー源になれば、家庭の中からも煤や煙や臭いが消えるだろう。電気は家庭を清潔にするものでもあったのだ。

スピーゲルは「戦後の郊外の核心をなす支配的な美意識とは、防腐剤的空間モデルだ」としながら、その防腐剤的な郊外の形成にとって電気が大きな意味を持ったとしている。「アメリカの一九世紀の知識人は、〝電気革命〟が到来すれば、産業化による煤煙と騒音が電気の力によって浄化されるだろうと予言した。電気によって、工場の機械による汚染は消え、新しい、より清潔な環境がもたらされるだろうと考えられた。……新しい電気的な環境は、つまるところ、都市の中の社会的な頽廃という、より大きな問題関心に結びつけられていた」。知識人も大衆も、電気を万能のイメージでとらえ、電気があれば都市の中の社会問題を一掃できるのではないかと夢想した。「移民問題や階級の対立といった問題までもが電気という魔法の力によって消滅する」とすら思われたのだ（Spiegel, 1992）。

電気というエネルギーは、まさに魔法のエネルギーであり、ユートピアのエネルギーと見なされたのだ！　そして、清潔な郊外には、電気が必須の条件となる。洗剤をたくさん使い、台所も家中もぴかぴかにし、衣服をどんどん洗濯し、シーツを週に二度も洗う。そういう清潔な郊外生活の基盤が電気だったのだ。だからこそ、郊外に住むことは必然的に（！）その家の中に電気製品を買うことでなければならなかった。都市の雑踏と汚い空気の中で働いてきた人々も、ひとたび郊外に帰れば、豊かな緑ときれいな空気の中でリフレッシュすることができる。そして、電気製品で埋め尽くされた家はまさしく清潔であった。

ニューヨーク万博に先立つ一九二〇年代は、家庭向けの電気製品がつくられて、一部の高所得層に普及し始めた時代である。典型的なのはラジオだが、一九二一年にはわずか六万世帯だったラジオ保有世帯が三〇年には一三七五万世帯になった。一九二〇年代が「ラジオデイズ」と呼ばれる所以である。

その他、掃除機、洗濯機、冷蔵庫などの家電が登場していた。一九二一年のフィラデルフィアの平均的な家庭の家電保有率は、アイロン六〇％、掃除機四〇％、洗濯機五％。冷蔵庫は三〇年代以降から普及し始めたという（Nye, 1991）。

こうした電気製品をさらに家庭に広く普及させたい。そのために万博は大きな宣伝になる。おそらく電機メーカーはそう考えたに違いない。エジソン館は「光の都市 City of Light」という展示で、光り輝く夜のニューヨークの摩天楼を示し、ゼネラルエレクトリック館は発電機で稲妻を出して見せた。ウェスティングハウス館は「エレクトロ」という名のロボットをつくって、ロボットと司会者を会話させたり、ロボットに数を数えさせたりした。ロボットが電気仕掛けのユートピアの夢を見せたのである。

「消費の単位」としての家族

消費社会をユートピアと考える思想は、消費する人間を理想化する。上述したように、一九三〇年代の万博は、より多くを消費することが進歩であるという価値観に貫かれていた。ニューヨーク万博も、家族を「消費の単位」（consumer unit）と捉えていたとクスカーは書く。それまで生産の単位だった家族が、消費の単位となったのだ。家族として消費し、消費することで家族らしさを実現する、そういうシステムが生まれようとしていた。

「生産と流通」ゾーンの計画を担当したエグモンド・エーレンズは、アメリカ社会の第一の問題は、人口の内のもっと多くの割合の人が消費するようになり、社会全体としての購買力を高めることである、消費がアメリカン・ライフを規定する、アメリカン・ウェイ・オブ・ライフとは、個人の購買力が高まって、もっともっと多くの物を消費することである、消費することとは経済に大きな影響を与えるだけでなく、機械文明の本質に対する信頼を深めることになり、生産物そのものがアメリカという国の性格の基本的な要素になると考えた（Cusker, 1980）。「生産と流通」ゾーンはまさに「大量生産と大量流通」そして「大量消費」を喧伝するものだったのだ。

ウエスティングハウス社は有名なリンド夫妻の社会学研究『ミドルタウン Middletown: A Study in Modern American Culture』にヒントを得て、インディアナからニューヨーク万博を見に来たミドルタウンの家族ミドルトン一家を主人公にした映画「ミドルトン一家　万博に行く」（The Middleton Family at the 1939 World's Fair）を製作した。これも、この博覧会にとって、そして企業にとって、消費する家族というものが非常に重視されていたことを物語る事実である。

そもそもニューディール政策そのものが、消費の単位として家族を重視したものであった。ニューディール政策の立案者たちは、アメリカの不況の原因はつまるところ家族市場の沈滞にある、つまり農業や工業の生産力の上昇に見合うほど家計消費が伸びていないことにある、だから家族市場を拡大することが景気浮揚につながると確信していた。ルーズベルトは、労働者が安心してたくさんの農産物や工業製品を購入できるよう、雇用を確保・拡大する政策を打ち出した。万博を開けば、旅費が増え、新しい消費財への欲望が刺激され、最後には、国民の自信を再建しようと努力している自分への支持も高まるであろうとルーズベルトは期待したのである（Rydell, 1993）。

第二次世界大戦と典型的アメリカ家族

個人や家族を消費者として見なす思想は、彼らを均質な、平均的なものとして見なす思想を強化する。サスマンは、一九三〇年代は「平均 average」という概念が生まれた時代であると言う。「平均的アメリカ人、平均的アメリカ家族という概念が未来の文化の新しいヴィジョンの中心概念になった」(Susman, 1980)。

そしてニューヨーク万博にも、その「平均的」という考え方が根強く存在していた。というより、平均的アメリカ人、平均的アメリカ家族をつくりだすという意図がニューヨーク万博にはあった。そして第二次世界大戦の勃発がその動きを助長した。

すでに一九三九年九月、ナチスがポーランドに侵攻して第二次世界大戦が勃発。四〇年六月にはパリが陥落した。第一次世界大戦後は孤立主義を貫いていたアメリカにも危機感が強まっていた。四〇年五月一一日から開催された二度目のニューヨーク万博では、三九年の万博の収支が悪かったため、銀行家のギブソンが座長になり、入場料を下げて大量の動員を狙ったが、そこには万博によって愛国主義を盛り上げようという意図もあった。

ギブソンはニューヨーク万博を「大国フェア super country fair」と位置づけ、「明日の世界」というテーマを「平和と自由のために For Peace and Freedom」というスローガンに変更した。「エンターテイメント・ゾーン」は「The Great White Way」という名に変えられ、ソ連館は壊されて、「アメリカン・コモン」という建物に建て替えられた。そこではアメリカ人の格好をした外国人やアメリカのフォークソング歌手がフォークソングを歌って踊るというイベントなどが開催され、アメリカは多様な民族が仲良く暮らす国だというメッセージが発せられた。一九三九年には「人々 people」が重要だったが、四〇年には「民族 folk」が重要になった、とサスマンは言う（Susman, 1980）。

万博のポスターは、三九年の未来主義的なトライロンとペリスフィアの図像から、連合国の旗がはためくものに変わり、母親に手を引かれた子供が星条旗を持つ姿が描かれた。その他にも、各種のポスターには頻繁にElmer（平均的な中流の男性）が描かれるようになり、「アメリカ人であることをあなたは誇りに思う」というコピーがつけられた。あるポスターは「万難を排して万博へ行こうGO by all means」と呼びかけ、Elmerの一家が自転車に乗って走る姿が描かれた。このように一九四〇年のニューヨーク万博では、実に愛国主義的な図像があふれ出したのである。

デモクラシティに登場したような労働者が中流階級の生活を享受できる社会、それがアメリカだ、そんなことはドイツにもソ連にも他のどの国にも実現できない、という主張がそこにはある。特権的なアメリカ人ではなく、平均的で典型的なアメリカ人こそが、アメリカの正しさを証明しなければならなかった。

中流家庭に万博来場を呼びかけるポスター

「典型的アメリカ家族「Typical American Family」を選ぶコンテストが、連邦住宅局、フォード社、ジョン・マンヴィル社の共催によって開催された。これは、地方新聞へのエッセーコンテストと写真審査を通じて四八州それぞれから典型的なアメリカ家族が選ばれ、当選者は新型フォードに乗って無料で万博に招待され、連邦住宅局によって建てられた家に一週間ただで住み、その代わりに家族自身が展示されるというものであった。そしてその家の壁はジョン・マンヴィル社のアスベストでできていた。商業主義と郊外住宅と自動車と家族と愛国主義が一体となっていた。

しかし実際に選ばれる典型的家族には、父親と母親と息子と娘からなるアメリカ生まれの白人の家族が好まれた。その背景には優生学の流行があった。二〇世紀初頭からイタリアや東欧からの移民が増えていたことがWASP層の反感を買い、優良なるアメリカ人を後世に残さなければならないという意識の拡大が優生学を台頭させていた。博覧会は優生学を国民に広める良い機会と考えられたので、二〇世紀初頭の博覧会では、「人種改良週間」といったイベントなど、優生学の展示がされることがよくあった。そしてニューヨーク万博の「典型的アメリカ家族」の展示でも優生学はその理論的な基礎になっていた。事実、コンテストの申込用紙には「人種」を記入する欄があった（Rydell, 1993）（注2）。

このようにニューヨーク万博が示したユートピアは、一面では、一九世紀以来の社会改良主義の流れを汲みつつ、機械を支配下に置いた労働者が豊富な消費財に囲まれた消費者となり、緑豊かな田園都市の中でモダンな生活をおくるというものであったが、他方では、迫り来る世界大戦という状況の中で、愛国主義や優生学と強く結びつきながら、ファシズムとコミュニズムの脅威に対抗するためにつくられた、アメリカニズムという強固なイデオロギーだったのである。

(注1) 一九三〇年代にはニューヨーク、シカゴのほかにも、サン・ディエゴ、ダラス、クリーブランド、サン・フランシスコなどで博覧会が開催されている (Rydell, 2000)。

(注2) 博覧会と優生学や人種差別の関係については多数の文献がある。次はその一例である。
Rydell, Robert, W., 1993, *World of Fairs*, The University of Chicago Press.
Rydell, Robert, W., ed. 1999, *The Reason Why the Colored American is not in the World's Columbian Exposition*, The Board of Trustees of the University of Illinois.

▼参考文献

Cusker, Joseph P., 1980, "The World of Tomorrow," in *Dawn of a New Day*, Queens Museum.
Gelernter, David., 1995, *1939 Lost World of the Fair*, Avon Books.
Larry, Lerner and Rolfes, 1988., *The World of Tomorrow*, Harpercollins.

Nye, David E., 1991, *Electrifying America*, MIT.
Rydell, Robert, W., 1993, *World of Fairs*, The University of Chicago Press.
Rydell, Robert, W. et al., 2000, *Fair America*, Smithonian Institution Press.
Spiegel, Lynn, 1992.,"The Suburban Home Companion," in *Sexuality and Space*, ed. Colomina Beatriz, ed. Princeton Paper on Architecture.
Susman, Wallen, 1980.,"People's Fair" 1980, in *Dawn of a New Day*, Queens Museum.
Official Guide Book The New York World's Fair, The World of Tomorrow 1939.
Official Guide Book The World's Fair of 1940 in New York, For Peace and Freedom.
Going to the Fair, Sundial Press, 1939.

コラム

大阪万博と日本列島改造論

大阪万博は、本当のところ何をわれわれにもたらしたのであろうか。いつまでも輝き続ける「古典的な」失われた未来像か。あるいは、失われたのは未来像だけなのだろうか?

大阪万博のテーマは「人類の進歩と調和」である。これは、産業革命以来の技術進歩が、一九六〇年代にいたって、様々な問題を人類にもたらしたことを踏まえ、単に楽観的に未来社会を示すだけでなく、それらの諸問題をどう解決し、調和ある進歩を実現するかというテーマを掲げたものであった。しかも、日本が和を以て貴しとなす国であるということから、その調和という課題が、まさに日本および東洋の文化に極めて親和性の高いものと考えられていた。近代的な技術文明、産業文明と、日本的、東洋的な精神文化とを結びつけることで、人類全体にとっての進歩と調和を生み出そうとしたのである。

もちろん、そうした思想から新たなナショナリズムが喚起されることをいぶかる声も少なくなかった。六〇年安保をピークとする政治運動が所得倍増計画という経済的なアメと東京オリンピックというナショナリズム的な祭典によってかき消されたように、七〇年安保を中心とする政治運動もまた万博によって雲散霧消することが恐れられたのである。

だが、ヴィクトリア朝の全盛期に行われた世界最初の万博、ロンドン万博をはじめとして、万博が本来技術文明礼賛とナショナリズムの祭典として存在してきたことは言うまでもない。そうした歴史の中でも、二〇世紀の大衆消費文化という観点で、また特に一九七〇年代以降の日本の大衆消費社会の発展にとって、とりわけ重要な意味を持つのが一九三九年に開催されたニューヨーク万博であろう。

ニューヨーク万博は、一九三九年と四〇年に開催された。それは、自国の独自の価値観と生活様式を確立しようとしていた一九三〇年代のアメリカが、古めかしい階級が残存する暗黒のヨーロッパ社会に対抗するために、また、その階級社会への批判から生まれた共産主義とファシズムに対抗するために開催されたと言ってよい。アメリカは、大量生産による安価な商品によってみすぼらしい労働者を豊かな消費者＝新中間層に変え、それによって労働問題を解決しようとした。そして自動車とハイウェイを基礎とする郊外（田園都市）の建設によって都市問題を解決しようとした。ニューヨーク万博はまさに、デモクラシーと消費資本主義が結合した独特のアメリカン・ウェイ・オブ・ライフを大衆に提示して見せる一大国家イベントだった。

アメリカン・ウェイ・オブ・ライフという思想は、消費と家族とナショナリズムを結びつけながら、一つの強固なイデオロギーとして完成していった。そのイデオロギーが第二次大戦後の日本および世界に大きな影響をふるったことは言うまでもない。とりわけ、日本の戦後はアメリカ型の大衆消費社会の実現によって、社会問題、経済問題を解決しようとした。東京オリンピックも大阪万博もその大衆消費社会の建設という目標の中で戦略的に位置づけられていたイベントであることは言うまでもない。

大阪万博は、国内政策的には、重工業主体から情報、サービスなどのソフトな産業への転換を促進すること、そして東京への過度な機能集中を防ぎ、日本全体の均衡ある発展を促すことを目指したものであり、おそらくはそれによって国民の中にある政治運動を抑制しようとしたものだと言える。言い換えれば、「進歩と調和」の名においてそれまでは東京など大都市が独占する形であった「豊かさ」を地方にも広め、豊かさを平均化し、平均的な消費者としての日本人を増大させることであったと言える。

万博には、地方からの入場者も多かった。四八％が会場から一〇〇キロ圏内からの客だが、三〇〇キロ圏以上も三六％いる。当時の交通事情から見れば、相当大規模な日本民族の大移動があったと言える。しかも農協、修学旅行などの団体旅行が多かったから、地方の多くの人々が万博を見ることによって、そこで展開されている未来像と自分たちの故郷での暮らしとの落差に愕然としたとしても不思議ではない。リニアモーターカーも万博で展示されたが、その開業はいまだに当該地域の悲願である。万博が描いた夢が地方開発に波及した典型的な例であろう。

そして万博が終わると、田中角栄は日本列島改造論を打ち出し、日本中の地方に高速道路と、新幹線と、空港をつくろうとした。それによって大都市の過密が軽減され、地方は、集団就職も出稼ぎもせずに雇用を確保できるようになり、経済的に発展していくことができる。それが雪深い新潟の農村に生まれた田中の夢であった。田中政権の崩壊後も、地方の時代、田園都市構想、国土の均衡ある発展といったスローガンの下に、大都市圏だけに集中していた生産拠点は地方にも分散し、高速道路と新幹線が整備され、地方で雇用が創出されて、集団就職がなくなり、出稼ぎは減少した。都市型の豊かな消費生活が地方でもしだいに可能になった。

こうした生産拠点の地方移転とともに、地方振興のために行われたのが、まさに博覧会である。一九八〇年代には神戸ポートピアが開催されて大成功を収め、バブル時代には日本中のありとあらゆる地方で博覧会が開催された。それらのほとんどが、東京一極集中に対抗して地方を活性化することを大きな目的の一つに掲げた。

大阪万博が人類に進歩と調和をもたらしたかどうかは知らない。しかし、少なくとも日本国内について言い得ることは、大阪万博以後、都市と農村の進歩の格差を縮め、都市と農村の調和ある発展を目指すという目的のために国土の大改造が行われ、日本中の地方という地方に消費社会が広がり、ロードサイドには安売店とファミリーレストランとコンビニとテレクラができたということであろう。つまり日本中の均質化が進み、日本人が「平均的な消費者」になったのである。しかしそれが本当に進歩や調和と言えるものかどうか。むしろ過去二〇年間の博覧会によってこそ、日本はいわゆる「土建国家」になってしまったと言えるのではないだろうか。

対談

オタクと高速道路

森川嘉一郎×三浦 展

万博とオタク

三浦 森川さんは何年生まれでしたっけ。

森川 一九七一年です。

三浦 ポスト万博の世代ですよね。万博に気づくまでには当然、時間がかかったと思いますが、どのように気づいて、関心を持つようになったのでしょう。

森川 いくつかの段階がありました。記憶をたどってみると、最初に「万博」という言葉を目にしたのは、小学生の頃、家にあった『サザエさん』の単行本を読んでいたときだったと思います。最初のコマで磯野家の波平さんが子どもたちに向かって「今日は縁日、明日はプール」と夏休みの予定を言うと、子どもたちが大喜びする(「今日は帝劇、明日は三越」のパロディでしょう)。カツオ君が万歳をしながら家の外に飛び出したら、そこへ金持ちの家の子供がやってきて、「今日は万博、明日はハワイ」と逆に自慢されてしまう。カツオ君がしょげて家に帰ると、波平さんが「上を見るべからず」と張り紙をしているというオチです。その四コマ漫画を見て、「万博ってなに?」と親に聞きました。その時に、そういう巨大なイベントがあったということを初めて知ったんです。

そこから大学時代まで飛びます。建築学科に入ったことから、磯崎新さんの著作を読むようになりました。磯崎さんは丹下健三さんのもとで大阪万博のもろもろの作業をしていらして、その時の考え方が『手法が』などの著作に描かれているわけです。

丹下さんは基幹施設のプロデューサーで、磯崎さんはその中でもお祭り広場の大屋根の下で行われるイベントのプログラミングに注力されていました。当時はロンドンのアーキグラムやセドリック・プライスらによるSF的な都市ビジョンが一世を風靡していたのですが、それが日本の黒川紀章らのメタボリズムグループに影響を与え、日本で実際の建築となるということが起こっていました。スペースフレームの下で展開されるソフトウェアを設計するという、お祭り広場のコンセプトは、そうした流れの中にありました。形が問題なのではなくて、空間にどのようなソフトウェアを仕組んでいくかが今後の建築の命題になるのだという考え方ですね。

一方、磯崎さんは反体制的な前衛芸術家たちとも付き合いの深い方でした。万博というのは国家が国民の目を安保問題からそらすために仕組んだものだとされていましたし、そうでなくとも体制主導の一大イベントでしたから、そこに自分が荷担していることに対する当時の葛藤も、著作には述懐されていましたた。そのストレスから、オープニングのときに倒れてフォークリフトに乗せられて病院に担ぎ込まれたという逸話なども書かれてあったりして、そうした諸々の構図の中にあったイベントだったのだということを、建築学生のあいだでバイブルのように読まれていた磯崎さんの著作を通じて知るようになったわけです。

そして、私にとっての万博との最大の関わりとなったのが、二〇〇四年のヴェネチア・ビエンナーレの国際建築展です。その日本館で、秋葉原のおたく街化に関する展示を、コミッショナーという立場で制作することになったのです。

当初私は、秋葉原をおたく街として特徴付けている要素、例えばアニメの垂れ幕広告であるとか、キャラクターの等身大POPであるとかを街の風景からサンプリングして日本館に持ち込み、館内に街を再現すれば、一番ストレートでわかりやすいかと思っていました。ただそれだけだと、八〇年代のブレードランナーやニューロマンサーから描かれ始めてすでにクリシェと化している、オリエンタルなものとハイテクがカオス的に入り交じったダークな未来都市像と、どう違うのか、おそらく判然としない。秋葉原の変化の何が新しいのかというと、特定の人格の人々が街に地理的規模で恒常的に集まるようになり、その結果として都市が、彼らの趣味嗜好に従うように急変していったという力学とプロセスが新しいわけです。そこを伝えようとするならば、そうしたプロセスの結果として出来上がった都市の姿を見せるよりも、その都市を変えた人格のほうを前面にすえて展示を作ったほうが、最も肝心な点が見えやすいだろうと思ったんですね。その人格とは、秋葉原の場合、「おたく」になるわけです。だから、「秋葉原」ではなく、「おたく」を標題に掲げたわけです。それでは人格としてのおたくをどうみせるか。特に、おたくがどういう風に発生したかを語る上で、展示の冒頭に何を持ってくるか、あれこれと考えていた時に、万博に思いいたったわけです。

三浦　オタクと万博というつながりは、ある意味とても飛躍してますよね？

森川　そこで万博を持ち出したことには、おたくの展示をつくるということと同時に、ビエンナーレという枠組みが絡んでいます。アートのビエンナーレと同様に、建築のビエンナーレでは、適当なテーマを掲げて活きのいい参加作家、すなわち建築家を数人選定し、その建築家たちの最新のプロジェクトを、図面や模型で展示するというのが通常の風景です。

一方、「おたく」の展示をつくるなら、おたくの人たちに参加作家となってもらって展示を制作するのが正しい姿になります。ところが、おたく業界の人たちはビエンナーレになんか関心などないし、そもそも知らないわけです。さらに、説明して理解されたら、「そんなところにおたくを出すのかよ」と、むしろ反発されてしまう。コミッショナーの任務の核は出展交渉になるわけですが、そのハードルが非常に高い。これがいわゆるアーティストや建築家であれば、むしろ金を払ってでも出たいという人が多いのですが。

そこで対案として、建築業界の人たちにおたくを「解釈」させて展示を組んでもらうという路線も、併行して検討してみたんです。ただし、一つの条件を設定しました。「建築家たちが青山とか六本木でしているようなデザインを秋葉原に持って行ったら、そこにいるおたくの人たちは、むしろ不幸になってしまう。だから、秋葉原に出向くおたくの人たちを幸福にすることができる建築家がいたら、その人に依頼しよう」と考えたわけです。そして、そのようなデザインができる建築家がいないか、知人や建築雑誌の編集者に聞いてまわりました。ところが、なかば予想してはいたのですが、そんな人はいないわけです。特に、ビエンナーレへの招聘に適切な、若手や中堅どころの建築家でそんな人はいない。これは、建築家という職能を支える趣味のヒエラルキーの、構造的な問題なんですね。ただ、少し過去へ目を向ければ、おたくの人たちを非常に興奮させた建築の世界というのが、実はあったんです。今の建築家やその作品で見つからないなら、その過去の事例を持ち出そうと、途中から考えるようになっていました。それが、大阪万博だったわけです。

また、万博会場の航空写真を見ると、ビエンナーレのそれとそっくりの構造になっています。ビエンナーレはヴェネチア東端のジャルディーニという公園が主会場なのですが、そこに各国が常設の国別のパビリオンを設けているわけです。イタリア館とかドイツ館とか日本館とか、ですね。その構造の符合は、歴史的にみれば当然であって、万国博覧会もヴェネチア・ビエンナーレも、ともに一九世紀のヨーロッパの世界像をベースにして作られた制度なんです。ヴェネチア・ビエンナーレは一八九五年から始まっているのですが、その翌年には、やはり選手たちが国を代表するかたちで競う近代オリンピックが始まっています。国家を単位とし、その集合として世界をとらえるという世界像です。その世界像が万博、ビエンナーレ、オリンピック、そして二〇世紀に入って国際連盟や国際連合の土台となっていったわけです。万博とビエンナーレは、その意味で必然的に似ているんですね。

そのヴェネチア・ビエンナーレの国際建築展ではなにがなされているかというと、いわば各国の最新鋭の建築のビジョンを、そこに展示しているわけです。大阪万博では、各国のパビリオンの形態によって、集合的に未来都市の風景が出現していました。当時は一般の人々にとって、建築のデザインが未来を表象する力を持ち得ていて、パビリオン建築に注入された未来信仰のオーラそのものが、あの万博の大きな魅力にもなっていたはずです。建築によって未来が描かれているという点でも、両者は共通しているわけです。だから、展示の冒頭に大阪万博を置けば、ビエンナーレ国際建築展全体の枠組みと韻を踏みつつ、「おたく展」へブリッジする役割も担い得るだろうと考えたわけです。

では、万博と「おたく」はどう関係しているのか。

それは、おたくという人格と、秋葉原という場所が関係していく物語を語る上で、わかりやすい起点となるからです。この場合、万博がおたくの起源だったというよりは、万博に象徴されていたような未来信仰、科学技術信仰が失墜していったことが、おたくやその文化の起点となっていたのですが。つまり、人一倍未来や科学技術に夢を抱いていた少年たちが、万博以降、未来が色褪せていくに従って、その代償として作り上げていったフィクショナルな未来が、後のおたく文化を形成していったわけです。いわば、〈未来〉に代わるイコンとして、〈萌え〉が出現した。〈未来〉から〈萌え〉へといたる、おたくのイコンの変遷を通して、おたくの成り立ちを展示の最初に描こうとしたわけですが、その起点となる〈未来〉のイコンとして、万博を冒頭に置いたわけです。

大阪万博の目玉の一つとなったのは、前年にアポロが月から持ち帰った「月の石」でした。ソビエトが人類初の人工衛星であるスプートニクを打ち上げたのは、一九五七年のことです。つまり初の人工衛星の打ち上げから、わずか一二年で人類が月面に到達し、星条旗をさすという、今では信じがたいスピードで宇宙開発競争が行われたわけです。そしてその様子は日本国民も、テレビを通じ、お茶の間で目の当たりにしていました。人類のフロンティアをどんどん拡張する科学技術。それが家庭にも波及し、我々の生活を日に日に豊かで便利なものにしていく。そんな未来信仰が、当時大変な盛り上がりを見せていました。

そうした未来の生活を家庭へもたらすものとして、未来信仰のオーラをまとっていたのが、テレビ・冷蔵庫・洗濯機の「三種の神器」を代表とする家庭用電気製品です。五〇年代からの家電ブームとともに電気街として発展した秋葉原は、そうした「神器」たる家電のオーラを、地霊のごとく宿すことになります。そしてその未来信仰のオーラが、新しい家電を買うときには家族総出で秋葉原に詣でさせるほどの求心力を、秋葉原という場所に帯びさせていたわけです。

一方、おたくという言葉が使われ始めたのは八〇年代なのですが、それ以前からおたく的な傾向をもつ少年たちはいたわけです。高度経済成長期や万博の頃、クラスの中で「ハカセ」とあだ名されるようなタイプの人が一人や二人はいたと思うんです。目の前の日常よりも、どちらかといえば未来に思いを馳せるようなタイプの少年たちです。友達づきあいはあまりよくないかもしれないけど、非常に物知りで学業の成績も良く、ちょっと変わり者だけどクラスの中で一目置かれるといったポジションの少年。そのような彼らは、八〇年代のおたくほどみじめな存在ではなかった。彼らは、たとえクラスの中で浮いていたとしても、当時の未来信仰によって自信を持ち得ていたわけです。勉強で勝ち進めばやがては本当に科学の博士になって、輝かしい未来の発展に貢献できるという、将来像を信じ得たからです。

ところがご承知のように、万博を頂点として、そうした科学技術信仰や未来信仰は、急速に色あせてしまいます。ベトナム戦争によってアメリカは宇宙開発を続けられなくなり、公害問題も起こり、オイルショックも起こりました。どうやら未来というのは、すぐさま火星や木星に人類が行くとか、デルタ翼の超音速旅客機がジャンボジェットに取って代わるような、それまで信じられていた方向へは進んでいないと、その少年たちも感づき始めるわけです。むしろ今とさして変わらぬ茫漠たる日常が延々と続いていく。やがて少年たちは、自分たちの英雄的な活躍の舞台として夢見ていた現実の未来の代わりに、仮空の未来へと思いを馳せる先をシフトさせていきます。関心の対象を、サイエンスからサイエンス・フィクション（SF）へと移していったのです。その当時日本全国の大学などで雨後の竹の子のように出現したSFのファンダムが、後のおたくコミュニティの母体となっていきました。サイエンスからSF、SFからSFアニメ、さらには美少女アニメへと、彼らの関心は世代とともにシフトしていったわけです。

そのような未来の失墜はまた、家庭用電気製品からかつてのオーラを奪い、わざわざ秋葉原へ買いに出向かせるほどの魅力を失わせてしまいます。折しもコジマなどの郊外型のチェーン店や、ビックカメラなどのカメラ系量販店が台頭し、秋葉原は、バブル崩壊によって家電の価格が下落したことと併行して、家電市場を大きく奪われてしまいます。かつてであれば新たな家電の購入は、家族総出で秋葉原へ出向かせるほどのイベント性が家族にとって有り得たわけですが、もはや近場や帰り道に買うべきダイコンやニンジンと感覚的にはさして変わらぬようになってしまっていたわけです。

危機に陥った秋葉原は、一九九〇年あたりから、主力商品を家電からパソコンに変えざるを得なくなります。ただし、今でこそパソコンは誰もが使う準家電商品ですが、当時はウインドウズもないし、インターネットもない頃です。パソコンというと、黒の画面に英字が並んでいて、マウスでアイコンをクリックやドラッグするのではなく、キーボードで呪文のようなコマンドを打ち込んで操作するしかないという、大変敷居の高い代物でした。それゆえ、当時からパソコンを使っていたのは、専門家か、そうでなければ性格的にパソコンを愛好するようなタイプの若い男性に著しく限られていたわけです。そういう人たちだけが秋葉原に残り、あるいは遠方からやってくるようになりました。結果、秋葉原の客層は、急激に絞り込まれてゆきました。そして、当時からパソコンを愛好していた人たちは、同時に漫画やアニメやゲームを愛好する傾向を強く持っていたことが、その後の秋葉原をおたくの街へとさらに大きく変貌させていく下敷きとなったわけです。

そうした秋葉原の主力商品の変化を展示的に表すのに食玩を使ったのですが、例えば「三種の神器」と呼ばれていたころのテレビなどが、「タイムスリップ・グリコ」で出ている。そしてそれと同じメーカーから、今のおたく文化の中心を成す萌え系の美少女のフィギュアも出ています。両者を並べてみると、表面上全く違ったものでありながら、実はその時々のイコンを担っていたという点で、連続していることが直感されます。かつてテレビが並んでいた秋葉原の店頭のまさに同じ場所に、今は萌え絵の美少女のポスターが並んでいるわけです。未来の失墜とともに家電がオーラを失い、その未来の代償として生み出されていったおたく文化が、いま秋葉原の主力商品となっている。万博を起点としながら、おたくと秋葉原はそれぞれ未来の喪失によって大きな打撃を受け、変質を被るという流れを、展示では、食玩に再現されたイコンの変遷によって物語ろうとしました。

秋葉原とおたくは、一方が場所、他方が人格なのですが、奇妙な平行関係にあるわけです。両方とも輝かしい未来像にドライブされていたのが、それが失われていったとき、秋葉原は「家電→パソコン→おたく系のもの」と主力商品を移してきた。おたくは「サイエンス→SF→アニメの美少女」へと信仰の対象をシフトさせていった。その末に、秋葉原がおたくの人たちにとって、聖地として見出されていったわけです。

ではそうした筋書きの起点として、どのように万博を展示するのが効果的かということを考えて思いついたのが、万博を食玩化して展示するという方法です。このアイディアが浮かんだのは、以前、海洋堂の宮脇専務と岡田斗司夫さんが、さる対談で、万博の食玩を出したいと動いてみたものの、許諾の壁でこれが実現できていないということを知ったからです。そこでビエンナーレへの出展を援用して、かつて頓挫した万博の食玩化を実現できないかと岡田斗司夫さんにお願いし、そして実際に展示としても商品としても実現させることができたわけです。

先ほど申し上げたような文脈で万博を展示しようとすると、未来のイコンとして見せる必要があります。万博をモチーフにした食玩が二一世紀の今、コンビニに数十万、数百万という単位で並ぶような商品として成立するならば、それは今も日本人の心の中で、三〇年以上前の万博が、未来のイコンとして記憶され続けていることの物証となるわけです。

三浦　オタク展に関わることで、大阪万博を改めて見た時、どんな印象がありましたか？

森川　未来を建築のデザインによって表現しようとしていたという側面でも、一九世紀的な世界像の表現という側面でも、非常にシンボリックですね。

おたく展の展示には、いくつかのレイヤーが重ねてあって、一つは「おたくの個室・レンタルショーケース・秋葉原」という三つのセクションで、趣味がどのように空間化され、あるいは空間の単位となり、都市にまで拡大されているのかをたどる系列。それから「万博・コミックマーケット・ネットゲーム」という系列があります。大阪万博においては国家が単位となって、その集合として世界が形成されていました。対してコミックマーケットではテイストが、国家（ステイト）の代わりの単位となっているわけです。ネットゲームでは個が単位となっています。この三つはいわば、世界像のオルタナティブを並べるものです。

展示の器となる日本館自体が、日本という国家の枠組みを体現しているわけですが、いったんそれをとっぱらってみるということも、展示のテーマの一つでした。日本館の正面には切り文字看板でGIAPPONE（日本）と表示されるのですが、そこに文字を加えてGIAPPONE／OTAKU（日本／おたく）と書き換えたわけです。日本館であることをいったん棚上げして、「おたく館」にしようとしたわけです。そうした意味も込めて、ネットゲームのセクションでは本場の韓国から作家を招いています。国家とは別種の枠組みで世界に分布をしている、おたくという人格による文化圏を、国家という枠組みのオルタナティブとして提示しようとしたわけです。

三浦　人格文化圏というコンセプトには、森川さんとしてはなにかポジティブなメッセージ性があるの？

森川　ポジティブなメッセージ性というより、そもそも美術の分野からして国家別の展示という制度は以前よりずいぶん批判されています。アーティストが作品をビエンナーレである国のパビリオンに出展すると、その作品なりアーティストなりは、必然的にその国を代表、あるいは表象することになってしまいます。でもアーティストとか建築家というのは、とうの昔にコスモポリタンになっている。国家別の枠組みというのが非常に旧態依然としたものになってしまっているわけです。

三浦　去年、国立博物館で明治時代の万博展がありました。あれなんかはまさに国の文化を表象するために開催されたようなものだったけれど、大阪万博はどうなんでしょうね。

森川　大阪万博ではソビエトのパビリオンとアメリカのパビリオンが会場の正反対の位置に配置されていたことが、その当時の世界情勢をあからさまに表していましたね。

オタクと高速道路

三浦　大阪万博の時代から現代までの流れを見た時に、七二年に田中角栄が「列島改造論」を出して、オイルショックでそれ自体は立ち消えてしまうんですが、しかしそこで計画されたものが実は徐々に実現してきたわけです。ジャスコが日本中にあるという風景はまさに「列島改造論」のなかに描かれていると言えます。実は万博という未来への夢の力が七〇年代末までに消えたにも関わらず、そこで描かれた未来像はずっと現実的に作り続けられて来たのではないでしょうか。

私は吉祥寺に住んでますが、田舎に帰るとこちらのほうが未来なのではないかと思います。車がないと暮らせませんし、大きな高速道路が至る所にある。超高層ビルこそ建ってませんが、それももう少し大きな都市にはありますしね。一方で吉祥寺に帰ってくると神田川で子どもがみんなザリガニをとってたりするわけです。

三十数年かかって万博の一部は実現されているのではないでしょうか。つまり大阪万博はオタクと高速道路をもたらしたと言えるんじゃないか。高速道路のインターチェンジから直接つながるショッピングモールの姿とか、そうした現状はどうお感じになっていますか？

森川　ロードサイドの建築の意匠に関しては、ご存知のようにロバート・ヴェンチューリが書いていて、『建築における複合と対立 Complexity and Contradiction in Architecture』『ラスベガスに学ぶ Learning from Las Vegas』に集約されています。そこに書かれたことが理論的な下敷きの一つとなって、後のポストモダニズムというスタイルを生んでいきました。

ヴェンチューリが著書の中で、そうしたロードサイドの意匠に二つの類型を見出し、「ダック」と「デコレイテッド・シェッド」と名付けています。「ダック」というのは、建物自体が何か具象的な形、例えば巨大なアヒルみたいな形をしているようなタイプのもの。「デコレイテッド・シェッド」というのは、凡庸な小屋のごとき建物の上に、巨大で派手な看板が掲げられているようなタイプです。いずれも近代建築の美意識とはかけ離れたものなのですが、そこにこそ今後の建築は学ぶべき何物かがあるのではないかと。それがヴェンチューリの言い出したことです。ミース・ファン・デル・ローエが言った有名な格言に「レス・イズ・モア（簡素なことはより豊かなことだ）」というのがありますが、ヴェンチューリはこれを「レス・イズ・ボア（簡素なものは退屈だ）」ともじったわけです。そうした考え方が、アメリカ型の資本主義と相まって、建築におけるポストモダニズムをもたらしていったわけです。

こうした、ヴェンチューリが参照源にしようとしたものの特質が、日本のロードサイドに建ったマクドナルドとかトイザらスとか、三浦さんが指摘されている典型的な郊外の風景をも成しているのではないかと思います。

三浦　森川さんはそのあたり論じたくはならないの？

森川　私の最近の関心は、そうした意匠に表れた趣味と、ジェンダーがどう関わっているかということです。おたくの間では男と女がかなりはっきりと分裂しています。かつては同じアニメを見て同じファン活動をしていたのが、世代とともに分離していっているわけです。場所的にも、男のおたくは秋葉原、女のおたくは東池袋、と分離するようになっています。

他方、男と女がくっつこうとする場所ではどのようなデザインがされているか考えてみると、デートスポットのメッカである東京ディズニーランド、それからラブホテル、結婚式場、「ショートケーキハウス」と揶揄される新居。これらは色濃く洋風なテイストによって特徴付けられています。今では落ち着いてきたといわれますが、ラブホテルといえば西洋のお城のような外観や、てっぺんに自由の女神が乗っかっているような建物が想起されます。結婚式場といえば、今や七割がキリスト教式の結婚式を挙げるという統計があったかと思います。新居についてはいわずもがなで、新興住宅地や商品化住宅は出窓がついたようなスタイルが多く、これが建築家たちから「ショートケーキハウス」などと呼ばれてきました。

ではなぜ、洋風なのか。日本の建築家たちは、これが女性の趣味によるものであり、軽薄な西洋に対する憧れでしかないと批判するわけです。果たしてそれほど単純なものでしょうか。もちろん日本が戦後、アメリカの文化的植民地となったという背景はあるにせよ、なぜ特に女性と西洋趣味が結びついていったのか。

しばしば引用される有名なデータで、見合い結婚と恋愛結婚が一九六〇年代後半を転回点として大きく逆転して、戦後の頃は六割以上が見合い結婚だったのが、いまでは九割かた恋愛結婚になっているというのがあります。例えばお見合いパーティで知り合ったような人たちにしても「いや、これは恋愛結婚なのだ」と強調したりする。結婚にいたるプロセスとして、恋愛こそが理想的だという価値観が非常に強くなりました。そうした恋愛結婚への移行と、住宅のデザインの変化が、平行する形で起こっていったのです。

昔は和室が主で、そこに従属的な形で洋間の応接室があったのに対し、いまや逆転して、洋間に付属する形で和室があります。では、そうした付属的な和室がなんのためにあるかというと、たいてい爺婆を封じ込めるためにあったりするわけです。そこで、どうして女性が洋風を好むようになったのかを考えると、そこには家制度的な家族観から夫婦主体の家族観へという、家族観の大きなシフトが絡んでいたのではないかと仮定することができるわけです。

かつての家制度は親子関係が主体で、家業が長男に受け継がれてゆき、その家と家との間で女が贈与物のごとく移動しました。ところが日本が近代化していくにあたり、家業を解体することによって労働人口を都市部に集中させ、会社という形態で列強と伍し得るような産業を育てていく必要が出てきます。そうした方向へ政策的にし向けられると、核家族化が促進されます。夫と妻が街中で知り合って、家の意向よりも当人同士の意向で結婚し、子どもは成人するとともに家の外へ追い出されるというような、夫婦主体の家族像へと移行してゆきます。

家制度における女、すなわち嫁たる妻は、非常に従属的な立場に置かれざるを得ない。それに対して夫婦主体の家庭像では、女性の立場が向上するわけです。だから妻たる女性は、極力後者のような家族像を採用しようとする。このとき、在来和風の住宅というのはなんとなく爺婆の権力が強く、家制度の臭いが感じられるのに対し、革命様式たる洋風住宅だと、夫婦主体の雰囲気が強くなるよう、感じられるわけです。例えば和風の家では爺婆のほうが嫁よりも偉いという雰囲気を醸しやすいのに対して、洋風な住宅の中に従属的に和室があると、なんとなく奥さんのほうが偉いような雰囲気をもたらすわけです。

つまり女性たちは、意識的にせよ無意識にせよ、単純な洋風へのあこがれというよりも、もっと政治的な背景から洋風住宅や恋愛結婚を選択していたのだと考えられます。恋愛という、男女関係が主体になろうとする場においては、女性が洋風を求めようとする動機が強く働きます。それが、ディズニーランド、ラブホテル、結婚式場、新居にいたるまで、洋風に染め抜かれた風景が形成されていった由縁ではなかろうかと思われるわけです。

そのような力学と、職住の分離とがあいまって、郊外の風景は女性の趣味が主体となって形成されています。それに対して都心のオフィスビルでは、男性が会社という、ホモソーシャルな家を作っているわけです。都市計画学では、こうしたことを機能によるゾーニングで見ようとします。それは職住の分離の結果であると。でも実態としては、むしろ男女というジェンダーが構造づけているのではないかとみることもできます。

そうした観点から見ると、郊外の風景が歴史的なものを全部解体させるような形でマクドナルド風に変化したことには、女性が家制度を革命しようとしたことが一つの背景にあったと考え得るわけです。

三浦　そうだと思います。これまでの森川さんの研究で、秋葉原と渋谷の対比がありますが、そこにショッピングモールをおいたときには、どう位置づけられるのでしょうか？

森川　三浦さんはご著書で、地方のほうが歴史や自然、コミュニティなどが豊かだという一般論に対して、今はそうでなくなってきている、と鋭い指摘をされています。秋葉原や渋谷も、近代建築で埋め尽くされていながら、新しい種類の場所的な文脈を、非常に豊かに帯びるようになってきているわけです。

敗戦から現在まで、都心部は焦土からスクラップアンドビルド的に作られてきました。高度成長期になり、日本橋の上に高速道路が架けられると、開発を優先するあまり歴史的な景観を尊ぶ意識が低すぎるという批判が相次ぎました。しかし、そのときできた高速道路も、すでに四〇年の歴史を刻みつつあるわけです。

現在では地方や郊外で、今までの環境を塗り替える形で、ショッピングモールやマクドナルド的なものが広がっています。高度成長期の突貫工事で出来上がった都心みたいな歴史性のなさが、いまや地方や郊外に時間差で広がっているわけですね。

その意味では、その郊外のマクドナルド性も相対的なものであって、単純に都心のほうが先に開発された分だけ歴史の積層を重ねているに過ぎないともとらえ得るかもしれません。郊外のショッピングモールやマクドナルドだって、半世紀もその場所に定着し続ければ、歴史的な相貌を帯びる可能性があるわけです。

三浦　面白いことに私の調査では、イオン（ジャスコ）が好きな人と嫌いな人を比べると、イオンが好きと答えた四〇代前半の人は、二〇歳ころに読んだ雑誌として、男性は「ポパイ」、女性は「ノンノ」をあげる確率が高いのです。かつて吉見俊哉さんが渋谷公園通り批判のなかで、カタログ雑誌を見てそのとおりに公園通りを歩いている人たちを取り上げていましたが、そこを歩いていた人たちが今どこを歩いているかというと、イオンショッピングモールの中なんです。つまり「渋谷へ行かなくてもかつて僕らが歩いた渋谷に似たものができた」とばかりにイオンのショッピングモールを喜んでいるんです。それがすごく面白い結果でした。カタログを持っておしゃれな街を歩くだけで満足していた人であれば、ショッピングモールでいいわけです。でも、坂道を上ったり下ったりして路地を歩きながら何かを発見するのが渋谷の面白さだと言っていた人たちは、ショッピングモールが好きではないでしょう。

森川　秋葉原がおたく街化していったのも、一面では郊外化と密接に関わっているわけです。昔であれば秋葉原でしか買えなかったものが、郊外の量販店で買えるようになった。郊外に市場を奪われた秋葉原は、郊外ではまだ売っていないような先端的な商品へ重心を移さざるを得なくなる。九〇年代であればパソコン、それ以降はおたく文化的なものですね。その結果として秋葉原は、かつてとは異なる種類の魅力を帯びるようになったわけです。

三浦　でも今の秋葉原的文化もどんどん郊外化するんだよね。

森川　おそらくそうなると思います。すでにメイド喫茶が北海道にできたりしています。ただ、今のおたく文化が市民権を得て、その郊外化が本格化する頃には、秋葉原は、さらなる先端文化へと移行しているのではないでしょうか。

（二〇〇五年一〇月、カルチャースタディーズ研究所にて）

■**森川嘉一郎**（もりかわ・かいちろう）
一九七一年生まれ。早稲田大学理工学総合研究センター客員講師を経て桑沢デザイン研究所特別任用教授。二〇〇四年、ヴェネチア・ビエンナーレ第九回国際建築展・日本館のコミッショナーを務め話題を呼ぶ。専門は建築意匠論。著書に『趣都の誕生　萌える都市アキハバラ』（幻冬舎）ほか。

6

イームズがデザインしたアメリカ

◎冷戦と博覧会

ＰＲ映画の時代

デザイナーのイームズは家具デザインなどをする一方で、一九五〇年代以降一〇〇点以上にのぼる映画を制作している。イームズオフィスとしての作品も多いが、ほかにＩＢＭ、ハーマン・ミラー、ＣＢＳなどのスポンサー企業のために制作したＰＲ用あるいは展示用の映画も非常に多い。

戦後のアメリカは企業がスポンサーとなって制作するＰＲ映画の大ブームが起きていた。大企業だけでなく中小企業も、そしてミュージアム、慈善団体、連邦政府も、製品の魅力や政策の意義などを伝えるためにＰＲ映画を作った。一九五九年には、劇場公開用の映画は二二三本制作されただけだが、スポンサー付きＰＲ映画は五四〇〇本も作られたという。

イームズも一九五〇年代には、家具、建築以上に情報社会のデザインへの関心を強めており、五三年には「A Communications Primer」という教育映画を作っていた。新しい情報社会の可能性を美しく描き出すイームズの映画はＩＢＭにぴったりだった。ＩＢＭのデザイン担当役員であるエリオット・ノイスは、一九四〇年代からイームズと親好があり、彼らの仕事ぶりをかねがね高く評価していた。そこでＩＢＭは自社の展示会の会場デザイン、映像、カタログなど五〇以上もの作品をイームズに発注した。有名な「Powers of Ten」もＩＢＭがスポンサーとなった作品である。

そして一九五八年のブリュッセル万博でイームズはＩＢＭ館のために映画「The Information Machine」を制作。一九六四〜六五年のニューヨーク万博でもＩＢＭ館のために映画「Think」を制作するとともに、ＩＢＭのパビリオンも設計した。

ＩＢＭ以外にもハーマン・ミラー、ウェスティングハウス、ＡＢＣ、ボーイング、ポラロイドといった企業がイームズにＰＲ映画制作を依頼するようになった。アメリカの資本主義の発展とともにイームズはその活動領域を広げていった。中でも注目すべきものが、一九五九年にモスクワで開催されたアメリカ博覧会 American National Exhibition における映像展示である。

ではなぜイームズがそこで必要とされたのか。そしてイームズは何を映像で伝えようとしたのか。

平和のための万博

一九五七年一〇月四日、ある事件がアメリカ人を恐怖に陥れた。ソ連が人類史上初めて人工衛星の打ち上げに成功したのだ。その名はスプートニク。よって、このときのアメリカのショックを「スプートニク・ショック」と呼ぶ。

同年八月にはすでにソ連はＩＣＢＭ（大陸間弾道弾ミサイル）の実験に成功していた。そして一一月三日はスプートニク二号の打ち上げも成功した。その衛星の中にはライカ犬が乗っていた。スプートニクの成功は大陸間弾道弾の脅威が現実になったことを意味した。核弾頭を積んだミサイルがソ連から飛んでくる！

早速アメリカもロケット開発に力を入れた。だが、それだけではない。アメリカはソ連を懐柔し、西欧諸国を仲間に引き入れる必要があった。

一九五八年、第二次世界大戦後初の万博、ブリュッセル万博が開催されることが決まっていた。メインテーマは「より人間的な世界のための世界のバランスシート」。このテーマを描き出すために、ブリュッセル万博は科学を中心に据え、原子力の平和利用に重点を置いた。

参加国は、その国の最新の技術の成果をディスプレイすることが求められたが、それは国同士の競争ではなく、世界中の人々の平和、豊かな暮らし、そして幸福への願いを表すものであることが要求された。

共産主義より平等な国アメリカ

一九五六年、アメリカはブリュッセル万博のための準備室（BRE）を設置した。アメリカのパビリオンを建設するに当たってまずそのための知的な土台が必要だった。

当初、BREはそれを「生命、自由、幸福の追求」というコンセプトで表現した。が、モダンでソフィスティケートされたアメリカ人にとって、それはあまりに凡庸に思われた。そこでBREは各界の有識者たちに意見を求めることにした。

IBM社長のトマス・ワトソンはアメリカのパビリオンは生産性を強調すべきだ、そしてアメリカがすでに世界最高の生活水準を達成したこと、そしてわれわれがそれをどうやって達成したかを示すべきだと述べた。

「クリスチャンサイエンスモニター」誌の編集者は、知識人の展示ではなく、労働者や家族といった生きた展示をすべきだ、農民でも主婦でも機械を使えるということがアメリカの生活水準の平等さを示すだけでなく、コミュニティの平等さを示すことになるはずだと述べた。アメリカでは労働者が資本家だということを示すべきとか、アメリカの労働者の個人としての自由を強調すべきだという意見もあった。

著名な社会学者のデイヴィッド・リースマンは、最新の組み立てラインを中心に据えるべきだと言い、歴史家のシュレジンジャーは、共産主義だけが技術の革命を人間生活に応用する唯一の途だといった議論を打ち負かすような展示であるべきだと述べた。

こうした意見を参考にしてBREはアメリカの展示についての三つの重要なコンセプトをまとめた。

第一に、アメリカの社会では生活に必要なすべての物が世界のどこよりも平等に分配されていることを示すこと。

第二に、社会問題、とくに人種問題の分野では未完の事業が残っていることを示すこと。

第三に、プロパガンダのような重苦しい疲れる展示ではなく、断片的なメッセージが間接的に暗示されるような、精神的で視覚的なオアシスを与えるべくデザインされること。

沸騰する社会

だが、BREは、まだこれでは展示についてのテーマの一貫性が欠けていると感じていた。万博の開催の日はどんどん近づいている。不安になったBREはある研究所に助言を求めた。それは一九三三～三四年のシカゴ万博の「科学の殿堂」の建設協力者たちがつくった研究所であり、科学、技術、ビジネス、アメリカ文化についての学際的な研究に基づく知見の宝庫として設立されたものである。それこそがMIT（マサチューセッツ工科大学）である。

一九五七年三月、ＢＲＥはＭＩＴに「アメリカン・ウェイ・オブ・ライフ」を創造するための科学と技術の役割を描き出すために小さな部会をいくつか組織してほしいと要請した。

人文学部長のジョン・バーチャードはその要請を受けて、ＭＩＴの科学、人文、社会科学、土木の専門家にＢＲＥを含めたメンバーで三日間のシンポジウムを開催し、「土地と人々」「生活と仕事」「行動におけるアメリカの理想主義」「科学と技術」「文化」というテーマで分科会を組織した。

さらにバーチャードはアメリカの展示のための知的土台となる草稿を書く役割を担うワーキンググループを組織した。そのメンバーは、近代化論で有名なロストウ、「タイム」や「ライフ」の編集者、ＣＢＳのプロデューサー、その他、政治学者、社会学者らから構成されていた。

「イデオロギーの終焉」が叫ばれる中で、ワーキンググループは複数の展示物を結びつけ、アメリカの文化的な風景を一貫してプレゼンテーションするための接着剤となるイデオロギーを生み出すことを企図した。

シンポジウムのある参加者は「科学は文化や民主主義の敵ではなく友である」というスローガンにして、「科学は芸術を万人の財産にする。科学は階級を消滅させる。科学は平和に仕える。科学は世界を一つにする。科学は健康の源。科学は都市と田舎の差をなくす」というメッセージを掲げようと考えた。

このようにアメリカを階級のない社会として表現しようという観念は、「生活と仕事」分科会ではさらに発展して、「共産主義者が彼らの目標だと主張していることを、われわれはすでに実現した」、「共産主義者は階級を排除し始めたが、アメリカこそがすでに階級のない社会だ」ということを示したいという意見まで出ていた。なんとマルクスの肖像画を飾ろうという意見もあったというから（実現はしなかったが）、いかに共産主義への対抗意識が強かったかがわかる。

こうしてシンポジウムの三日目、アメリカが今まさに沸騰している社会であることを示すことが中心的なテーマだということがおおかたのコンセンサスとなった。

文化のスプートニク

スプートニクが打ち上げられたのは、まさにこうしてBREがMITと白熱した議論を繰り返しているときだった。それまであまりブリュッセル万博に関心のなかったアメリカ国民も、この万博に一気に関心を持つようになった。議会は宇宙開発とブリュッセル万博の予算を大きく増やした。

万博総合プロデューサーのハワード・カルマンはアイゼンハワーに「適切な予算があれば、

われわれは我が国のために文化的で、知的で、精神的なスプートニクを作ることができます」と進言した。彼はブリュッセル万博における展示がどのような文化的風景を描くかがアメリカの外交政策にとって中心的な問題であると確信していた。

「アメリカにはなにも隠し立てするものはないのだから」、この万博は「アメリカの物語を、完全な真実として、慎み深く、しかし確信を持って語るチャンス」であり、「展示がうまくいけば、これは共産主義のプロパガンダと戦う上で強力なPRのための武器になります」とカルマンは言った。

また、アメリカのパビリオンはローマ帝国や大英帝国のイメージをまとうことでアメリカの正統性を示そうとした。直径一〇〇メートル、高さ二五メートルもある円形の外観はローマのコロシアムを模していた。屋根はプラスチック製で、鋼鉄のワイヤーでつり下げられていたが、これは一八五一年、大英帝国の絶頂期に開かれた世界最初の万博、ロンドン万博のクリスタル・パレスを今日的に変容させたものであった。

ガラスでできたクリスタル・パレスと同じように、アメリカのパビリオンの内部には大きな木が植えられ、プラスチックの屋根を通して明るい光に満ちていた。それはアメリカがオープンで自然な国であることの表現だった。出入り口は四〇カ所もあったが、これもアメリカのオープンさを示していた。その一方で、鋼鉄のケーブルでつり下げられた九〇トンもある屋根は、

1958年ブリュッセル博でのアメリカ・パビリオン

アメリカの隠れた強さを表していた。

パビリオンのメインエントランスを入るとすぐに「アメリカの顔」という展示があった。それは巨大なアメリカの地図で、そこにはジュークボックス、自動車の免許証、カリフォルニアの木材、四八〇ページもあるニューヨークタイムズの日曜版、アメフトのユニフォームなどが並べられており、アメリカが多様で予想もつかない国であることを印象づけ、アメリカとアメリカの物へのシンパシーを来場者に生み出した。

ブリュッセル万博におけるアメリカのパビリオン

「社会に役立つ原子力」という展示もあった。ここでは放射線を浴びせた食物を食べたニワトリが強く健康であるだけでなく、卵も質が高いと説明がされていた。こうした展示は、アメリカでは産業革命が今も続いていること、オートメーションがアメリカの生活水準を向上させ続けていることを見る者に感じさせようとしていた。

またこの展示はＩＢＭの巨大なＲＡＭＡＣコンピュータによって囲まれており、ＲＡＭＡＣはアメリカの歴史についての質問に一〇の異なる言語で回答していた。それはいかにコンピュータが個人の創造とレクリエーションの追求のために、物質的な豊かさと余暇時間を供給しているかを示すものであった。

ＲＡＭＡＣの隣にはテレビスタジオがあって、カラーテレビが紹介され、またその横にはミュージックルームがあって、アメリカのポピュラーミュージックを選んで聴くことができるようになっていた。

ウォルト・ディズニーが制作した展示もあった。それは「サーカラーマ Circarama」というもので、アメリカを映画で旅するというものであったが、その映画の最後はコーラスが歌う「God Saves America」で終わった。

ホットドッグを売るファストフード店やショーウィンドウなどの街角の風景も作られた。ミュージカルの公演もあった。フィラデルフィア・オーケストラによる演奏も、エール大学ドラマシアターによる演劇もあった。ハリー・ベラフォンテやベニー・グッドマンのライブもあった。それらはすべて、核時代のアメリカ人が「豊かな人々」になったというメッセージを発していた。

しかし、ソ連のパビリオンにはスプートニクがあった。ソ連は自分たちの強さを誇示していた。来場者の関心を引く展示物としては、人類初の人工衛星の魅力がアメリカの展示よりも勝ったことは言うまでもなかった。

それでもブリュッセル万博は、その狙いどおり、東西両陣営の緊張緩和に役立った。そこで米ソは自国の文化を紹介する博覧会をお互いに相手国で開催することを決めた。こうして一九五九年、モスクワのソコルニキ公園でアメリカ博覧会が開催されることになった。これはロシア革命以来初めての米ソの文化交流イベントであった。アメリカは今度こそ「文化のスプートニク」をソ連にぶつける必要があった。

が、それは言い換えれば、本物のスプートニクを、つまり核弾頭をつけたミサイルの発射をさせないために、ソ連をなだめる必要があったということだ。その意味で重要なのが台所論争である。

台所論争

台所論争は、当時のアメリカ副大統領ニクソンが、フルシチョフ首相とアメリカ博覧会の会場の中にあるモデルハウスの台所の前で行った論争のことである。

ピカピカのキッチンのある郊外の住宅は、大量生産文化の象徴であり、当時のアメリカにおいて単に住宅政策・社会政策としての意味を持っていただけではなく、きわめて政治的・イデオロギー的に大きな意味を持っていた。

歴史学者のメイによれば、ニクソンは、郊外の家族を共産主義に対するアメリカの優位性を示すものと考えていた。アメリカ博覧会には多くの消費財やレジャー用品が展示されたが、中でも原寸大でつくられたモデルハウスには、様々な電気製品や設備を完備していた。こうした住宅をすべての階級のアメリカ人が手に入れることができるということが、共産主義に対する自由主義の優位性を目に見える形で証明しているとニクソンは考えた。

ニクソンはモデルハウスの前でフルシチョフに話し始めた。

「この展示会場にある住宅、自動車、テレビは、どれも最新の、最も近代的なタイプです。アメリカでこれらの物を買うことができるのは金持ちだけか？　いや、どんな鉄鋼労働者でもこの家は買えるのです」。

しかし、フルシチョフはアメリカで建設される住宅が二〇年間しか使われず、建設業者が次々と安普請の新しい家を大量生産していることを非難し、「われわれが造る家は頑丈ですよ。われわれは子どもや孫のために家を造っているのですからね」と言った。

ニクソンはまた語った。

「われわれにとっては、多様性、つまり選択の権利が最も重要です。われわれは、一人の政府高官が下したひとつの決定しかない国ではないのです。われわれの国には多くの異なる製業があり、多くの異なる種類の洗濯機があり、主婦たちはそこからひとつを選べるのです」「アメリカでは、洗濯機は女性の労働を軽減するために設計されています」「女性に対するこういう態度は国を超えて普遍的なものだと私は考えます。われわれは女性の生活をもっと楽にしたいのです」「ロケットの強さを競うより、洗濯機の長所で競争したほうがよくありませんか」「こういう競争をしているかぎり、だれも負けないし、万人が勝者になるわけですから」

このようにニクソンはそのアメリカン・ウェイ・オブ・ライフを、共産主義と戦い、ソ連の核ミサイルに立ち向かう武器として位置づけ、それを平和な郊外に住む中流家族の女性と結びつけて説明したのであった。歴史学者のメイによれば「これは軍備競争でもロケット競争でもない。家族を中心とする消費者の競争だった」。

男性は仕事に専念し、給料を稼ぎ、郊外に家を買い、家の中を家電や家族用品で埋め尽くし、自動車を買う。女性は家事・育児専門の専業主婦となり、アメリカの最新技術の粋を集めた製品に囲まれて平和で幸福な家族を築き、夫の出世を支え、子どもがより高度な教育を受けられるように世話をする。そういう家族像、女性像がニクソンの理想であった。しかしそれは単に家族の理想であるだけでなく、冷戦時代を闘うためのアメリカという国家にとっての理想であり、武器だったのである。

独裁政権をミサイル攻撃しようとする現在のアメリカを見ると、ミサイルよりも台所を重視した当時のアメリカはバラ色の雰囲気に包まれて見える。しかし、独裁政権を崩壊させた後に彼らが建設しようとする「民主主義」が、実は「大量消費」の別名であることは周知の事実だ。だが、まさに誰もが郊外の家に住んで大量の消費をする社会こそが、二〇世紀のアメリカが共産主義やファシズムなどへの強い対抗意識と危機感の中から必死で生み出した理想であり、同時にきわめてイデオロギー的な武器なのである。

家族の価値

こうして冷戦時代のアメリカにおいては、郊外の家族に大きな価値が置かれ、家族のために消費することが社会の安定と正当性を証明する手段であると考えられるようになった。ファミリールーム、ファミリーカー、ファミリーフィルム、ファミリーレストラン、ファミリーヴァケーションなどの言葉が新しい郊外のライフスタイルの中にあふれた。

しかし、それまで実用性や禁欲を美徳としていたアメリカ人は、家族の中で消費生活が急激に拡大することに対して良心の呵責や道徳の頽廃への恐れを感じた。が、個人の贅沢のためでなく家族のために消費をすることはそうした気まずさを軽減し、むしろ「消費は美徳」(virtuous consumerism)という考え方が生まれた。

一見贅沢な消費生活も、それがむやみに装飾的でなく、実質的なものであり家族のためであれば、浪費ではなく正しい消費であると考えられた。むしろ、家族中心の消費による豊かさはアメリカン・ウェイ・オブ・ライフを強化するものであると信じられるようになった。

テレビドラマや広告はこうした家族消費を促進するメディアとして機能した。消費はアメリカン・ウェイ・オブ・ライフを、すなわち、階級のない、均質な、家族中心の生活を、人々に浸透させ、信仰させる手段だった。大量消費による「豊かな生活」を満喫する家族そのものが、あきらかに冷戦時代のアメリカが生み出した、核兵器と並ぶイデオロギーの兵器だったのだ。

一方では軍拡によって、他方では「消費する家族」というイメージ兵器によって、アメリカは東側と対峙した。そしてその兵器は大量生産されたのである。そしてイームズもまたそのイメージ兵器をデザインした。

マルチスクリーンという手法

アメリカ博覧会を担当したのは連邦情報局である。博覧会はアメリカについての現実的で信頼の置けるイメージを提供することが目的だった。すなわち、アメリカのアイデンティティはその多元性にあること、多様で、複雑で、ダイナミックな成り立ちをもち、その文化は今も常に進化しているということをプレゼンテーションする必要があった。

情報局のデザイン・建築担当部長のジャック・メイシーは、まず博覧会のデザイン監督にジョージ・ネルソンを、メインパビリオンの設計者にバックミンスター・フラーを任命した。官僚的な情報局との交渉にネルソンは手を焼いた。しかしイームズを全面的に参加させること、そしてアメリカが変化し続ける社会であることこそがこの博覧会の最も重要なポイントであること、という二つの点で両者は合意した。

ネルソンは早速カリフォルニアに飛んで、イームズを説得した。イームズに依頼された映画のタイトルは「Glimpses of the U.S.A.」。「ちょっと見てみたアメリカ」という。テーマは「A day in the life of the U.S.」つまり「アメリカの一日の生活」だった。契約は「現在のアメリカの事実の物語に対する理解と信用を与える」ことだった。

また映画の目的は、会場に展示されたアメリカの消費財が試験的なプロトタイプではなく（それならソ連にもある）、すでに現実に大衆が毎日使える物になっていることを示すことだった。

正式に契約をする前から、イームズ夫妻、メイシー、ネルソン、そして映画監督のビリー・ワイルダー（彼はイームズ夫妻の親友だった）も加わって、三日間熱い議論が交され、博覧会の基本的な図式が見えてきた。

ネルソンはジオデシックドームの中でイームズの映像が流れれば、ドーム自体が巨大な情報マシンのように見える。だからドームには展示物は何も置かない。膨大な情報を小さな空間に圧縮するのだ。そのかわり、二番目のパビリオンは大量の消費財によって埋め尽くす。そうネルソンは考えた。

実際できた二番目のパビリオンはジャングルジムのような構造をしたガラスの館であり、RCAのカラーテレビスタジオ、グランドユニオン社のスーパーマーケット、ワールプール社の台所（ここで論争が行われた）など、五〇〇〇点のアメリカ製品が陳列されていた。

さて一番目のパビリオンでイームズ夫妻は、ベーグルのような丸い大きなスクリーンに、国土と人々と花のイメージを映し出そうと考えた。しかしネルソンはブリュッセル万博でのディズニーの「サーカラーマ」をヒントにして、マルチスクリーンで映像が規則的に入れ替わるような展示を考えた。たとえばミルウォーキーのスーパーマーケットが映ったかと思うと、次にはフォートローダーレールのスーパーマーケットが映る、そして次には……という具合さ、とネルソンは説明した。

美しき哉　アメリカ

ディズニーの「サーカラーマ」は、その名のとおり観客を三六〇度取り囲むパノラマ的な映像であり、その内容はアメリカを紹介し称えるものであった。サーカラーマは最初は一九五五年に開業したディズニーランドのトゥモローランドに「サーカラーマUSA　西部の旅」というパビリオンとして登場したものである。それは当初は三六〇度を取り囲んだ写真展示であったが、ブリュッセル万博においては動画の展示となり、以後、一九六〇年にはディズニーランドの「サーカラーマ・シアター」となった。

その映像のタイトルが「美しき哉　アメリカ America the Beautiful」。そこからも、その思想性は容易に想像できる。それはディズニーランドによる「神の下にある国家 One Nation Under God」と呼ばれるプロジェクトの一環であった。「神の下にある国家」とはリンカーンのゲティスバーグでの有名な演説の一説である。実は、サーカラーマの映像展示が終わると、ディズニーお得意の自動人形であるオーディオアニマトロニクスによる「大統領の殿堂」という展示が始まり、そこでリンカーンの演説が始まるという仕掛けだった。つまり「美しき哉アメリカ」は「神の下にある国家」アメリカを語るリンカーンの演説のための序曲だったのである（いったいこの「神の下にある国家」がいかなる意図から企画されたものなのか、ここでは触れる余裕がないので、その検証はまた別の機会に譲りたい）。

このディズニーランドゆずりのマルチスクリーンという手法に情報局局長のジョージ・アレンは賛成した。その映像を見た人は、そこに映し出された製品がアメリカの人々によって広く買われているのだと信じるだろうとアレンは考えたのである。おそらくは、その展示手法だけでなく、「美しき哉　アメリカ」というテーマ自体も、アレンの気に入ったに違いない。アメリカの正しさ、その民主主義、多様性、選択の自由といった価値を短時間で効果的に示すには、マルチスクリーンという手法こそが効果的であるとアレンは考えたのであろう。

ここで気が付くのは一九五八年という時代は、アメリカ以外の国ではテレビもあまり普及しておらず、もちろんカラー映像もなく、海外からの中継もなかったということであり、その時代においてアメリカの豊かさは実際に見なければ信じられないものだったということである。日本人は進駐軍を通じて実際にそれを見た。ヨーロッパ諸国もそうだ。しかしソ連は見ていない。少なくとも一般の国民は全く知らない。そうした国民に対して博覧会は、アメリカの豊かさが現実であることを信用させるためにどうしても必要なものだったのだ。

アメリカの日常と多様性

そこで、まずイームズ夫妻は「ライフ」や「ルック」に載っている写真を切り抜き、それを投射しようと考えた。「ライフ」も「ルック」も世界中で読まれている雑誌だから、いろいろな文化の人々に理解できると考えたのである。一九五〇年代のアメリカの思想そのものがそうであるように、イームズ夫妻の映画もたしかに商品資本主義をアメリカの民主主義と等しいものと考えていた。七面あるスクリーンそれ自体が、新しいメディアとしての物の多様性を示し、それがアメリカ博覧会全体のメッセージにもなると考えられた。

だが、イームズ夫妻はすぐに気が付いた。雑誌に出ている「典型的な」アメリカ像では「いつもの、ほんとうの」アメリカを描くという目的を達成できない。そこには「親密さ」の情景が欠けている。家族とか、カップルがお互いにおやすみを言い合う風景とか、そんな毎日の生活にある情緒的な風景がない。そう考えたイームズ夫妻は、この映像展示のために特別に撮影した写真を追加した。

二〇フィート×三〇フィートの七つのスクリーンに、アメリカの東海岸から西海岸まで、次々と都市を巡りながら、旅をするというストーリーが展開され、まず九分間アメリカの七つの地域が描かれ、次の三分間で「典型的なアメリカの平日」が描かれた。二二〇〇もの写真（一部は動画）が次々と写し出された。

"Glimpse of the U.S.A." の上映風景

七つのスクリーンは一一のテーマを持っていた。すなわち、アメリカの国土、アメリカの人々、アメリカは生きる、アメリカは働く、アメリカは旅をする、アメリカは学ぶ、アメリカは人間と宇宙を開拓する、アメリカは生産する、アメリカは消費する、アメリカは創造する、アメリカは遊ぶ、である。

イームズのフィルムは「ライフ」や「ルック」の構造を土台としながらも、それらとは違う、より多様なアメリカを描こうとした。「ライフ」や「ルック」の描くアメリカは、周知のようにWASPのアメリカだ。しかも郊外に住む中流の家族ばかりである。それはたしかに理想化された明るい平和な家庭だ。

だが、それはあまりに画一的であり、同調性を強要するものであった。だからイームズの映画もたしかにハイウェイを描き、郊外の住宅地を描いたが、いろいろなタイプの住宅地を登場させた。郊外の対極にある都市を混乱したものとしてのみ描くこともなかった。摩天楼は遠景から写されるだけでなく近景からも写され、異なる表情を見せるビルの顔をクローズアップした。そこにはビルへの愛情があった。都市の無秩序と華やかなナイトライフも等しく描かれた。都市の中の食事の風景も、多様な民族が多様な食文化を提供していることが描かれた。レジャーも、ピクニックは階級に関わらず楽しまれ、ゴルフは中流が楽しみ、ヨットは上流が楽しむというように描かれた。アフリカ系アメリカ人たちも、野球選手やジャズミュージシャンとして登場するだけでなく、テニスコートや海水浴場にいる風景も描かれた。

また映画の中には七〇の工業プラント、四二のダムや灌漑システム、三五の異なる宗教の教会が登場した。様々な宗教の宗教行動も写し出された（それは「ライフ」や「ルック」にはないものだった）。

建築、絵画、彫刻、音楽などのハイカルチャーはもちろん、コーラスラインや混雑したスタジアムや野球場やレース場も登場し、そのほうがより重要に扱われた。またスポーツ用品やラジオやテレビだけでなく、祭、サーカス、花火、遊園地、凧あげ、子供の自動車レース、川遊びといった風景も写し出した。

ビリー・ワイルダー監督の「お熱いのがお好き」におけるマリリン・モンローのワンシーンも使われた。モンローが大きくほほえんでウインクをするシーンだ。それはアメリカのフレンドリーさを表現していた。

そして終幕。イームズは映画をヒューマンで親密な基調で終わらせたかった。そこには情報局の役人たちが想像もしなかった映像が登場した。週末にお風呂に入ってリラックスしている人の姿や若いカップルが抱き合う夜の情景、人々が「おやすみなさい Good Night」と言っている情景などが写し出された。その「おやすみ」の言葉は映画の終幕を強く印象づけたが、形式的な「さようなら」よりも「これでもうおしまい」という印象が弱かった。「おやすみ」という言葉によって、お互いが心配し合う感情や友情を生み出されることを期待しながら、イームズ夫妻は映画の最後を、ある鉢植えの花のクローズアップでしめくくった。その花は忘れな草。英語でもロシア語でも「私を忘れないで」という名前の花であり、ロシアでは愛情と友情と思い出を意味する花だった。

できあがった映像のプレミアショーが始まると、フルシチョフ首相を含む一五〇〇人が固唾をのんでその映像を見た。フラーは、たくさんの色彩とイメージと音が見事に交響していることに驚きを隠せなかった。一二分間の映像が終わると、観客の目には涙が浮かんでいた。

▼参考文献

三浦展『「家族」と「幸福」の戦後史——郊外の夢と現実』（講談社、一九九九年）
巽孝之他編著『ユートピアの期限』（慶應大学出版会、二〇〇二年）
A・J・ブーロス著／永田喬訳『現代アメリカデザイン史』（岩崎美術社、一九九一年）
Kirkham, *Charles and Ray Eames*, MIT Press, 2001.
Neuhart, Neuhart, Eames, *Eames Design*, Abrams, 1994.
Rydell, *World of Fairs*, Chicago University Press, 1993.
The Works of Charles and Ray Eames, Abrams.
Rydell and Gwinn ed., *Fair Representation*, VU University Press, 1994.
『イームズ・デザイン展カタログ』（アプトインターナショナル、二〇〇一年）

特別付録

天皇制の心理的地盤

序

かつてマックス・ウェーバーは、ピューリタニズムとルター主義との《差異を生ぜしめた内的諸原因をたずねる》にあたって《「国民性」Volkscharakter をもってその根拠とすることはおよそ無知を告白するにすぎない》とし、《十七世紀のイギリス人が一つの統一的な「国民性」をもっていたなどと考えることは、歴史的にみてまったく誤りである》と指摘した（注1）。ウェーバーは《文化現象を因果的に還元して、それを「民族」Rasse に帰せしめる》ことを《方法的に訓練をつんだ研究によって、だんだん克服される》べきことと見做して拒否したのであった（注2）。

今日私達が現代日本の社会心理について論じようとする場合でも、非常にしばしば日本人の「国民性」が引合いに出され、多くの社会現象が、程度の差はあれ、「国民性」に由来するものとして考えられがちである。しかし、私は以下の叙述において、天皇制の心理的地盤を日本人の「国民性」に求めることは極力避けたいと思う。ウェーバーに倣って言えば、明治以前の日本人が一つの統一的な「国民性」をもっていたとは考えにくいし、もっていたとしても、具体的にそれがいかなる社会階層に、どの程度強く意識されていたかについて私は全く知らないのである。明治以後に関しても、「国民性」が天皇制の地盤であるというよりも、むしろ、逆に、天皇制イデオロギーが、「国民性」の自覚あるいは形成に寄与したと言わねばなるまい（注3）。

さて、しかし、私の論じようとする「天皇制の心理的地盤」は、時間的には戦後に限られる。すなわち、私の関心は、戦後三十五年民主主義の道を歩んできた日本において、露骨な天皇制イデオロギー政策が相対的に少なかったにも拘らず、今なお天皇制を――積極的にせよ、消極的にせよ――支持する人達の心理が、いかにして形成されたかという点にある（注4）。

（注1） マックス・ウェーバー／梶山力・大塚久雄訳『プロテスタンティズムの倫理と資本主義の精神』（岩波文庫、一九五五年）上巻一三三～一三四頁。

（注2） マックス・ウェーバー／出口勇蔵訳『世界の大思想23　ウェーバー』（河出書房新社、一九六五年）所収「社会科学および社会政策の認識の《客観性》」七〇頁。

（注3） たとえば安丸良夫氏は、R・N・ベラーが《通俗道徳を、文化人類学的観点から超歴史的なものへとまつりあげ、ほとんど原始古代からの日本文化の特質だとして》いることに反対する。『日本の近代化と民衆思想』（青木書店、一九七四年）一〇頁。したがって私が天皇制を論ずる場合、日本の戦後という特殊性と歴史性を無視することは許されない。

（注4） 《いかなる政治権力といえども、なんらかの意味において被支配者による下からの支持なしには、成立するものでもなければ、維持されるものでもない》という神島二郎氏の見解に私は同意する。『近代日本の精神構造』（岩波書店、一九七六年）一九頁。

（一）現代日本人と天皇制

天皇制に関する統計、調査で、信ずるに足るものは少ない。事柄の性質上、世論操作は免れえぬが、逆にその操作を見抜けば、いかなる方向に世論が操作されているか、されようとしているかがわかるだろう。

まず天皇への感情から見よう（図1）。近年の傾向として「好感」が減り、「無感情」が増え、六九年と七三年で丁度逆転している。他方、「尊敬」「反感」はほとんど同率を一貫して維持しているが、この点については疑の余地なしとは言えない。事実、六六年の小林道樹氏等による調査は他の調査（総理府およびＮＨＫによる）と異なる性格の結果を出している。一体どちらが国民一般の意識を正しく反映しているのであろうか。

さて次に、天皇感情と世代との相関を見よう（図2）。明らかに、天皇感情は世代によって大きく変化する。そして、その傾向は、皇室への親しみについても言える（図3）。

〔図1　天皇感情〕

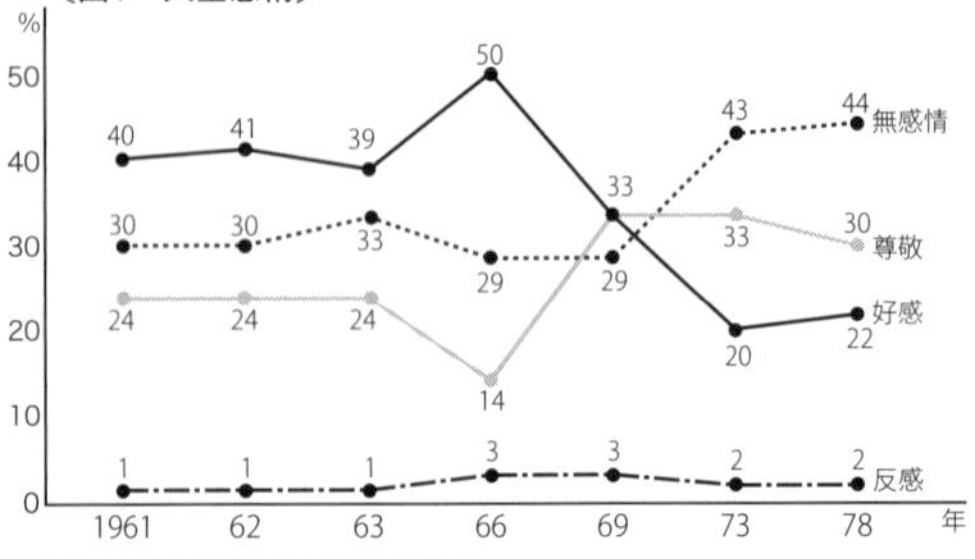

資料:総理府調査等をもとに三浦展が作成

〔図2　天皇感情─年令別─〕

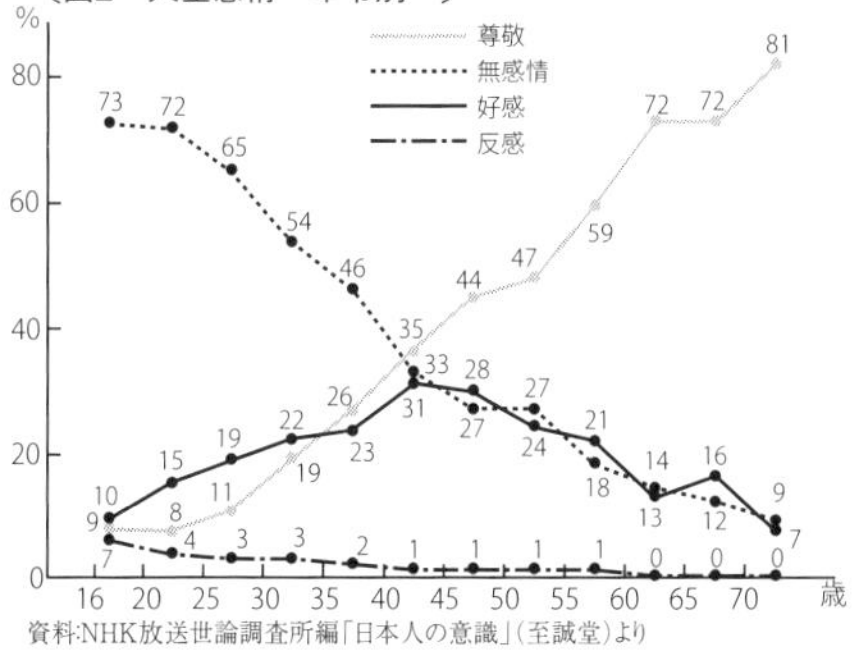

資料:NHK放送世論調査所編「日本人の意識」(至誠堂)より

〔図3　皇室への親しみ(年令別)〕

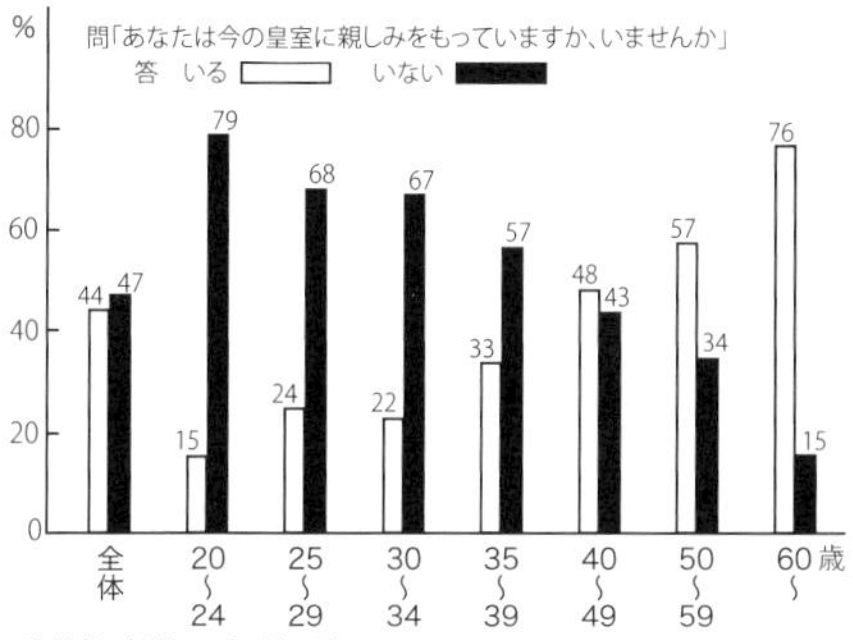

資料:朝日新聞1978年1月1日より

〔図4　天皇感情(世代別)〕

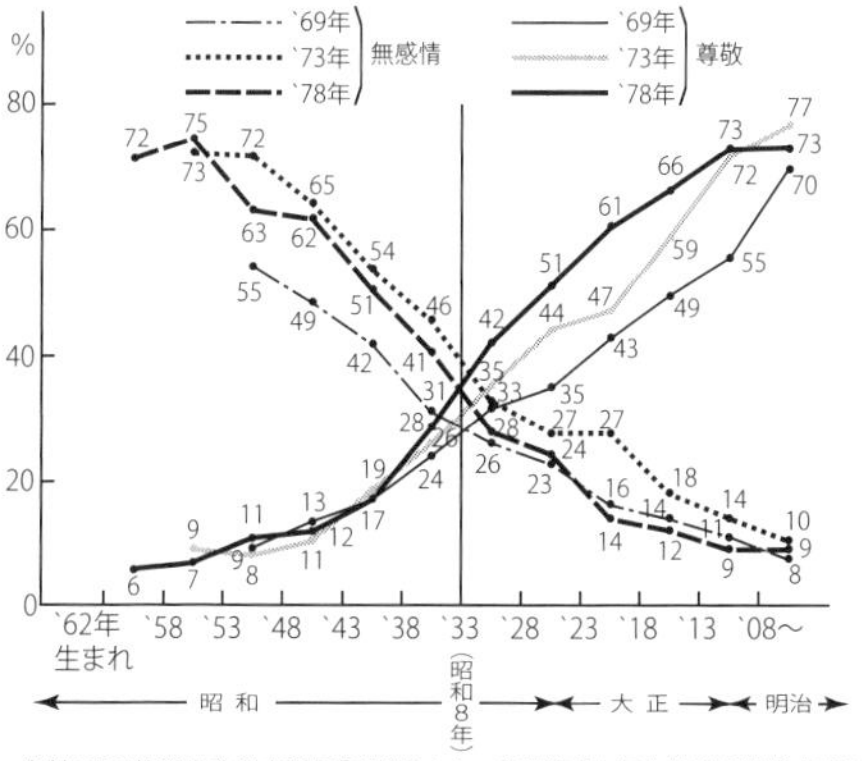

資料:NHK放送世論調査所編「現代日本人の意識構造」(日本放送出版協会)より

「無感情」と「尊敬」とが若年層と高年層とできれいに対照をなしているのがわかる。四つの感情類型は、昭和八年生まれで交錯しており（図4）、大正生まれの世代は、おもしろいことに、六九年から七八年にかけて「尊敬」の率が増加している。これは大正時代に絡みついた天皇制イデオロギーが、近年の日本の国際的評価の高まり（Japan as No.1!）によってよみがえったと考えることができよう。他方、全く別の見方も可能だが、それについては（二）で触れるのでここでは触れないでおく。
さて今度は、天皇感情を政治行動・政治知識・政治への有効性感覚との関係で見てみよう（図５）。天皇を尊敬する人は、政治知識が低く、政治行動がなく、政治の有効性を信じやすいことがわかる。逆に天皇に反感をもつ人は、政治の有効性を疑い、政治知識は高く、政治行動も比較的多い。ただし絶対数から言えば、政治行動を取らない人が六割いることに注意しておかねばならない。天皇に反感をもち、かつ、政治行動を取る人は、全体の一・一パーセントにすぎない。

〔図5　天皇感情×政治行動・政治知識・有効性感覚〕

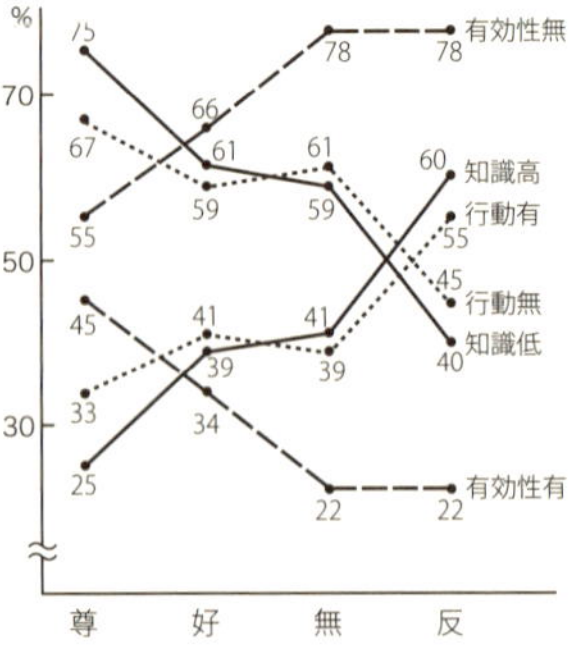

資料:NHK放送世論調査所の調査をもとに三浦展が作成

〔図6　天皇感情（尊敬）―年層×学歴別―〕

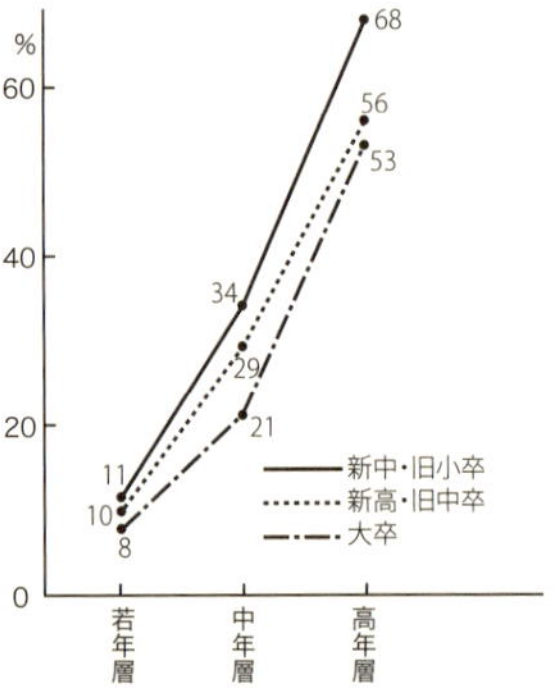

資料:NHK放送世論調査所編「日本人の意識」（至誠堂）より

次に学歴との関係を見よう（図６）。この図を見るかぎり、天皇への尊敬感情は学歴にそれほど規定されないことがわかる。しかし、これも絶対数から言えば有意の差があると言えるのではないか。現在、高年層に属する人達のうちで、大学卒業者はほんの一握りであり、多くは初等教育どまりだったはずである。だからこそ、国民全体には天皇を絶対君主として信奉させ、大学および高等文官試験では、天皇を国政の最高機関としての立憲君主とするという、顕教と密教の使い分けが可能となり、国民を総動員することもできたわけである（注1）。

次に、ナショナリズムとの相関を見よう（図7）。明らかに、天皇に肯定的な人ほどナショナリズムが強い。しかし、天皇に否定的な人でも日本への愛着は強く、素朴な心性をうかがわせている。

最後に、天皇ではなく、天皇制について、その支持傾向を見よう（図8）。驚くべきことだが、天皇制の支持率は戦後一貫して八〇パーセントを維持している。総理府調査では、「わからない」という答えまでが「支持」に含まれているのが疑問だが、それはともかく、「支持」を「現状維持」と「権限強化」に分けて見てみると、七〇年代に入ってから「現状維持」だけで八〇パーセント前後になっていること

〔図7　天皇感情×ナショナリズム〕

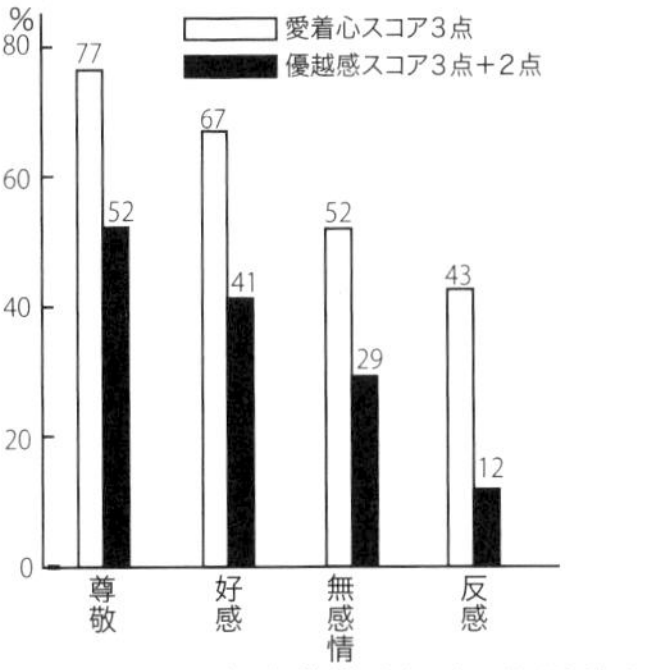

資料:NHK放送世論調査所編「日本人の意識」（至誠堂）より

〔図8　天皇制の支持・不支持〕

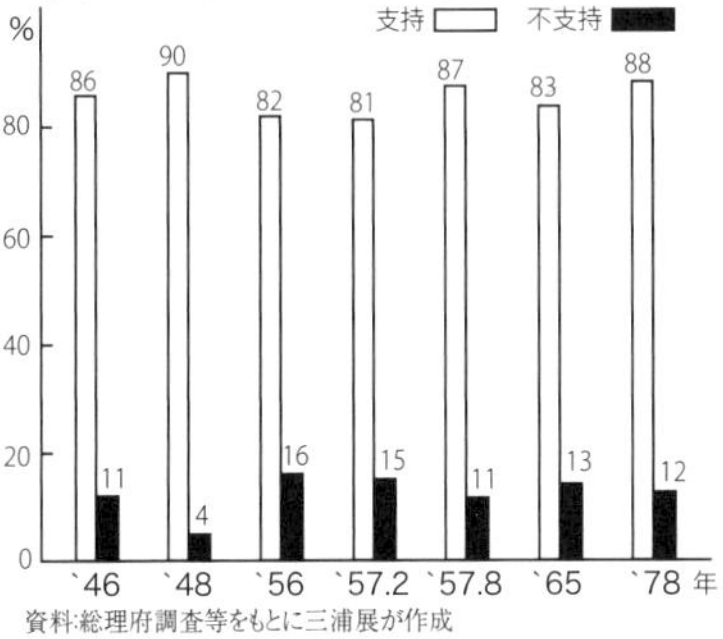

資料:総理府調査等をもとに三浦展が作成

にまた驚かされる（図9）。

そして、「支持」「不支持」についても、「現状維持」「権限強化」にしても、天皇感情にくらべて、世代・年令による規定のされ方が少ないことがわかる（図10・11）。むしろ天皇制の支持は、天皇制イデオロギーに包摂されて低学歴者の意識に食い込んでいると言える。城戸浩太郎等の《労働者の政治意識》調査によると、低学歴者と天皇制イデオロギーの絡みつきが露骨に

〔図9　天皇制支持の内分け〕

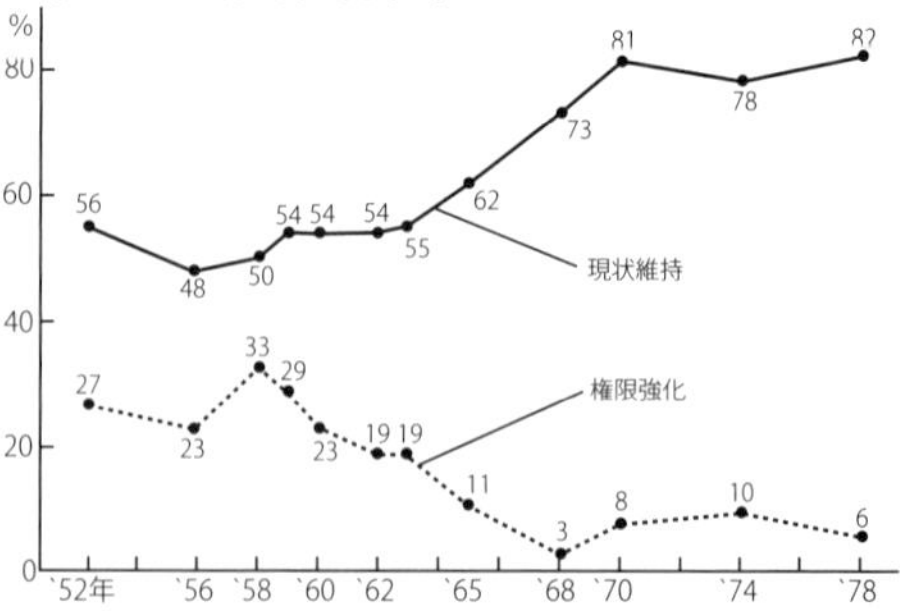

〔図10　天皇制支持・不支持（年令別）〕

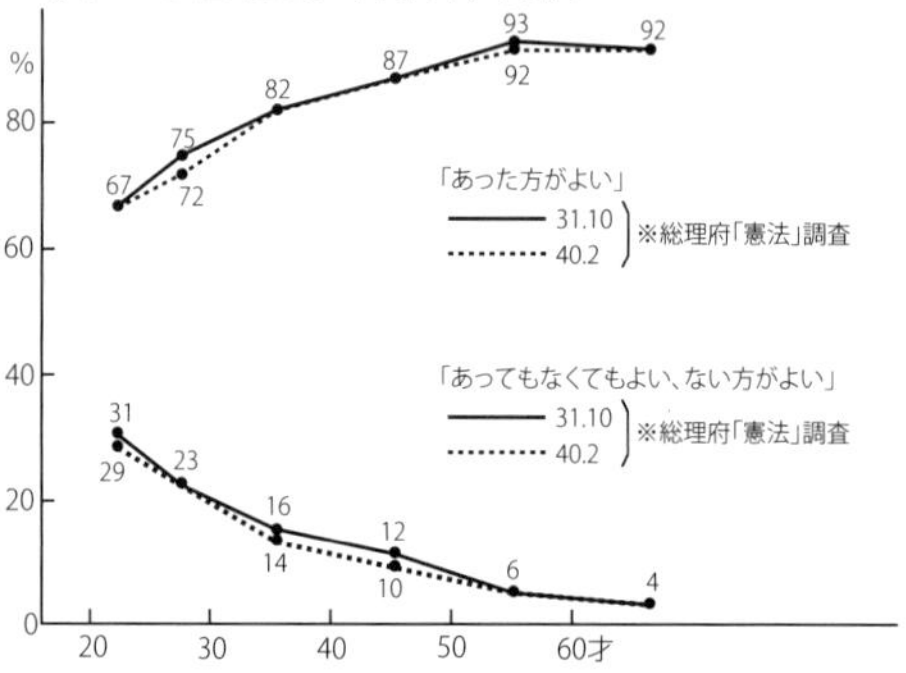

〔図11　天皇制のあり方（年令別）〕

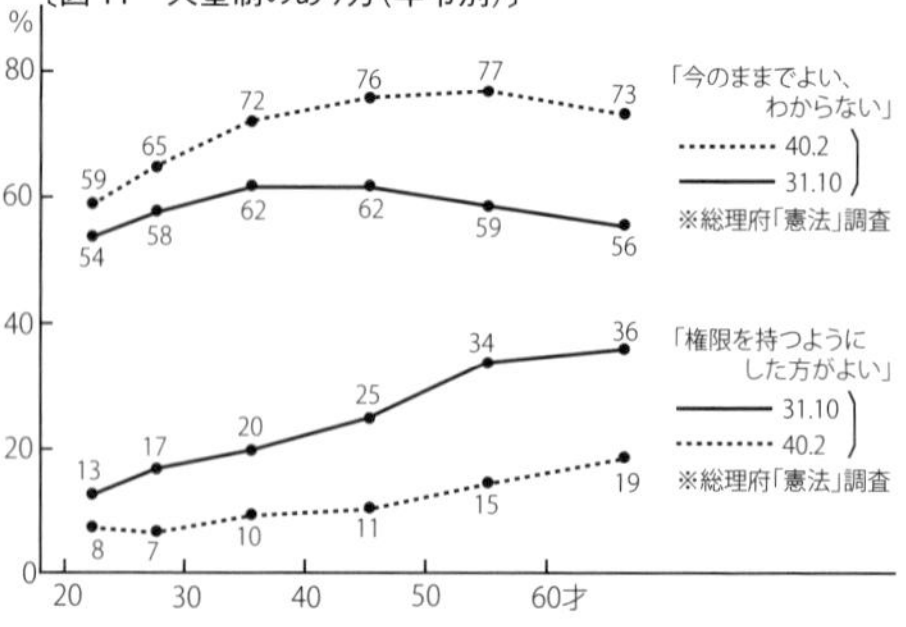

資料:NHK放送世論調査所編「図説 戦後世論史」（日本放送出版協会）より

示されている。義務教育しか受けていない者は五九・八％が天皇制イデオロギーと絡みついているのに対して、中等教育まで受けた者は三九・〇％、専門教育を受けた者は一一・四％が絡みつきを示すにすぎない（注2）。図6で見たように、天皇への尊敬の念は、学歴によってはかなり制約されないが、天皇制イデオロギーの絡みつきは学歴によってかなり規定される。したがってここに、天皇に対していかなる感情をもつにせよ、たとえば反感をもつにせよ、天皇制を肯定せざるをえない社会階層の存在を私達は確認することができる。逆に言えば、戦前でも民衆は天皇を神とは信じず、神であるかのように振る舞ったのだとも考えられる（注3）。もちろん民衆は保身のためにそのように振る舞わざるをえなかったのであり、その意味でまさに天皇制イデオロギーに絡みつかれていたのである。

今日でも、若い世代は、明治天皇のカリスマ的資質や、今上天皇の「御人柄」に対して、すなわち一個のPerson《ペルゾン》に対して、尊敬や好感、さらには服従や帰依の念を持つことはないが、それにも拘らず、既成秩序としての、Sache《ザッヘ》としての天皇制には、たとえ消極的にであれ、肯定的態度を取るのである。天皇は今や、戦争に代表される非常時を乗り切る際の、強力なカリスマとしての性格を捨て去り、より日常化され、物象化Versachlichung《フェアザッハリッヒウング》されていると言えよう。

さて、ここで天皇個人への感情と、天皇制の支持・不支持とを軸とした座標を書き（図12）、それぞれの象限に含まれる人のパーセンテージを他の資料から推察して記した。天皇制を否定

〔図12　天皇感情×天皇制支持傾向〕

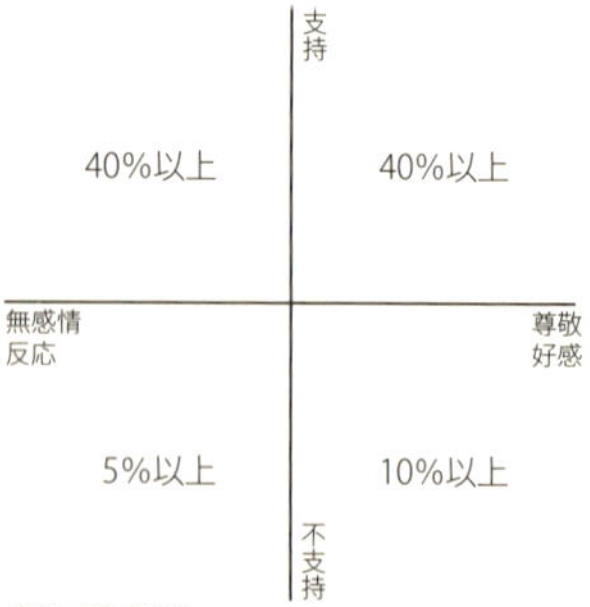

資料:三浦展作成

していながら、天皇に尊敬・好感を感ずるという奇妙な人達が一〇パーセント前後存在することになるが、事実そうした人はいるのである。たとえば美濃部亮吉氏は次のように述べている。《私は、天皇陛下は、天皇制の中の天皇というよりも、人間として親近感をもつことができる方だと思っています》（注4）。

　敗戦後、かつてのピューリタン革命やフランス革命の時のように、旧制度の支配者の首を切ることができなかった理由のひとつが、この一人の知識人の言葉の中にある。一体、天皇制の外の天皇などがありえようか。天皇を天皇制から抜き出して、一人の《人間として》考えること自体に一種の非論理性がある。と同時にこの事実は、天皇および天皇制の問題が、よく言われることだが、論理では割り切れない非合理的な心情の問題であることを示している。

　以下私は、これらの、ひとつひとつは天皇とは無関係な心情や感情や信念を、ある意味で合理的に組織化し、それらを天皇への尊敬の念にまで昇華させて、観念的にのみばかりか、物質的にも天皇制の強固な地盤を形成している例をひとつ検討する。

（注1）　久野収・鶴見俊輔『現代日本の思想』（岩波新書、一九五六年）一三二頁。

（注2）　城戸浩太郎『社会意識の構造』（新曜社、一九七九年）一五六頁。

（注3）　たとえば高畠通敏氏は《大衆は「人間天皇」ということを知っていたのではないか》という疑問を呈している。加藤周一ほか『転形期　80年代へ』（潮出版社、一九七九年）二二三頁。なお雑誌「知性」の調査（五八年九月）によると、戦前天皇を神と思っていたのは、二六六一人中九九〇人（三八・五％）であった。

（注4）　児玉隆也『君は天皇を見たか』（潮出版社、一九七五年）五〇頁。また同じ革新知事であった蜷川虎三氏も次のように語ったという。《陛下は非常に公平だ。一つ何かされると他の人にもそうせねばならぬとお考えになられ、……またいろいろなものをご覧になられる時も均等にていねいに見てゆかれるのには有り難く思った》。久野収・神島二郎編『「天皇制」論集』（三一書房、一九七五年）所収、南博「天皇制の心理的地盤」を参照。それに対して、加藤周一氏は、天皇の演じた役割がどのようなものであったにせよ、天皇制をやめるべきだと論じている。『加藤周一著作集8　現代の政治的意味』（平凡社、一九七九年）所収「天皇制を論ず」参照。

▼参考文献

ＮＨＫ放送世論調査所編『日本人の意識』（至誠堂、一九七五年）

ＮＨＫ放送世論調査所編『図説　戦後世論史』（ＮＨＫブックス、一九七五年）

ＮＨＫ放送世論調査所編『現代日本人の意識構造』（ＮＨＫブックス、一九七九年）

「朝日新聞」一九七九年一月一日付朝刊

（二）　新興宗教と天皇制

私はここで数ある新興宗教団体の中でも、もっとも明確に天皇制支持を打ち出している「生長の家」を取り上げ、「生長の家」がどのような人をいかにして入信に導き、さらに信仰を深めさせ、天皇制の強化や天皇への尊敬を正しいこととして信じこませるかを、信者の側から論じたいと考える。「生長の家」の信者といえども、最初から天皇や天皇制を肯定していたとは必ずしも言えず、反感を感じていた人さえいるのである。そのような人達が、どのような原因で、何を契機として信仰に走り、しかも、神や仏ではなく天皇を崇拝するようになったか、これは興味深い問題である。

（二―一）　信者の不幸と信仰の強化

「生長の家」には六種の月刊誌があり（注1）、そのうち女性向けにつくられているのが、『白鳩』である。私は、この『白鳩』の「誌上相談室」に載せられた信者の手紙を手がかりとして、信者のかかえている悩みや不安や不幸を探りたい。何故、私が女性を対象とするかといえば、女性が男性よりも抑圧のはけ口とされやすいからであり、したがってその抑圧を倫理などによって隠蔽することも多いからである。

不幸には、個人的なもの（性格、容姿など）、社会的なもの（差別、公害など）、そしてそれらの中間の——と言ってよければ——家庭や夫婦の不和の三つがあると言える。もちろんこれらは常に相互に複雑に影響しあい、絡みあっており、人が不幸の原因をどれか一つに帰すのは、それがその人にとってもっとも直接的に実感されるからである（注2）。

「生長の家」の信者の場合、もっとも多いのは、家庭内の不和に関する悩みである。それについて具体的に検討していきたい。

【事例1】　A女は結婚後、姑と同居したが折合いがあわなかった。その後、姑は他界したが、姑の肩をもっていた近所の人達はA女に冷たい態度をとり、A女は苦労する。さらに、姑の生前には続けることのできた仕事も、姑の死後は、家事をおろそかにできないために、辞めざるをえなくなった。今はただ姑が生きかえってほしいと思うばかりである。

【事例2】　B女は夫に先立たれ、娘と息子と父と弟とともに細々と生活してきた。娘や息子は独立後、B女との関係が弱まった。弟は頭が弱く、身のまわりのこともできず、家族から疎んじられている。

【事例3】　C女は結婚後、舅、姑と同居するが打ちとけず、夫の妹とも仲良くできない。夫も実家の母も、C女を嫁ぎ先の家の者と見做しており、C女の相談にのってくれない。しかも、実妹のしつけのことで実母とさえ憎みあうようになり、実兄は実兄で三五才になっても未婚のままであり、悩みの種はつきない。

【事例4】

D女の兄は読み書きが十分にできず、盗癖や嘘をつく癖がある。それに夫が病気がちであり、そのことで姑といがみあう。しかも子供がなかなかできないことを悩んでいる。

【事例5】

E女は結婚前教師として六年間忙しくはあったが充実した生活を送っていた。しかし結婚後、家庭の主婦になると、毎日が退屈で、つまらなく、空しくなり、子供もできずあせりを感じている。

【事例6】

F女は好きな人との結婚を親に反対され、別の男性と結婚したが、その夫とうまくいかず、夫は夜遊び、酒びたりのうえに暴力をふるうという生活が七、八年続いた。F女は、一〇人も子供を産んだ母の苦労を偲びつつ、男は勝手でいやらしいと思いはじめ、ますます夫との関係は悪化した。

【事例7】

G女は女児二人を残されて夫に先立たれ、その後同じように男児二人を残されて妻に先立たれた男性と結婚した。その夫は共産党に入っており、思想的には夫婦相容れない。したがって夫婦間のみならず、嫁姑の関係も冷たい。

［事例８］　Ｈ女は、兄のように思っていた男性と結婚したが、結婚後夫との性生活に喜びを感じられない。夫は、怒りっぽく、乱暴で、理性がなく、酒癖があり、意志も弱く、身なりもきたない等々、結婚以前とは全く違ってしまった。Ｈ女はいつも離婚を考えるが、子供がいるため仲々別れられない。最低の養育費さえあれば今にでも別れようと思うが、不安につきまとわれている。

これらの事例から、抑圧が弱者へと、この場合は一家の主婦（妻・嫁）へと移譲され、彼女等が抑圧のはけ口となっていることがわかると思う。これらは既に入信した信者が、「生長の家」の教えによって不幸を克服できずに、相談をもちかけてきた例であり、したがって入信以前の一般の女性にも同じような負担が大なり小なりのしかかっていると考えられる。ＴＶ・新聞等に毎日のように取りあげられている身上相談や、いわゆる身上相談所に持ちこまれる事例は、氷山の一角であろう。悩みと不安にさいなまれつつ、閉ざされた生活圏内で暮らしている彼女等は、ある日、ふとしたきっかけで、『白鳩』を読み、そこに描かれている明るい世界を求めて、ワラをもすがる気持ちで入信するのである。

先の事例に限らず、信者のおかれている状況を見てみると、そこには、病気、アル中、恋愛・縁談・結婚についての悩み、夫の浮気、子供の非行、自己嫌悪や自信喪失など、ありとあらゆる不幸が存在しており、その背後には、時として経済不安・貧困があることも容易に推察される（注3）。だが、経済不安は不幸の原因とは見做されない。信者にとって憎むべき対象は、金とモノの世の中であって、唯物論や社会主義・社会政策などは、金とモノとを中心に据えた思想として通俗的な誤解をうける。信者は金とモノとの世界を憎むあまり、金とモノとを得ることよりも、金とモノが消え去って、精神や心の世界、「生長の家」の言葉を使えば、「実相」の世界が現れることを切望するのである。

信者は、入信後、「生長の家」の教えに従って、不孝を克服せねばならない。しかし、そのためには封建的論理の絶ゆまぬ実践が不可欠なものとして要請される。外圧的な論理を内在的なエートスへと実践を媒介として転化してゆく過程は、そのまま彼等が不幸な状態から脱出して幸福になってゆく過程である。が、もちろんすべての信者が実践的に論理にのぞむわけではなく、必ず脱落者がいる。信者の中には、多くの新興宗教団体を渡り歩いてきた者もおり、そうであるからには「生長の家」から他の宗教へと移ってゆく人もいることが推察される。この意味で信者は、効果のあるものが真理だと考えるプラグマティストである。

さて、熱心な信者は、たとえ教えが不合理であれ、時代錯誤的であれ、不幸を克服するために熱狂的に教えを実践し、時として奇跡を生む。この奇跡は、近い信仰にとまどっている信者にとっては、信仰を深める強力な動機となる。かつて教えを実践することによって様々な不幸から、とりわけ病気から立ち直ったという例が、教祖を中心とする講師陣によって示され、また奇跡を体験した人自身が他の信者達の前で、みずからの神秘的な経験を語り、それによって信者達をより深い強い信仰へと誘うのである。信者達にとって、奇跡を語る教祖は、奇跡をよびおこすカリスマとして立ち現れ、多くの信者は教祖を神と同一視するにいたる。そして信者みずからも自己を神の子と見做し、神の子の名において日々実践するかぎり、いかなる不幸も身にふりかかることはないと考えられるようになるのである。

　このような自己変革による問題解決の仕方は、民衆思想の特徴のひとつである。そして、安丸良夫氏がいみじくも指摘しているように、民衆思想は、その《精神主義的特質のゆえに》《それをうみだしたり伝播したりする人格とかたく結合して》おり、《当該思想によって鍛えぬかれた人格と密接な人格的関係にあって感化される人々》（注4）のみが人間変革に従事するのである。この人格的結合こそ、物象化された社会の中で人間が失ったものにほかならない。新興宗教は、その人格的結合を回復するための共同体Gemeinde《ゲマインデ》＝教団（！）を人々に与え、その結果、何千万人（注5）という人達を組織することに成功したのである。

（注1）『生長の家』『光の家』『精神科学』『理想世界』『理想世界ジュニア版』そして『白鳩』がそうである。このうち何れかを年極で申し込むと「生長の家」の誌友となる。各々日本教文社刊。

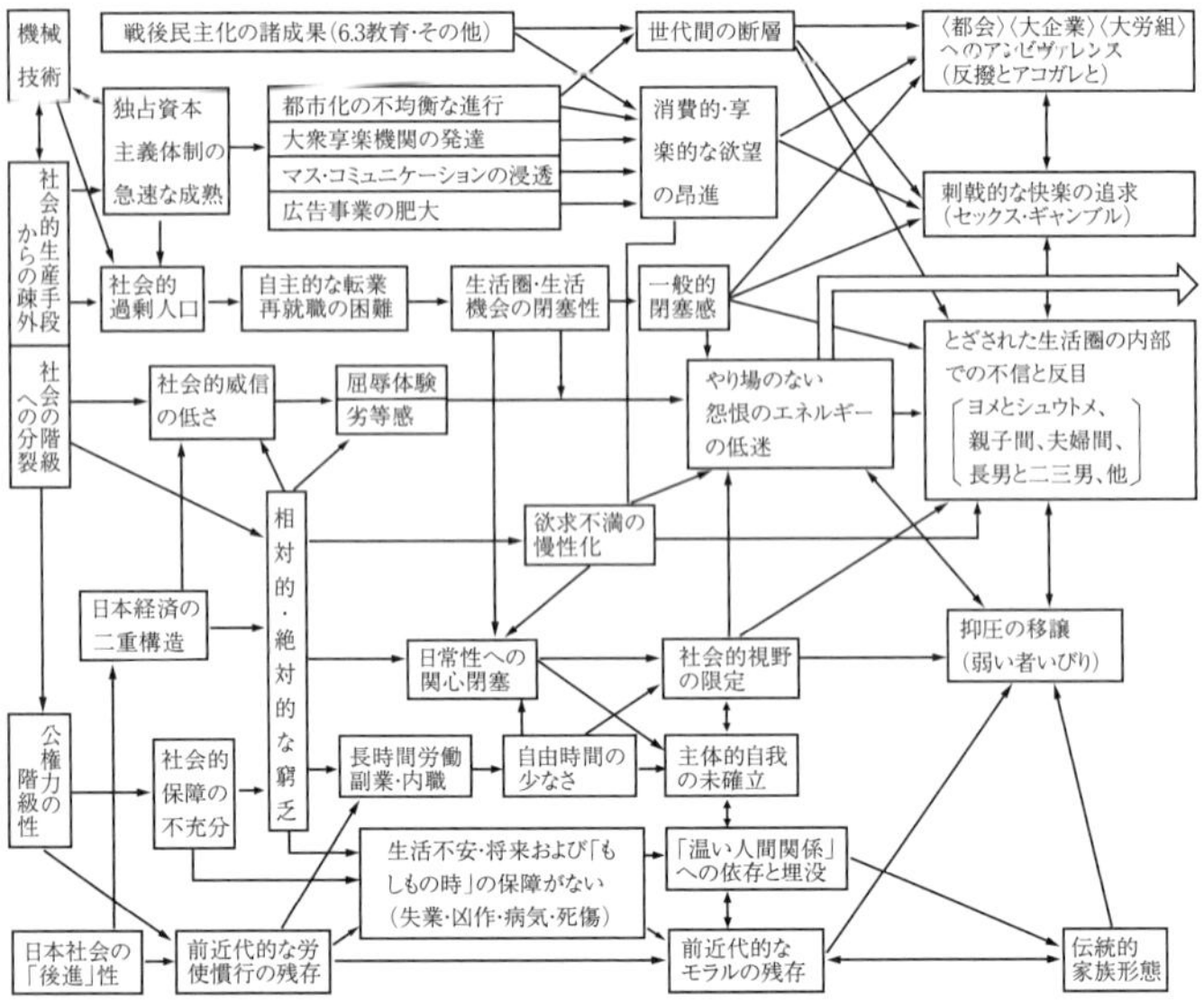

中小企業労働者・下層農民を典型とする状況構造
見田宗介『現代日本の精神構造』(弘文堂)より

(注2)《経験的—歴史的な現象は、通例、人間の頭の中では心理的に制約されたものとして理解されねばならないものであって、論理的に制約されたものとは理解されてはならない》というウェーバーの言葉を私は真理だと思っている。前掲「社会科学および社会政策の認識の《客観性》」九八頁。

(注3) 不幸の諸類型を、政治・経済・社会・文化等との連関で図示したものとして、見田宗介氏のものがある(上図)。『現代日本の精神構造』(弘文堂、一九六五年)。この布置連関図は大体「生長の家」の信者にも妥当する。「やり場のない怨恨のエネルギーの低迷」から出た大きな矢印が宗教に向かったのである。

(注4) 前掲『日本の近代化と民衆思想』、四六～四七頁。さらに氏は書く。《これら諸思想(民衆的諸思想——筆者)の現実的

変革の有効性は、事実上、家か村、あるいはせまい同信者集団のなかに住む人間を変革せしめることにだけ存在した》《民衆的諸思想に共通する強烈な精神主義は、強烈な自己鍛錬にむけて人々を動機づけたが、そのためにかえってすべての困難が、自己変革——自己鍛錬によって解決しうるかのような幻想をうみ出した。この幻想によって、客観的世界（自然や社会）は主要な探究対象とならなくなり、国家や支配階級の術策を見ぬくことがきわめて困難となった》同書、四七〜四八頁。

（注5）　生長の家、三一〇万人。立正佼成会、四七四万人。霊友会、二七〇万人。PL、一六五万人。天理、二四九万人。創価学会、八七七万人。これだけでも二五〇〇万人以上である。五三年版『宗教年鑑』より。

（二—二）　天皇崇拝への過程

さて、それではいかにしてそれらの信者が天皇崇拝へと昇華するのだろうか。前節の末尾で述べたように、新興宗教団体は、今日の社会では例外的に、人格的結合にもとづく共同体である。そこでは、家庭や社会における世代間の断層——価値観の断絶、行動・思考・生活様式の著しい変化——によって失われた共同性・一体感・信頼などが、多くの会合、合宿、諸活動によって回復されている。家庭の内ではツンボさじきに置かれがちな老人も、「生長の家」の仲間といるときは、かつての苦労を偲びながら、自分たちの支えとしてきた、そして今もしている信念や価値の正しさを確認することができる（注1）。そして、その際、天皇は「かつての思想や理想の力強い復活」の偉大な象徴として、文化の伝統的価値の唯一正統な担い手として、信者の前に、教えを媒介として、立ち現れるのである。

この過程で、教祖のカリスマ的資質が重要な役割を果たすことはいうまでもない。教祖は天皇に対して深い尊敬の念をもっており、天皇は「生長の家」の教えの最高にして最善の具現者と見做され、日本もまた教えの国家レヴェルでの最高の実現形態とされる。その教えを受けて信者は教祖を媒介として天皇への尊敬感情をもつようになり、国家への異常なまでの愛着を身につける。これらの信者にとって、天皇は失われた共同性を取りもどすために絶対不可欠な存在であり、アトム化された諸個人の生活に統一的普遍的価値を賦与する能力と資格をもつ存在である。ここでは天皇が一個の純粋な人格として崇拝されていることは疑を容れぬし、国家もまた一種の人格的性格を帯び、天皇と国民の関係は、教祖と信者の関係同様、神と神の子というピエテート関係からなる家父長的支配が理想とされている。

このような人格的結合の希求は、日常的生活圏内における信者の非人格的な物象化された扱われ方の裏返しの反映であるといって差支えない。それは根本的には、戦後日本の急激な産業構造の変化によって規定されているが、人間の生活実感としては必ずしもそればかりではなく、場合によっては「民主主義」が諸悪の根源とされ、事実そのような実感にもとづくことによって「生長の家」の信者の結束も強められていると言える。「自由」や「権利」ばかり主張して、

「義務」や「責任」は忘れているというわけである。したがって信者は、前節でも触れたように、経済構造の変革や、社会体制の改革などは夢にも思わず、むしろ全く逆に、日常性からの離脱、非日常性への逃避を志向する。そして、その非日常性を代表する人格がまた天皇にほかならない（注2）。

次に、これが次章との関連で重要なことだが、信者が天皇を理想の人間として、皇室を理想の家庭として美化していることに注意しなくてはならない。先ほど示したように、天皇と信者とは、教祖のカリスマを媒介として——観念的にではあるが——人格的に結合している。その際、天皇は、信者が教えを実践することによって初めて到達できるはずの至高の人間性を備えた、理想の人間である。天皇には、信者のかかえているような世俗的なつまらぬ悩みはなく、皇室には、信者の家庭のような不和はない。たとえ日本中の人々が苦しんでいる時でも（苦しんでいるからこそ、ではない！）、唯一皇室だけは、非の打ちどころのない神聖な家庭として存続することができる（注3）。そればかりか、天皇および皇族は、つねに国民の幸福に気を配り、それを願い、それを祈っていて下さる——このように信者は信じこむのである。

だがそれにしても、戦争によって多大な災禍をこうむったはずの民衆が、どうして天皇制イデオロギーから脱けきれずにいるのだろうか。ここで一応の答を示せば次のようになる。

民衆にとって道徳や倫理は——それが天皇制イデオロギーに包摂されるにせよ——単に外在

的なものではなく、ある程度は主体的に我がものとされた、内在的なものであった。民衆は道徳――通俗的なものであれ、教育によるものであれ――を実践することによってしばしば貧困や病気からのがれることができた。つまり道徳は民衆にとって、精神的支柱にほかならなかった。戦後、古い道徳が封建的なものとして否定されたとはいえ、道徳を精神的支柱として不必要とするほどの物質的基盤が出来上がったのはせいぜい七〇年代に入ってからだろう。とすれば、天皇制イデオロギーを捨てることなどできるはずはなかった。

次章で私は「生長の家」という特殊な事例を離れて、一般民衆、一般大衆について論じていくが、その場合でも私は、「生長の家」の特殊性が、一般性への契機を何ひとつ含んでいないとは考えない。いや、むしろ、人を「生長の家」の信者たらしめるか否かを決定する原因の方が余程特殊的、個別的であると判断している。

（注1） 失われた共同性や一体感への憧憬については、「生長の家」以外からも無数に例を挙げることができよう。例えば「戦争中の方がよかったね。みんな気持ちが一つになって緊張していたもんだ。毎日働いていていることに意味があった。今みたいにてんでんばらばらに生きてなかった」という老婆の言葉は世代間の断層のみでなく、戦後農村社会の崩壊をもくっきりと浮彫にしている。加納実紀代『女性と天皇制』（思想の科学社、一九七九年）所収、横田幸子「天皇制の無化にむけて」二七五頁。

（注2） 天皇に、その非日常性ゆえに親しみを抱くという事実は、前章で取り上げた美濃部氏にも妥当すると思う。美濃部氏が天皇に親しみをもつのは、美濃部氏が本来ブルジョワだからだと考えるのは笑止千万である。それではそもそも「生長の家」の信者の心理を説明できない。美濃部氏は、政治を嫌い、学究を好む。どろどろした人間関係を嫌い現世を離脱した生活を好む。そして天皇もまた学者である。「憂き世」から一歩退いたところに学者も天皇も位置する。その意味で美濃部氏は、革新政党の政治家よりもずっと天皇に《人間として親近感をもつことができる》のである。

（注3） 中村光男氏は書く。《具体的に家庭の解体という現象が現実に人々を脅かしているとき、日本中に少なくともひとつは非のうちどころのない家庭がある――少なくともあるように見えることは、嵐にさらされた道徳にある安心感を与える。》石田雄「戦後の天皇制」、前掲『「天皇制」論集』所収を参照。中村氏のこの言葉も、皇室を理想の家庭と考え、道徳の崩壊を嘆くと同時に、世代間の断層、文化の伝統や価値の喪失を表している。道徳の崩壊とは、教育勅語の廃止を意味するのではなく、過去の生活習慣・生活様式の否定を意味している。無論それらを否定したのは民主主義ではない。この点で私は安丸良夫氏の次の見解に賛成する。《私個人は、現代の日本社会に利己主義や享楽主義が蔓延して、普遍的な価値や理念への信頼が失われており、そこに精神的頽廃の契機があることを、むしろはっきりと認めたい。しかし、その原因は、超体制的な「経済的繁栄」や産業技術の発達そのものにあるのでもなければ、戦後民主主義にあるのでもなかろう。その原因は、ただひとつ、戦後の日本社会に特有な様式での経済成長の内実にこそあるのだろう。》『日本ナショナリズムの前夜』（朝日選書、一九七七年）所収「戦後イデオロギー論」二三五頁。

（三）　天皇制の心理的地盤

（一）図４から明らかなとおり、一九四〇年以降に生まれた世代では、天皇に「無感情」な人間の数は全体の半分を超えている。それにも拘わらず、それらの人々も大多数が天皇制を支持しており、この傾向は今後も定着する気配を感じさせる。天皇に特別な感情を抱くことなく、天皇制イデオロギーの喧伝も相対的に少なかったにも拘わらず、しかも天皇制を支持するという心理は、それではいかにして形成されたのだろうか。

それを論ずる前に私はまず、戦後の民主主義を民衆がいかに受けとめたかを考えざるをえない。結論を言ってしまえば、民衆は敗戦を欲望の解放と感じ、民主主義をその欲望の解放の正当化と考えたのである。たとえば、庶民派俳優である小沢昭一氏は次のように語っている。《ぼくはいまだにストリップが好きで好きでしょうがないんだけど、それは、民主主義って一体何なのか全くわからなかったぼくに、解放ってことを具体的に見せてくれたのが衣服を解き放った彼女たちであったからですよ》（「朝日ジャーナル」一九七八年八月一一・一八日合併号より）。私たちは、「ストリップ」という特殊性に目を奪われて、この小沢氏の言葉に内在する極めて普遍的な民衆一般の心理状況を見逃してはならない。江藤淳氏さえも当時の心境を性的な欲望の目覚めとオーヴァーラップさせている（「戦後と私」）ということから、私たちは、敗戦とともに、それまで抑圧されていた人間的欲望が一気に噴出したという歴史的な事実を認識することができるだろう。そして当時はまだ、その膨大な欲望を満たすだけの物質的基盤がなかった。だからこそ、この時点では「国体はゴジされた　朕はタラフク食っているぞ　汝　人民飢えて死ね……何故私たちは飢えているのか　天皇ヒロヒト答えよ」と言うことが民衆にできたのである。さらにそのうえ民衆がこう言えた理由は、欲求・欲望に歯止めをかけるあらたな価値体系の欠如にこそあった。民主主義も自由も平和も、この時点では、欲望の解放の正当化として、欲求充足の正当化として機能したと言えよう。

しかし、欲望の解放・欲求の充足に対抗して、それらを抑圧する力が社会には必ずあるし、また必要でもある。戦後についていえば、朝鮮戦争を契機として、民衆の欲望を一つの方向に統制づけることが始まったと言える。無統制に解放された個別的私的な欲望に、民主主義の名を借りて、普遍的公的な規範的な値を賦与する役割を演ずるために再び天皇が現れたのである。戦争責任を免れた天皇は、それどころか、民衆に「終戦」をもたらすために「御聖断」を下したとされ、今度は「人間天皇」として国民に浸透することを図った。戦後日本において最も強く叫ばれた「人間性」の衣を天皇もまたまとったのである。そして天皇の「人間性」は、天皇制の伝統と正統性ゆえに、もっと正しい、理想的な「人間性」であった。「人間天皇」は、五九年、皇太子御成婚、六四年、東京オリンピック、七〇年、万国博と、そのつど「自由」と「平和」

と「繁栄」の象徴として姿を現わし、その時々の肥大化してゆく人間的欲望に公的価値を与えようとしてきたのである。

たとえば、五八年からのミッチーブームは、天皇・皇室を人間化（！）し、脱政治化し、一種の「職業的有名人」として日常化し、民主化するための一大イベントだったといえる。しかもこの時以来、天皇とマスコミの癒着が始まった。松下圭一氏は、皇太子の結婚を契機として、「平民」と「恋愛」というシンボル操作による天皇制の変質が生じ、《天皇制が新中間層を中心に新しく若い世代に対応するのに一応成功した》とし、《皇室イメージが旧中間層的な「家族」から、新中間層的な「家族」へと転化した》と考えるが（注1）、これに私はほとんど同意したい。ミッチーブームは、民衆に自由な恋愛にもとづく、家柄のちがいを超えた結婚の可能性を——そんなことは民衆にとっては本来常識だった（注2）——認識させ、旧いイデオロギーの呪縛からの解放を示した。そのことは、高度成長政策による生活の物質的向上への期待と相俟って、民衆に一種の上昇感を与えた。そしてその上昇の果てに皇室があった。——というのは勿論民衆が皇室をめざしたというのではない。だが民衆の望むと望まざるとにかかわらず、民衆の経済的社会的上昇は、そのまま皇室への接近であり（注3）、そのことが心理的な接近を促進した。皇太子妃を結びつけた軽井沢のテニスコートは、今や一般大衆のレジャーの場になっている。そして天皇が「政治の中心的役割」を果たしていると考えるのは、もはや国民の四％にすぎない（一九七四年、ＮＨＫ調査）。

日本の民衆が、たとえ幻想と言われようとも、自分の生活にささやかな満足を得るために、一体どれだけの営為を必要としたことか。そしてその絶ゆまぬ営為を可能ならしめるために、どれほど物質的・観念的な動機づけが必要とされてきたか。民主主義の自由と平和という観念的動機づけに、高度成長による繁栄を約束する物質的動機づけが加えられることによって、民衆の中にひとつの上昇感が生じたとき、たとえ天皇や皇室にいかなる感情をもつにせよ、民衆が心の中に描きつづけてきたものは、「平和で安定した生活を営む家庭」にほかならず、この観念が、直接に或いは間接に、戦後天皇制の心理的地盤を形成するにあたって与って力あったことがわかるはずである（注４）。

事実、「平和な家庭で暮らす」ことを毎日の生活の目標に据えている人が、国民の半数を占め、そのための手段として「健康」を大事にしようとする人は、やはり国民の七〇％以上を占めている（注５）。しかし、もちろん、天皇制の支持が、有形無形の強制なくしてはありえぬという側面を私は見逃すつもりはない。が、天皇制の問題を後まわしにして、或いは脇に追いやって、とにかくも民衆は生きてこざるを得なかったし、したがって今だに「平和な家庭」の観念は頑なに固守されていると言える。そして皮肉にもそのことが、かつて民衆を多大な災禍の中におとしいれた天皇制に戦前とは異なる形をとってあらたに確固たる地盤を与えようとしていると言うことができるのである。

(注1)　松下圭一「大衆天皇制論」、前掲『「天皇制」論集』所収を参照。なお同種の見解を示したものとして、前掲『女性と天皇制』(思想の科学社)所収、井上輝子「マイホーム主義のシンボルとしての皇室」を参照。

(注2)　この点については前掲、安丸良夫『日本の近代化と民衆思想』第一論文を参照。

(注3)　一般大衆が経済的・社会的上昇によって皇室に接近するのに対して、「生長の家」の信者は精神的向上によって接近しようとしているといえる。また、今でもヨーロッパ駐在の日本商社の幹部の家には、天皇の写真が掲げられているという。前掲『転形期　80年代へ』(潮出版社)二二九頁。

(注4)　(一)で取り上げた大正世代について、次のような仮説を立てることが可能である。すなわち、人は、自分の子供が、大学進学、就職、結婚、という過程にあるとき、何よりもまず「家庭の平和」を願うのであり、その意識が天皇への尊敬感情につながる、というものである。もちろん、これは他の諸意識との相互作用なしにはありえない。だが、若い世代にも、結婚してから天皇への愛着が湧いたという者がいるという事は無視されるべきではないと思う。

(注5)　前掲『図説　戦後世論史』を参照のこと。

《追記》本稿執筆後、作田啓一氏の「価値体系の戦前と戦後」を読み、私の言おうとした事が理論的に整然と処理されていることを知った。今後の私の指針となることは間違いない。作田啓一『価値の社会学』（岩波書店、一九七二年）参照。

・

（一九七九年度一橋大学社会学部佐藤毅ゼミ論文）

〔初出一覧〕　※但し、本書収録に際し、手を加えてある。

1
さまよう「自分らしさ」　上野千鶴子編『脱アイデンティティ』勁草書房、2005年
コラム／無印良品　『20–21世紀 DESIGN INDEX』INAX出版、2000年

2
階層化と世界の縮小　「未来心理 Vol.002」NTTドコモモバイル社会研究所、2005年
コラム／ウォークマン　『20–21世紀 DESIGN INDEX』INAX出版、2000年
対談／ワイヤレスコミュニケーション
「Interconsumer '03」NTTアド　マーケティング局、2003年

3
八〇年代渋谷論への疑問　「草思」2005年4月号、草思社
講演／パッケージとパッサージュ　国際交流基金公開セミナー、2006年2月22日
コラム／宇都宮　カルチャースタディーズ研究所ホームページ、2002年
インタビュー／渋谷１０９のガングロギャル
カルチャースタディーズ研究所「ガングロギャル調査」、2001年

4
ユーミンとアメリカ　「マルコポーロ」1992年8月号、文藝春秋
『シンデレラの迷宮』読売新聞社、1995年

コラム／ファストフード、ファミレス
『20–21世紀 DESIGN INDEX』INAX出版、2000年

5
ニューヨーク万博のイデオロギー　『ユートピアの期限』慶應大学出版会、2002年
コラム／大阪万博と日本列島改造論
アートスケープ DNP Museum Information Japan　http://www.dnp.co.jp/artscape/index.html

6
イームズがデザインしたアメリカ
エクスナレッジ社刊ムックのために書かれたが、ムック未完のため未発表、2004年

特別付録　天皇制の心理的地盤　一橋大学社会学部佐藤毅ゼミ論文、1980年

著者について

三浦展（みうら・あつし）

一九五八年新潟県生まれ。一橋大学卒業後、（株）パルコ入社。マーケティング情報誌「アクロス」編集長を務める。九〇年三菱総合研究所入社。九九年シンクタンク「カルチャースタディーズ研究所」を設立。消費社会研究家、マーケティング・アナリストとして活躍中。
著書に『「家族」と「幸福」の戦後史』（講談社）、『マイホームレス・チャイルド』（クラブハウス、文春文庫）、『ファスト風土化する日本』（洋泉社）、『下流社会』（光文社）ほか多数。

「自由《じゆう》な時代《じだい》」の「不安《ふあん》な自分《じぶん》」

――消費社会《しょうひしゃかい》の脱神話化《だつしんわか》

二〇〇六年六月一五日初版

著者　三浦展

発行者　株式会社晶文社

東京都千代田区外神田二―一―一二

電話東京三二五五局四五〇一（代表）・四五〇三（編集）

URL http://www.shobunsha.co.jp

中央精版印刷・三高堂製本